土木工程结构研究新进展丛书

钢结构半刚性连接设计理论及其工程应用

王燕 著

中国建筑工业出版社

图书在版编目(CIP)数据

钢结构半刚性连接设计理论及其工程应用/王燕著.
北京：中国建筑工业出版社，2011.1
(土木工程结构研究新进展丛书)
ISBN 978-7-112-12742-9

Ⅰ.①钢… Ⅱ.①王… Ⅲ.①半刚接—钢结构—结构设计 Ⅳ.①TU391.04

中国版本图书馆CIP数据核字(2010)第247963号

本书重点介绍了作者长期在钢结构半刚性连接的基础理论和设计方法等方面进行研究的一些成果，具体内容包括：半刚性连接的转动刚度和结构内力分析、外伸端板撬力作用、背板加强型节点设计、高强度螺栓承受拉力作用分析、半刚性连接结构的稳定性能以及动力和抗震性能六个方面。内容系统、全面、新颖。

本书适合从事结构设计的技术人员及科研人员参考使用，也适合高等院校土木工程专业研究生参考使用。

* * *

责任编辑：王 梅 咸大庆
责任设计：董建平
责任校对：陈晶晶 赵 颖

土木工程结构研究新进展丛书

钢结构半刚性连接设计理论及其工程应用

王燕 著

*

中国建筑工业出版社出版、发行(北京西郊百万庄)
各地新华书店、建筑书店经销
北京天成排版公司制版
北京市密东印刷有限公司印刷

*

开本：787×1092毫米 1/16 印张：11½ 字数：288千字
2011年2月第一版 2011年2月第一次印刷
定价：**28.00**元

ISBN 978-7-112-12742-9
(20028)

前　　言

钢结构半刚性连接在工程中得到了大量应用，但目前尚未形成系统的分析和设计理论，研究工作与实际工程应用相比相对滞后。本书针对钢结构半刚性连接的基础理论和设计方法进行了较为系统和深入的研究，研究工作主要涉及半刚性连接的转动刚度和结构内力分析、外伸端板撬力作用、背板加强型节点设计、高强度螺栓承受拉力作用分析、半刚性连接结构的稳定性能以及动力和抗震性能等六个方面的内容。

在半刚性连接的转动刚度和结构内力分析研究方面，通过试验、理论分析和数值模拟方法，对各种半刚性连接节点的弯矩-转角关系、滞回性能、初始刚度、单元刚度矩阵、内力计算公式等进行了深入研究和分析。得到了各种半刚性连接的初始转动刚度、弯矩-转角关系曲线和半刚性连接结构的内力分析方法。

在半刚性连接考虑撬力作用分析研究方面，针对外伸端板与T形连接设计中考虑撬力影响的问题，利用ANSYS进行了三维非线性有限元分析，考虑了材料非线性、几何非线性、高强度螺栓的预拉力、端板间接触压力的影响。证明了撬力的存在以及螺栓拉力的分布是以受压翼缘位置为转动中心的梯形分布，提出了外伸端板连接中螺栓拉力的计算模型。研究了高强度螺栓受拉连接采用外伸端板或T形接头的破坏机理以及撬力作用计算理论，提出了实用的工程设计方法。

在半刚性连接背板加强型节点研究方面，利用组件法，推导了带有背板加强的T形件承载力和初始刚度公式，研究了柱翼缘带有背板的T形件的承载力公式、端板塑性铰线分布模式以及等效T形件有效长度的取值方法。提出了柱翼缘加强板背板厚度的取值方法，以及半刚性连接背板加强型节点域承载力的设计方法。

在半刚性连接高强螺栓承受拉力性能研究方面，研究了高强螺栓外伸端板连接中端板厚度、螺栓直径、节点域加劲肋、端板加劲肋等部件对高强螺栓的承受拉力作用下的应力分布和承载力影响。提出了高强螺栓承受拉力作用下简化计算模型，为外伸端板高强螺栓连接的工程应用提供了设计依据。

在半刚性连接钢框架稳定分析研究方面，从节点的半刚性和梁柱剪切变形两个方面考虑，通过引入梁柱线刚度比修正系数，推导了计算长度系数稳定方程，考虑了节点半刚性对柱稳定性能的影响。研究了考虑梁柱剪切变形无侧移和有侧移半刚接框架柱计算长度系数取值计算公式，提出了半刚性连接钢框架稳定分析的计算方法，为工程应用提供了理论分析依据。

在半刚性钢框架动力和抗震性能研究方面，通过理论和数值分析方法，研究了半刚接钢框架节点刚度对结构自振频率的影响，分析了结构顶点位移、柱底剪力随荷载自振频率、半刚性节点刚度之间的规律性变化，编制了动力分析程序。为半刚性钢框架动力和抗震性能研究提供了理论分析依据。

本书是作者多年来创新性研究工作的总结。为解决半刚性连接钢框架的设计和应用问题，从1997年至今，在历时长达10多年的研究工作期间，本书作者指导的青岛理工大学钢结构新型节点课题组的研究生彭福明、厉见芬、刘秀丽、栾焕强、杨文惠、苏波、刘慧、郑杰、王萌、孙颖等在本课题研究工作中出色地完成了大量的试验、计算以及数值分析等工作，在此谨向他们表示诚挚的感谢！本书的研究工作还先后得到了国家自然科学基金项目(50778092)、山东省自然科学基金项目(Y97F06090、Y2002F15、Y2006F10)、山东省高等学校科技计划项目(J05F02)、青岛市建设委员会科技发展项目(JK05-3、JK07-20)的资助。

需要特别说明的是，清华大学的石永久教授、王元清教授、施刚副教授对本书的研究工作给予了大力支持和帮助。中冶建筑研究总院的资深专家柴昶、总工程师侯兆新对本书的研究工作提出了积极和宝贵的建议，作者特此致谢！刘芸博士、刘秀丽博士、郁有升副教授、研究生任艳然、张莉雅、王薇等为本书的编辑和出版做了大量工作，在此向他们表示衷心的感谢！

限于作者水平，错误和不足之处在所难免，均需要在今后的研究工作中不断完善和改进，同时诚恳欢迎有关专家和读者对发现的错误和不妥之处给予批评和指正。

2010年12月

目　　录

第 1 章　半刚性连接钢结构的研究与应用现状

1.1　半刚性连接钢结构的类型和特点

连接在钢结构中占有很重要的地位，其特性将直接影响钢结构设计技术的安全性、可靠性、经济指标和使用性能。钢结构的连接节点，按其构造形式和力学性能，可以划分为刚性连接、铰接连接和半刚性连接三种形式。但在传统钢结构分析设计中都将连接简化为完全刚接或铰接，虽然这种简化模型使结构分析和计算过程得到简化，在一般情况下也能满足工程使用要求，但是其计算结果不能正确反映结构实际受力情况。研究结果表明，完全刚性节点的假定意味着相邻杆件之间的斜率完全是连续的，弯矩的全部或者大部分从梁传到柱。典型钢框架梁与柱刚性连接时，梁翼缘与柱采用全熔透焊缝连接，腹板和柱采用高强度螺栓摩擦型连接。这种刚性节点刚度大、承载力高，具有一定的延性和韧性。但是节点的构造复杂，施工难度较大，在强烈地震作用下，在梁上、下翼缘焊缝通过孔位置处易发生脆性断裂现象[1.1][1.2]。理想铰接的假设则意味着，梁的特性像一个简支杆件，梁不会传递弯矩给柱。与梁腹板相连的高强度螺栓，除应承受梁端剪力外，尚应承受偏心弯矩的作用。铰接节点构造简单、施工难度小；但是节点的刚度小，延性和韧性不好，地震耗能性能差，故对结构的抗风、抗震都不利。当连接的刚性程度处在完全刚性和理想铰接情况之间的中间状态，即为半刚性连接。试验研究表明[1.3][1.4]，在实际工程中采用的全部连接形式所具有的刚度，都处在完全刚性和理想铰接的两种极端情况之间，即节点都具有有限的刚性。钢框架或组合框架采用半刚性连接可以比刚接或铰接连接节约 10%以上的钢材[1.5]，半刚性连接的主要形式有：

(1) 外伸式端板连接

外伸端板连接是梁与柱连接的常用方式。端板在工厂与梁端上下翼缘及腹板焊接，在现场采用高强度螺栓与柱连接。外伸式端板连接分为两类：仅在受拉边的外伸式端板连接和在受拉及受压两边的外伸式端板连接(图 1-1*a*)。当结构承受交变荷载时，一般使用双边的外伸式端板连接。当节点承受的力不是很大，可以采用齐平式端板连接(图 1-1*b*)。

(2) 单腹板角钢连接

单腹板角钢连接由一个角钢，用螺栓或者用焊缝连接到柱子及梁的腹板上(图 1-1*c*)。最常用的形式是角钢在工厂与柱焊接，而梁则在现场用螺栓与角钢连接。单板连接是用一块板来取代连接角钢，它所消耗的材料比单角钢少，同时偏心的影响也小(图 1-1*d*)，这类连接的刚度很小，柔性很大。

(3) 双腹板角钢连接

双腹板角钢连接由两个角钢用焊缝或者用螺栓连接到柱子及梁的腹板上(图 1-1*e*)。这类连接能够承受的弯矩为全固端弯矩的 20%，连接柔性较大。

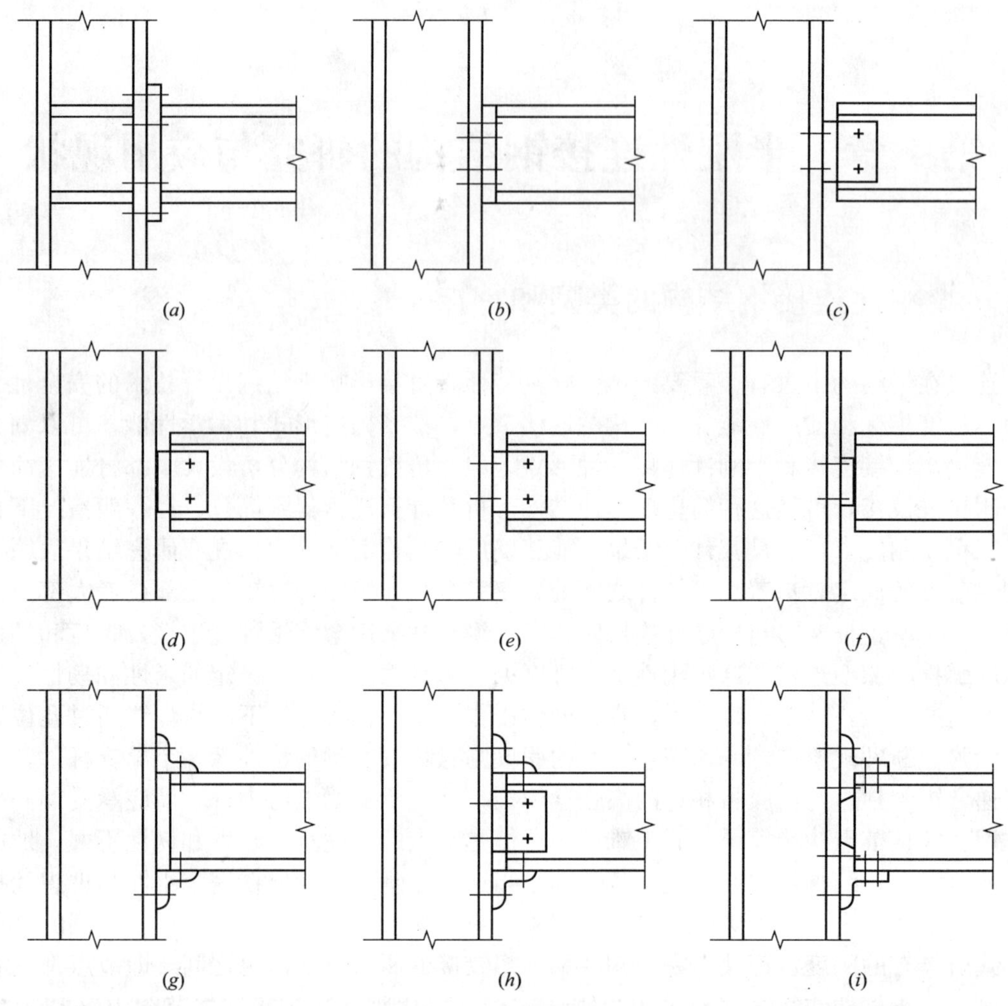

图 1-1 半刚性连接的形式

(a)外伸式端板连接；(b)齐平式端板连接；(c)单腹板角钢连接；(d)单腹板板连接；(e)双腹板角钢连接；(f)矮端板连接；(g)顶底角钢连接；(h)带双腹板角钢的顶底角钢连接；(i)短 T 型钢连接

(4) 矮端板连接

矮端板连接由一个长度比梁高小的端板采用焊接与梁腹板相连，用螺栓与柱翼缘相连(图 1-1*f*)。这类连接的弯矩-转角特性与双腹板角钢连接相似，能够承受的弯矩为全固端弯矩的 20%，连接柔性较大。

(5) 顶底角钢连接

这种连接是由设在梁的上下翼缘处的两个角钢用螺栓与梁和柱相连(图 1-1*g*)。底角钢只传递垂直反力，同时对梁不应产生很大的约束弯矩；顶角钢仅用作保持侧向稳定，不能承担任何重力荷载。但根据试验结果，这类连接可以抵抗一些梁端弯矩。

(6) 带双腹板角钢的顶底角钢连接

这类连接是顶底角钢连接与双腹板角钢连接的组合(图 1-1*h*)。具有一定的连接刚度，这类连接在 AISC(ASD)[1.4]规范中被视为类型 3 连接(即半刚性连接)。

(7) 短 T 型钢连接

这种连接是由设在梁的上下翼缘处的两个短 T 型钢用螺栓与梁和柱相连(图 1-1i)。它被认为是最刚劲的半刚性连接之一，当与双腹板角钢一起使用时，尤为刚劲，可当作刚性连接。

多高层钢框架的梁柱连接节点采用刚性连接虽然其受力性能好，但构造复杂、施工难度大；采用铰接节点构造简单，但刚度和耗能性能差，对结构抗震不利；而采用半刚性连接则兼有刚接和铰接的长处。其优点具体表现在以下几方面：

(1) 因考虑了节点区域的相对变形，可缓解杆件内应力集中；

(2) 地震作用下，节点部位能量耗散作用可以降低位移反应；

(3) 灾后结构加固设计较容易处理；

(4) 半刚性节点引入结构分析，推动对结构设计过程的重视；

(5) 设计能够更接近结构的真实情况。

半刚性连接承载性能好、构造简单、施工速度快、质量比较容易得到保证，在欧美已经得到广泛应用，例如，在欧洲，常采用螺栓端板连接；在美国，常采用角钢连接。在我国，规范中尚未有半刚性连接的设计方法，但在工程中已有应用。

梁端弯矩通过连接节点能够传到柱子多少，与梁柱连接处的初始转动变形密切相关。当梁与柱的连接刚度很大，如短 T 型钢连接就接近刚性节点，而当两者的连接截面减少至很少，如梁腹板与柱翼缘采用单腹板角钢连接就接近铰接节点。对于梁与柱的连接，其转动变形刚度可以采用连接弯矩的函数表达。当连接施加一个弯矩 M 时，它的转动量为 θ。图 1-2 给出了各种常用的半刚性连接的弯矩-转角(M-θ)特性[1.6][1.7]。

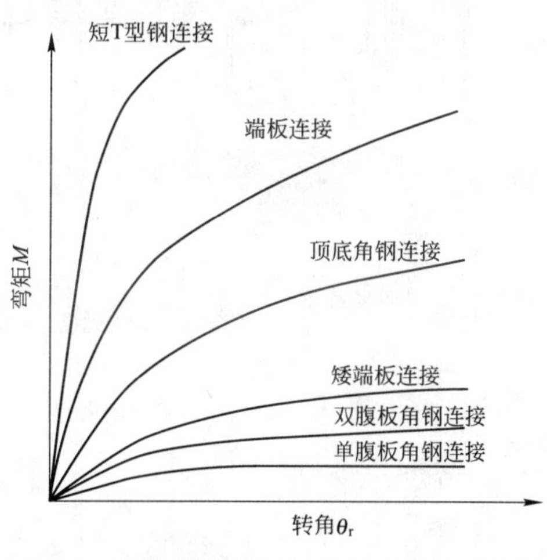

图 1-2 不同连接节点的弯矩-转角关系曲线

单腹板角钢连接是很柔的连接，T 型钢连接则是十分刚性的连接。从图 1-2 可以观察到以下几点：

(1) 所有的连接表现出来的 M-θ 特性，均处在理想铰接条件(水平轴)和完全刚性条件(垂直轴)之间。

(2) 弯矩相同时，连接的柔性愈大，θ 值愈大。反之，对于指定的 θ 值，柔性大的连接在相邻杆之间传递的弯矩就要少些。

(3) 连接所能传递的最大弯矩(极限受弯承载力)，在较为柔性的连接中要降低。

(4) 半刚性连接的 M-θ 关系在全部实际加载范围内一般是非线性的。

连接的非线性特性来自多种因素，其中一些重要的因素如下：

① 连接组合材料本身不连续。连接是由螺栓及型钢，如角钢、短 T 型钢等组合配置而成。这种形式使得不同加载阶段，各组合件之间互相会产生滑移和错动。

② 连接组合中一些组合件产生局部屈服。这是引起连接非线性特性的主要因素。

③ 连接组合中的孔眼、扣件以及构件之间的承压接触引起应力和应变集中。

④ 在连接附近，梁与柱的翼缘和/或腹板的局部屈曲。

⑤ 在外荷载影响下整体的几何变化。

在欧美等国家和地区，采用端板连接的钢结构比较常见，主要应用在多层框架中。梁柱截面一般为 I 或 H 形。端板与梁翼缘通常采用全熔透对接焊缝连接，与梁腹板通常采用角焊缝连接，所有焊接工作均在工厂完成，焊接质量有较高保证。端板和柱翼缘通常采用高强度螺栓连接，施工方便。典型梁柱端板连接如图 1-3 所示。为了避免钢柱腹板发生局部屈曲，可在柱腹板设置横向或斜向加劲肋，如图 1-3(*b*)、(*c*)所示。为了保证钢梁的连续性，梁梁拼接一般采用两端外伸式，如图 1-4 所示。此外，端板连接在我国及国外还广泛应用于门式刚架轻钢结构中，作为刚架梁柱的连接以及梁梁拼接，如图 1-5 所示。刚架梁柱连接时可采用端板平放、竖放和斜放等形式。

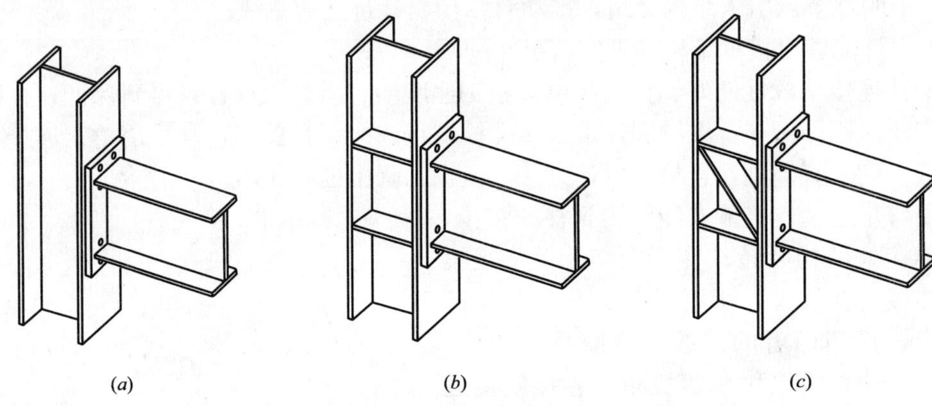

(*a*) (*b*) (*c*)

图 1-3 梁柱端板连接

(*a*)无加劲肋；(*b*)横向加劲肋；(*c*)斜向加劲肋

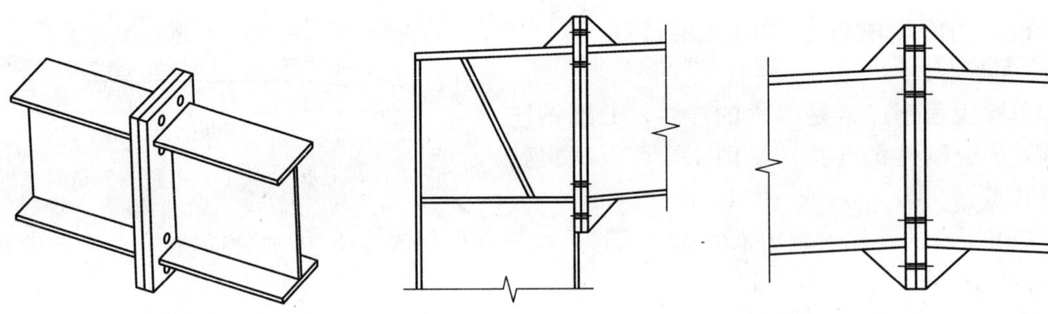

图 1-4 梁梁端板连接

图 1-5 刚架外伸端板连接节点

根据端板形式不同，可分为外伸式(图 1-6*a*、*b*、*c*、*e*、*f*)、平齐式(图 1-6*d*)两类。其中，外伸式又可分为两端外伸(图 1-6*a*、*b*、*e*、*f*)和一端外伸(图 1-6*c*)两种。两端外伸式以其刚度大、承载力高、受力合理而广泛采用，一端外伸式常用来承担单向荷载。根据受力需要，柱腹板和端板外伸部分可设置加劲肋(图 1-6*b*、*e*、*f*)，螺栓的排列方式也很多(图 1-6*b*、*e*、*f*)。柱腹板加劲肋主要是用来提高节点域刚度和承载力，特别是防止节点域受压区失稳破坏；端板加劲肋主要提高端板外伸部分的刚度和承载力。

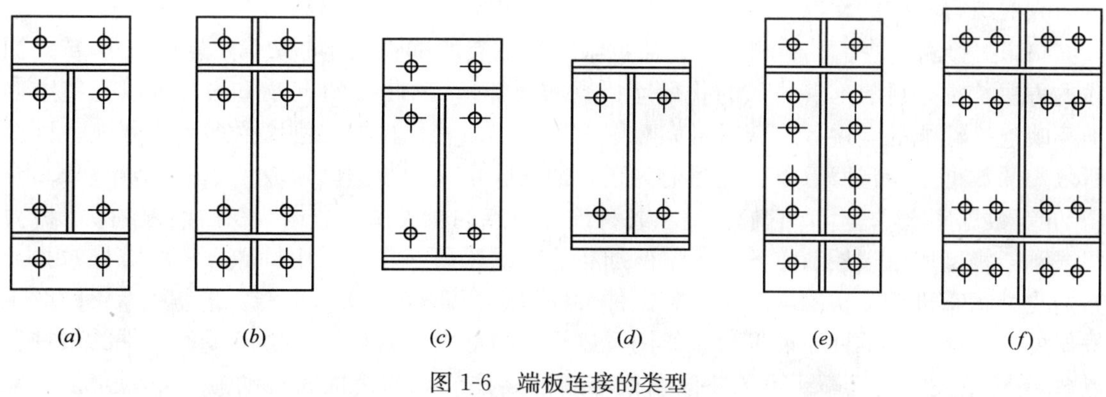

图 1-6 端板连接的类型

1.2 国内外研究与应用现状

1.2.1 半刚性节点的研究现状

半刚性节点连接由于自身构造特点，具体的构造形式种类繁多，可变的几何参数也很多。而且连接是由多个较小的连接组件构成，各组件之间存在复杂的受力关系，特别是接触问题，再加上螺栓预拉力等，这些都使得半刚性连接的受力特性成为非常复杂的问题。尽管如此，从 20 世纪 60 年代开始，国内外很多研究者采用多种不同的方法，对半刚性节点连接作了大量的研究。早期研究的主要手段是单向加载静力试验和弹塑性力学分析，较为系统地研究了国外常用类型端板连接的静力性能，包括一端和两端外伸式、平齐式、中柱和边柱节点等，得到多种不同的节点破坏模式，分析了端板厚度、螺栓直径、柱腹板加劲肋、端板缝隙等对节点性能的影响以及节点破坏机理，研究了撬力的大小、分布及其影响，提出了相应的端板连接设计方法。

随着计算机技术的飞速发展，20 世纪 70 年代开始采用有限元进行分析；已有的有限元分析，一部分是通过有限元方法有效地分析了试验中很难测量的节点细部受力状态，包括接触问题、撬力等；大部分则倾向于通过大量计算进行参数分析，回归分析形成设计计算公式，虽然可以得到比较精确的结果，但过程繁琐，得到的公式比较复杂，而且公式中的参数往往没有明确的物理意义。

后来又出现了循环加载试验以研究其滞回特性和抗震性能。还有一些研究者建立了梁柱连接试验数据库，每个数据库都包含了大量的连接试验数据。已有的循环荷载试验对于节点构造、端板厚度、螺栓大小、加载方式等对节点滞回性能、延性、破坏模式的影响进行了一定的研究，但是试验数量还比较少，所包括的节点构造类型非常有限，研究也不够系统化。

对于梁柱连接，从实用目的，只需考虑转动变形，通常用连接弯矩的函数来表达，即 M-θ 关系。对于半刚性钢框架结构分析设计，各国规范都要求由节点的 M-θ 关系作为设计依据，所以探讨一种简单而准确的表达式来描述半刚性连接 M-θ 特性一直是国内外集中研究的一个方面。早在 20 世纪 30 年代，国外学者就对半刚性梁柱连接的弯矩-转角关系进行研究。综合目前的文献资料，关于连接性能的研究方法，可归纳为如下五种：

(1) 试验测定法。试验测定法是通过半刚性节点的试验研究，来确定连接弯矩-转角曲线的方法。它是目前唯一公认的获得连接真实弯矩-转角曲线的有效方法，可以完整准确地反映连接性能的全过程，获得可靠数据，但费用昂贵，且连接刚度受多因素影响，因此所收集的数据不能包罗万象。到目前为止，通过收集试验数据已形成了 Nethercot、Kishi-Chen 等数据库[1.8]~[1.17]，它们涵盖了各种连接节点的相关试验数据。在国内施刚[1.18]针对门式刚架轻型房屋端板节点开展了单向加载静力试验研究，并采用特殊方法对螺栓拉力分布的受力状态进行了实测，给出了各试件梁柱节点弯矩-转角关系曲线。彭福明[1.19]针对钢框架外伸端板节点试件在反复荷载作用下进行了拟静力试验研究，给出了各试件的梁柱节点弯矩-转角关系曲线，证明了外伸端板半刚性梁柱节点的延性和转动能力主要是依靠端板的变形来实现，在弹塑性阶段强度和刚度衰减速度较慢，滞回曲线饱满，节点抗震性能较好。王秀丽等[1.20]针对不同构造形式的角钢连接半刚性节点在反复荷载历程下的破坏试验，对节点的受力特征及抗震性能进行了研究，分析了半刚性节点的约束关系和滞回性能。完海鹰等[1.21]通过试验研究了双腹板、顶底角钢半刚性连接节点的滞回曲线模型，并用改进的双线性模型模拟试件的滞回曲线，提出了改进的恢复力模型。

(2) 曲线拟合法。该方法是将试验数据拟合成表达式，目前所产生的拟合曲线模型主要有：线性模型[1.22]~[1.24]、多项式模型[1.25]、B样条模型[1.26][1.27]、幂函数模型[1.28]~[1.30]、指数函数模型[1.31]。在这些模型中，线性模型公式简单，但计算精度差，尤其是刚度在折点处将产生跳跃；多项式模型能很好地代表 M-θ 特性，但是主要缺点在于多项式的性质，在某一范围内会出现负值，这在实际中是不可能的，而且如果采用切线刚度法，负刚度会导致框架结构分析中发生数值计算的困难；B样条模型能够回避负刚度问题，并能很好地表达 M-θ 特性，但在曲线拟合过程中需要大量的试验数据；幂函数模型和指数模型的常数确定比较困难，其中有些模型过于复杂，计算精度不高，或者最后趋近于水平线 $M=M_u$，忽略了强化段。

(3) 塑性分析法。为弥补试验数据的不足，理论分析必不可少。采用的主要方法为塑性铰线理论(Yield Line Method)[1.32][1.33]。对于外伸式端板连接，钢柱腹板及其翼缘组合体、端板与钢梁翼缘(腹板)组合体的受力和T形连接很相近，在对该部分进行受力分析时可借鉴T形连接的计算方法，即"T形连接法"(T-Stub Method)[1.34][1.35]。塑性分析法可分为两类：一类是先确定外力作用下节点各组件的内力分布，验算各组件承载力是否满足要求或是计算确定组件的几何参数，为英国规范 BS5950：Part 1[1.36]、美国联邦紧急管理署 FEMA-350[1.37]等国家现行设计规范所采用，按这一方法计算连接的承载力，须通过比较方能确定最薄弱的组件并据此反算连接的承载力；二是先计算各组件的抗力，进而确定连接的抗力并验算其能否承受外力作用，为 EC 3[1.38][1.39]欧洲等国家所采用，该方法可直接计算连接的承载力，但在设计时需要多次反复调整，工作量较大。在国内，李国强等[1.40][1.41]利用塑性分析和组件法，提出平端板连接组合节点承受负弯矩塑性抗弯承载力的计算方法，给出其各组件承载力的计算方法，组件包括钢筋、螺栓、柱腹板、梁翼缘、混凝土楼板等，使用该方法同样可以计算平端板连接梁柱纯钢节点在承受负弯矩作用时的受弯承载力。舒兴平[1.42]利用 EC 3、EC 4 的组件法针对已有端板连接组合节点初始转动刚度分析方法，提出了端板连接组合节点负弯矩作用下节点初始转动刚度的详细计算步骤，给出了初始转动刚度组件法分析模型。王萌等[1.43]利用EC 3、EC4 的组件法，推导了带有背板加强的T形件承载力和初始刚度公式，研究了柱翼缘带有背板的T形件的承载力公式、端板塑性铰线分布模式以及等效T形件有效长度的取值方法，分析了柱翼缘背板厚度对模型承载力、柱翼缘受拉区变形以及应力分布的影响。

(4) 解析法。解析法计算连接的弯矩-转角曲线有两种途径：一种是将连接中的主要部件分离出来，在某些假定的基础上获得荷载-变形关系的表达式，通过各部件表达式的协调计算获得 $M\text{-}\theta$ 曲线，如现行欧洲规范 EC 3[1.38][1.39]采用的连接弯矩-转角关系曲线及相应的三线性模型曲线。一种是对主要部件单独进行试验，以获得实测荷载-变形曲线和拟合表达式，再通过协调计算求出连接的 $M\text{-}\theta$ 曲线[1.45]。解析法分析清楚、计算简单，适用于主要部件受力很明确的连接。石永久等[1.44]针对半刚性端板连接梁柱节点连接提出了相应的弯矩-转角($M\text{-}\theta$)曲线形式及简化计算方法，能够较好地计算端板连接的弯矩-转角($M\text{-}\theta$)全曲线，特别是能够准确地计算端板连接在节点弯矩小于节点抗弯承载力设计值时的节点转角，满足结构设计要求。刘永华、张耀春等[1.45]针对钢框架考虑连接柔性的 $M\text{-}\theta$ 模型，建立了能够同时考虑几何、材料和连接非线性的精细塑性铰法三维梁柱单元，单元采用稳定函数考虑二阶效应和剪切变形，采用切线模量和抛物线函数考虑沿单元长度和截面的逐渐屈服，采用 Kishi-Chen 幂函数模型和修正梁单元方法模拟半刚性连接的非线性行为。

(5) 有限单元法。Krishnamurthy[1.46]是最早采用有限单元法研究端板连接的学者之一。采用二维有限元模型，通过对螺栓杆单元外侧结点施加荷载实现了对高强螺栓预拉力的模拟。Jenkins 等[1.47]采用有限单元法研究了端板弯曲、柱翼缘弯曲、螺栓拉伸等因素对节点弯矩-转角特性的影响。Tarpy et al. (1981) 用有限元法计算了腹板单角钢和单侧外伸端板连接特性[1.48]。Wheeler[1.49]采用有限单元法对方管梁柱端板连接进行了有限元研究，方管梁采用8结点线性块单元，螺栓头和端板间、螺栓杆和孔壁间都有界面元(Interface Elements)，其中螺栓头和端板间的界面元用来阻止二者的相对滑移，螺栓杆和孔壁间的界面元用来防止二者相互“穿透”。板件和螺栓的材料模型都为弹性-塑性-强化模型。文献首次考虑了端板的初始残余变形，研究发现：端板的初始变形降低了连接的刚度，且不可忽略；当端板与梁采用对接焊缝时，焊缝对连接的强度、刚度几乎没有影响，但当采用角焊缝时，影响较大。Kukreti[1.50]对两端外伸加劲端板连接中的螺栓撬力和节点刚度问题进行了有限元研究，计算得出的转角比试验结果略偏小，弹塑性阶段的螺栓内力偏差较大。20世纪90年代以后，Bahaari 和 Sherbour 利用有限元对端板连接进行了大量二维和三维弹塑性分析[1.51]，采用T形件连接模拟端板受拉区来研究螺栓撬力问题，有限元方法逐渐开始考虑越来越多的影响因素。Sherbourne 和 Bahaari 对34个柱上设置加劲肋和19个无加劲肋的一端外伸式端板连接进行了弹塑性分析，采用多元线性回归得到了节点的 $M\text{-}\theta$ 曲线计算公式[1.52][1.53]。

Chang-Koon Choi 和 Gi-teek Chung[1.54]利用有限元方法分析了端板节点的特性，他们采用了完全的三维分析模拟节点的工作状态，进行了弹塑性分析，考虑了螺栓的预拉力以及接触面的受力情况，把节点作为一个完整的结构进行了分析和研究。

Bursi[1.55][1.56]等人运用自主开发的有限元软件包 LAGAMINE 分析了T形件与T形件之间的螺栓连接，进行了两种类型14个外伸式端板连接的试验，并进行了4个试件的试验以验证有限元计算结果。

Bose[1.57]等人用商业有限元软件包LUSAS分析了平齐式端板连接在单向荷载下的性能，用节点单元模拟接触，并且进行了6个试件的试验以验证计算结果，对比了节点的M-θ曲线和螺栓应变的变化全过程，计算结果符合较好；但是模型中没有考虑焊缝、螺栓头等的影响，且无法模拟试验中出现的柱腹板受压区屈曲和螺栓的螺纹剥落等现象。

在国内，郭兵[1.58]采用有限元软件ANSYS对两端外伸加劲式和两端外伸无加劲式端板连接节点进行了循环荷载下的有限元分析，分析了端板厚度、螺栓直径、端板加劲肋、螺栓排列和不同形式端板等因素对节点连接性能的影响，并将有限元计算的变形图与试验变形图进行了比较，变形形式较为一致，但有限元变形值偏大。

荆军[1.59][1.60]采用SAP93对门式刚架轻型房屋钢结构中的端板连接进行了弹性分析，通过温度应力施加螺栓预拉力，采用杆单元模拟接触面，通过计算结果的分析以及与试验数据的比较，研究了端板连接螺栓拉力分布规律、节点抗弯承载力和影响因素，以及节点刚度特性对刚架性能的影响。施刚[1.19][1.61]运用ANSYS 5.7对门式刚架钢结构中的端板连接试验进行了弹塑性有限元分析计算，接触面均通过创建接触分别用三维目标单元TARGE170和三维8节点面-面接触单元CONTA174进行模拟，高强度螺栓均采用三维预拉单元PRETS179施加预拉力，而不是采用传统的初始应变或者温度应力的方法。廖新军[1.62]运用ANSYS6.1，采用类似方法，对门式刚架结构中的端板连接试验进行了弹塑性有限元分析计算，经过试验验证后，又计算了多个模型，分析了端板厚度、连接形式、加劲肋、梁截面高度、螺栓布置等因素对节点受力性能的影响。郑杰[1.63]采用有限元分析软件ANSYS对外伸端板与T形连接的撬力作用影响进行了三维非线性分析，考虑了材料的非线性、几何非线性、高强度螺栓的预拉力、端板间接触压力的影响。模型主要考虑了端板厚度、端板加劲肋、螺栓直径及螺栓位置等的变化，证明了撬力的存在，建议节点设计中应当考虑其对螺栓带来的不利影响。螺栓拉力的分布是以受压翼缘位置为转动中心的梯形分布，为此提出了外伸端板连接中螺栓拉力的计算模型。李国强等[1.64]采用ANSYS有限元分析软件和Eurocode 3中的组件法对加入垫板的平齐式端板连接梁柱节点进行了模拟。童根树等[1.65]进行了螺栓角钢连接节点的三维非线性有限元分析。综上所述，有限元法可以计算各种连接类型，全面考虑各种因素的影响和各种非线性问题。但是目前的有限元计算模型多按整体构造，并以二维平面问题计算，网格数目多，耗费机时多，不利于进行影响因素和参数分析。

1.2.2 半刚性钢结构的研究现状

国内外关于半刚性连接杆系钢结构的理论分析方法大多是在刚性连接杆系钢结构分析方法基础上的修正和发展。主要有两种修正的方法：

一种是由Wu和Chen[1.66][1.67]首先提出的。他们假定梁柱连接M-θ关系为线性，用共轭梁法导出单刚修正矩阵，然后把该修正矩阵乘以刚性连接的单元刚度矩阵即得到了半刚性连接杆单元的刚度矩阵。分析了半刚接钢框架结构的内力特征，证实了连接柔性对钢框架内力和侧移的不利影响，提出了考虑弯矩-转角非线性关系，按部分约束设计钢框架的计算理论。此法比较适合于半刚接钢框架的一阶或二阶弹性分析。Romstadt和Subramanian[1.68]以双线性模型来表示双腹板角钢半刚性连接的M-θ_r关系，应用经典梁柱理论进行了单跨单层半刚接钢框架的弹性稳定分析，并建议在确定框架杆件的有效长度时应考虑半刚性连接的影响。Goto和Chen[1.69][1.70]由考虑杆件的几何非线性和连接的材料非线性的梁柱控制微分方程建立了单元刚度矩阵，用迭代法求解结构割线刚度方程，对柔性连接钢框架进行了二阶弹性分析。

另一种是以 Liu 和 Chen[1.71]提出的方法为代表，该法是将梁柱连接作为杆件混合单元的子单元，应用塑性铰概念和荷载增量控制法并采用静力凝聚法对刚性连接钢框架的梁单元刚度进行修正，以建立半刚性连接梁柱单元非线性分析刚度矩阵，该法可用于半刚性连接钢框架的二阶弹塑性和弹塑性大位移分析。Frye 和 Morris[1.72]采用多项式模型表示半刚性连接的 $M\text{-}\theta_r$ 关系，连接刚度取割线刚度，假定杆件由两个弹簧单元和梁柱单元组成，用静力凝聚法建立了混合单元的割线刚度矩阵，应用塑性铰理论和迭代法进行了框架结构的二阶弹塑性分析。他们还通过对无量纲参数的研究，得出了一些有关半刚性连接对无支撑钢框架极限承载力影响的结论。

在国内，丁洁民和沈祖炎采用抗弯弹簧模拟梁柱连接[1.73]，通过引入塑性铰概念，推导了梁柱单元非线性广义刚度方程，并应用综合离散化的计算模型，把经典的 Rayleigh-Ritz 法和有限元法结合，进行柔性连接钢框架的二阶弹塑性极限承载力研究。刘小强和吴惠弼应用梁柱理论和塑性铰概念[1.74][1.75]，推导了全拉格朗日列式的半刚性连接梁柱单元切线刚度矩阵，进行半刚性钢框架的弹塑性分析。李国强、沈祖炎[1.76][1.77]对半刚性连接的钢框架进行了静动力反应的非线性分析研究，基于弹塑性铰概念提出了一种按杆系进行钢框架弹塑性静动力反应计算的非线性分析模型，通过试验和计算分析发现，节点刚度对半刚性连接钢框架地震位移反应的影响较大，而节点强度对半刚性连接钢框架地震位移反应的影响较小。徐伟良[1.78][1.79]应用泛函的最小势能原理，将传统的梁柱法和有限元法结合，建立梁柱简化塑性区单元模式的非线性增量刚度矩阵，用于半刚接钢框架的二阶弹塑性大位移分析。郭成喜[1.80]导出了半刚性钢框架结构分析的一般方程，讨论了半刚性简单门式刚架的内力特征，提出了改进刚柔性界定的建议。王燕等[1.81]对半刚性钢框架柱的稳定性能进行了分析，从梁柱剪切变形两个方面考虑，通过引入梁柱线刚度比修正系数，对刚接钢框架柱的计算长度系数的公式进行了修正。王元清[1.82]等采用有限元分析方法，将半刚性连接节点视为弹簧单元，采用有限元软件 SAP2000 对半刚性端板连接多层钢框架进行了模态分析、反应谱分析和 Push-over（静力弹塑性）分析。研究结果表明，采用半刚性端板连接的钢框架结构，相对于理想刚接的情况，结构在多遇和罕遇地震作用下结构的抗震性能较为显著。王燕、苏波[1.83]建立了具有不同节点初始刚度的半刚接多层钢框架及相应刚性框架的计算模型，研究了节点刚度对结构自振频率的影响以及结构在谐振荷载作用下的响应，对地震波激励下的结构进行了时程分析。分析结果表明，半刚接框架节点的柔性对结构自振频率产生较大的影响，节点柔性越大，结构自振频率降低也越大，结构的抗震设计应考虑节点柔性的影响，半刚接钢框架顶点位移和柱底剪力时程曲线在地震波激励时间内表现出良好的稳定性。王来等[1.84]进行了一榀两跨三层带双腹板顶底角钢半刚性连接平面钢框架结构的低周反复荷载试验。通过试验研究了半刚性钢框架在循环荷载作用下的弹塑性性能，分析了带双腹板顶底角钢半刚性连接对钢框架性能的影响。方有珍、顾强等[1.85]对半刚接钢框架（柱弱轴）-内填剪力墙结构进行了水平循环荷载作用下的滞回性能试验研究，分析了结构的抗侧刚度变化、裂缝开展过程与破坏模式、结构的耗能和抗震延性和安全性等整体性能。试验结果表明，试件结构具有较好的延性、耗能性能和安全储备，钢框架柱脚和梁柱半刚性连接部位形成塑性铰。

1.2.3　半刚性钢结构的应用现状

试验和理论分析的研究结果表明，在实际工程中运用的全部连接形式所具有的刚度，都处在完全刚性和理想铰接的两种极端情况之间，端板连接更是典型的半刚性连接。对于半刚性钢框架的结构分析设计，各国规范都要求以节点的弯矩-转角(M-θ)关系作为设计依据。

我国现行的钢结构设计规范提出[1.86]：梁与柱的半刚性连接只具有有限的转动刚度，在承受弯矩的同时会产生相应的交角变化，在内力分析时，必须预先确定连接的弯矩-转角(M-θ)特性曲线，以便考虑连接变形的影响。但是，规范并没有给出弯矩-转角(M-θ)曲线的具体计算方法。

在国外规范中，美国ASD(美国钢结构设计规范)[1.87]和LRFD[1.88]规范均只计算承载力，而不计算变形，仅仅要求对于采用半刚性连接的结构，在结构分析设计时要考虑节点的强度、刚度和延性。

美国ASD中关于容许应力设计列出了三种类型的连接[1.87]：

(1) 刚性框架(连续框架)：假设梁与柱的连接有足够的刚度，能保持相交杆件之间原有的角度不变。这种类型的连接用于弹性分析。

(2) 简支框架(无约束、杆端自由)：假定结构承受重力荷载时，主梁和次梁连接只传递剪力，不传递弯矩，且可以不受约束地转动。

(3) 半刚性框架(部分约束)：假定连接可以传递垂直剪力，也能够传递部分弯矩。

美国LRFD规范的荷载抗力系数设计分类方法[1.88]：该规范在条文中规定了两种类型的连接：完全约束型(FR)和部分约束型(PR)。FR型相当于ASD的类型1，PR型则包括了ASD的类型2和类型3。

欧洲规范对半刚性端板连接的承载力、初始转动刚度、M-θ曲线的计算作出了详细规定。最新欧洲钢结构设计规范(EC 3—2002)[1.89][1.90]提出的典型节点M-θ曲线如图1-7所示，图中定义了节点的三个主要性能指标，即抗弯承载力设计值$M_{j,Rd}$、初始转动刚度$S_{j,ini}$、转动能力θ_{Cd}。EC 3—2002修改了原规范EC 3—1992[1.91]根据节点M-θ全曲线划分节点类型的方法，而完全根据节点初始转动刚度$S_{j,ini}$把钢框架梁柱节点分为铰接、刚接和半刚性节点。当$S_{j,ini}$不小于某一规定值时，节点为刚性节点，欧洲规范将这一界限定为：无支撑结构为$25EI_b/L_b$，有支撑结构为$8EI_b/L_b$，如图1-8中区域1所示，其中EI_b/L_b为梁的线刚度；当$S_{j,ini} \leqslant 0.5EI_b/L_b$时，节点为铰接节点，如图1-8中区域3所示；在刚接和铰接之间的部分属于半刚性节点，如图1-8中区域2所示。

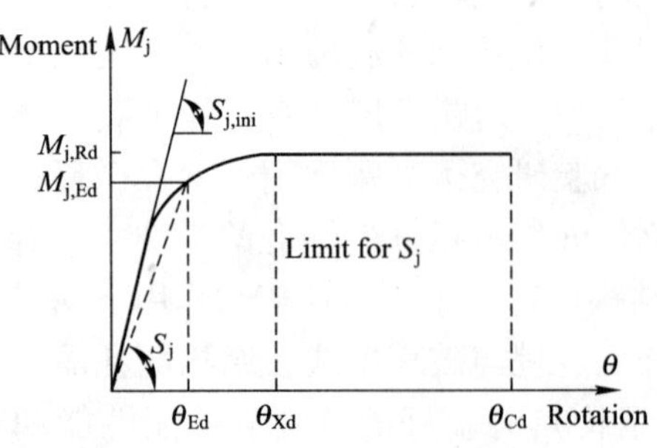

图1-7　节点弯矩-转角(M-θ)曲线

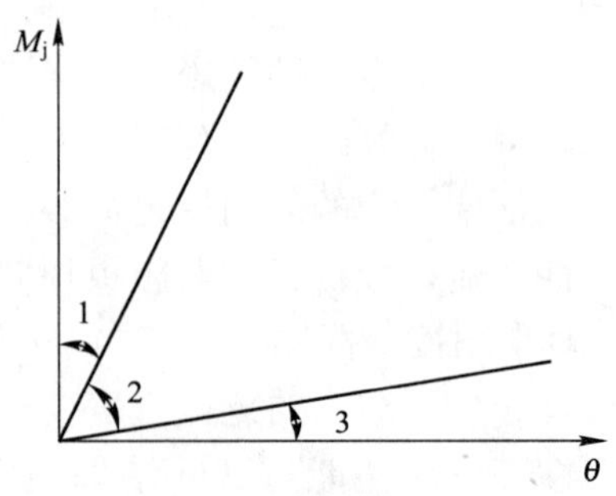

图1-8　刚度分类标准

欧洲规范设计工形截面梁柱端板连接采用的是组件法（component method），将对连接的强度和变形有重要影响的部分分别看作连接的一个组件，对每一个组件建立力学模型，进行分析计算，最后再将所有组件综合起来对连接进行整体的分析计算。

欧洲规范建议端板连接主要由七个组件构成，如图 1-9 所示。

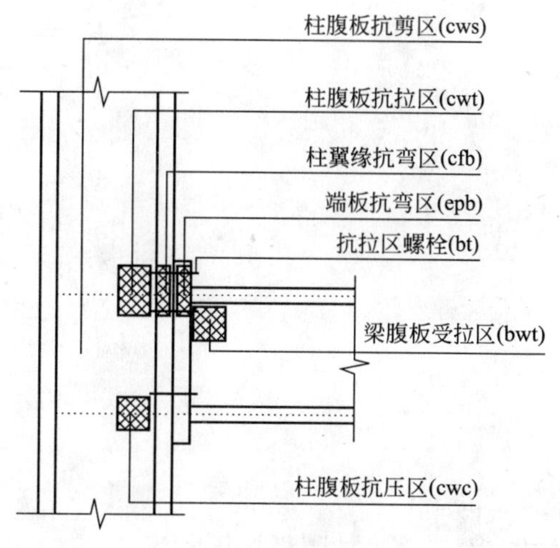

图 1-9 端板连接的组件

（1）受弯承载力计算

$$M_{j,Rd} = \sum_{i=1}^{n_b} h_i F_{i,Rd} \qquad (1\text{-}1)$$

其中，$F_{i,Rd}$是第 i 排螺栓的有效承载力设计值，n_b 表示受拉区螺栓的排数，h_i 表示第 i 排螺栓距离节点受压区中心的高度，假设节点受压区中心在梁受压翼缘厚度中心。

cws 和 cwc 的承载力均单独计算。cfb、epb 和 bt 的承载力计算采用等效 T 形件法，对应于每一排螺栓或几排螺栓组成的螺栓群，针对其处在不同的位置，等价成不同有效宽度的 T 形件，然后分别计算承载力。

cwt 和 bwt 的承载力则根据相应等效 T 形件计算。

（2）初始转动刚度和 M-θ 曲线

欧洲规范提出的端板连接 M-θ 曲线如图 1-7 所示。

$$S_j = \frac{Ez^2}{\mu \sum_i \frac{1}{k_i}} \qquad (1\text{-}2)$$

式中：S_j 表示整个节点在承受弯矩 $M_{j,Ed}$时的割线刚度；z 是力臂，通常为第一排螺栓至受压区中心的距离；i=1、2、3、4、5、6，分别表示 cws、cwt、cwc、cfb、bt、epb；μ 是刚度系数。

当 $M_{j,Ed} \leqslant \frac{2}{3} M_{j,Rd}$时，$\mu=1$，此时，$S_j = S_{j,ini}$即为初始转动刚度；

当$\frac{2}{3} M_{j,Rd} \leqslant M_{j,Ed} \leqslant M_{j,Rd}$时，$\mu = \left(\frac{1.5 M_{j,Ed}}{M_{j,Rd}}\right)^{2.7}$。

目前我国正在修订的钢结构设计规范第 14 章“节点”拟新增半钢性连接设计内容，根据节点的初始转动刚度对连接节点进行分类。在计算连接的初始转动刚度时考虑了混凝土楼板对节点初始转动刚度的贡献，按以下给出的标准对节点类型进行划分[1.92]：

（1）刚性连接：$K_i \geqslant k_b EI_b / l_b$；

（2）铰接连接：$K_i \leqslant 0.5 EI_b / l_b$；

（3）半刚性连接：$0.5 EI_b / l_b < K_i < k_b EI_b / l_b$，为半刚性连接。

式中 K_i 为连接的初始转动刚度，在负弯矩作用下，组合节点的初始转动刚度 K_i^- 按下列公式计算：

$$K_{\mathrm{i}}^{-}=\frac{z_{\mathrm{eq}}^{2}}{\frac{1}{k_{\mathrm{cw,c}}}+\frac{1}{k_{\mathrm{cw,v}}}+\frac{1}{k_{\mathrm{eq}}}} \tag{1-3}$$

$$z_{\mathrm{eq}}=\frac{k_{\mathrm{r}}z^{2}+\sum_{i}k_{\mathrm{eq},i}z_{i}^{2}}{k_{\mathrm{r}}z+\sum_{i}k_{\mathrm{eq},i}z_{i}} \tag{1-4}$$

$$k_{\mathrm{eq}}=\frac{\left(k_{\mathrm{r}}z+\sum_{i}k_{\mathrm{eq},i}z_{i}\right)^{2}}{k_{\mathrm{r}}z^{2}+\sum_{i}k_{\mathrm{eq},i}z_{i}^{2}} \tag{1-5}$$

$$k_{\mathrm{eq},i}=\frac{1}{\frac{1}{k_{\mathrm{cw,t},i}}+\frac{1}{k_{\mathrm{cf},i}}+\frac{1}{k_{\mathrm{ep},i}}} \tag{1-6}$$

式中　$k_{\mathrm{cw,c}}$——柱腹板抗压刚度；

$k_{\mathrm{cw,v}}$——柱腹板抗剪刚度；

k_{eq}——各排螺栓处受拉组件的等效抗拉刚度；

k_{r}——钢筋的抗拉刚度；

$k_{\mathrm{cw,t},i}$——第 i 排螺栓处柱腹板的抗拉刚度；

$k_{\mathrm{cf},i}$——第 i 排螺栓处柱翼缘的抗弯刚度；

$k_{\mathrm{ep},i}$——第 i 排螺栓处端板的抗弯刚度；

z_i——第 i 排螺栓至钢梁下翼缘底部的距离。

在正弯矩作用下，组合节点的初始转动刚度 K_{i}^{+} 可按下列公式进行计算：

$$K_{\mathrm{i}}^{+}=\frac{z_{\mathrm{eq}}^{2}}{\frac{1}{k_{\mathrm{cw,c}}}+\frac{1}{k_{\mathrm{cw,v}}}+\frac{1}{k_{\mathrm{eq}}}+\frac{1}{k_{\mathrm{sl}}}} \tag{1-7}$$

式中：

$$z_{\mathrm{eq}}=\frac{\sum_{i}k_{\mathrm{eq},i}z_{i}^{2}}{\sum_{i}k_{\mathrm{eq},i}z_{i}} \tag{1-8}$$

$$k_{\mathrm{eq}}=\frac{\left(\sum_{i}k_{\mathrm{eq},i}z_{i}\right)^{2}}{\sum_{i}k_{\mathrm{eq},i}z_{i}^{2}} \tag{1-9}$$

$$k_{\mathrm{eq},i}=\frac{1}{\frac{1}{k_{\mathrm{cw,t},i}}+\frac{1}{k_{\mathrm{cf},i}}+\frac{1}{k_{\mathrm{ep},i}}} \tag{1-10}$$

式中　k_{sl}——混凝土楼板的抗压刚度；

z_i——第 i 排螺栓至混凝土楼板上表面的距离。

1.3　参考文献

[1.1]　Chen S J，Tu C T. Experimental study of jumbo size reduced beam section connections using high-strength steel [J]. Journal of Structural Engineering, ASCE, 2004, 130(4): 582-587.

[1.2] Chen S J, Chao Y C. Effect of composite action on seismic performance of steel moment connections with reduced beam sections [J]. Constructional Steel Research, 2001, 57: 417-434.

[1.3] Kishi N, Chen W F. Database of steel beam-to-column connections [R]. Indiana: Purdue University, 1986.

[1.4] American Institute of Steel Structures Construction(AISC). Specification for Structural Steel Buildings-Allowable Stress Design and Plastic Design(ASD) [S]. Chicago, IL, 1989.

[1.5] Kozlowski. Analysis of steel and composite braced frames with semi-rigid joints [J]. Advances in Steel Structures, 2002(1): 269-276.

[1.6] Chen W F, Goto Y, Liew R J Y. Stability design of semi-rigid frames [M]. New York: John Wiley &Sone, 1996.

[1.7] 叶康,李国强,张彬. 钢框架半刚性连接研究综述 [J]. 结构工程师,2005,21(4):66-69.

[1.8] Kishi N, Chen W F. Data base of steel beam-to-column connections [R]. Structural Engineering Report No. CE-STR-86-26, School of Civil Engineering, Purdue University, West Lafayette, IN., 1986.

[1.9] Kishi N, Chen W F. Moment-rotation relations of semi-rigid connections with angles [J]. Journal of Structural Engineering, ASCE, 1990, 116(7), 1813-1834.

[1.10] Wu F H, Chen W F. A design model for semi-rigid connections [J]. Engineering Structures, 1990, 12(2), 88-97.

[1.11] Kishi N. Semi-rigid connections advanced analysis of steel frames [M]. CRC Press, Boca Raton, FL, 1994.

[1.12] Jones S W, Kirby P A, Nethercot D A. Effect of semi-rigid connections on steel column sthength [J]. Journal of Steel Construction research, 1980, 1: 38-46.

[1.13] Jones S W, Kirby P A, Nethercot D A. Columns with semi-rigid joints [J]. Journal of Structural Division, ASCE, 1982, 108(2), 361-372.

[1.14] Li T Q, Choo B S, Nethercot D A. Behaviour of flush end-plate composite connections with unbalanced moment and variable shear/moment ratios-Ⅱ. Prediction of Moment capacity [J]. Journal of Constructional Steel Research, 1996, 38(2), 165-198.

[1.15] Xiao Y, Choo B S, Nethercot D A. Composite Connections in Steel and Concrete, Part 1-Experimental behaviour of composite beam-column connections [J]. Journal of Constructional Steel Research, 1994, 31: 3-30.

[1.16] Li T Q, Moore D B, Nethercot D A et al. The experimental behaviour of a full-scale, semi-rigidly connected composite frame: overall considerations [J]. Journal of Constructional Steel Research, 1996, 39(3): 167-191.

[1.17] Shanmugam N E, Ting L C, Lee S L. Static behaviour of I-beam to box-column connections with external stiffners [J]. The Structural Engineering. 1993, 71(8): 269-275.

[1.18] 施刚. 钢框架半刚性端板连接的静力和抗震性能研究 [D]. 北京:清华大学,2004.

[1.19] 彭福明. 钢结构框架梁柱节点性能研究 [D]. 青岛:青岛建筑工程学院,2001.

[1.20] 王秀丽,殷占忠等. 钢框架半刚性节点抗震性能试验研究 [C]//第十三届全国结构工程学术会议论文集,2004.

[1.21] 完海鹰,奚敏. 双腹板、顶底角钢半刚性节点的滞回曲线模型 [J]. 钢结构,2008,23(12):21-24.

[1.22] Yee Y L, Yee R E. Melchens, Moment-rotation curves for bolted connections [J]. Journal of Structural Engineering, ASCE, 1993, 112(3): 615-635.

[1.23] Tarpy T S, Cardinal J W. Behavior of semi-rigid beam-to-column end plate connection [C]//Proceedings Conference, Joints in Structural Steelwork (J. H. Howlett, W. M. Jenkins and R. Stainsby), Halsted Press, London, 2.3-2.25.

[1.24] Lui E M, Chen W F. Strength of H-columns with small end restrains [J]. Journal of the Institution of Structural Engineers, 1983, 61B(1), 17-26.

[1.25] Frye J M, Morris G A. Analysis of flexibly connected steel frames [J]. Canadian Journal of Civil Engineering, National Research Council of Canada, Ottawa, Canada, 1975, 2, 280-291.

[1.26] Jones S W, Kirby P A, Nethercot D A. Effect of semi-rigid connections on steel column sthength [J]. Journal of Steel Construction research, 1980, 1, 38-46.

[1.27] Jones S W, Kirby P A, Nethercot D A. Columns with semi-rigid joints [J]. Journal of Structural Division, ASCE, 1982, 108(2), 361-372.

[1.28] Krishnamurthy N. A fresh look at bolted end-plate behavior and design [J]. Engineering Journal, AISC, 1978, 15(2), 39-49.

[1.29] Krishnamurthy N, Huang H T, Jeffrey P K, et al. Analytical M-θ cures for end-plate connections [J]. Journal of Structural Division. ASCE, 1979, 105(1), 133-145.

[1.30] Krishnamurthy N, Graddy D E. Correlation between 2-and 3-dimensional finite element analysis of steel bolted and-plate behavior and design [J]. Computers & Structures, 1976, 6, 381-389.

[1.31] Wu F H, Chen W F. A design model for semi-rigid connections [J]. Engineering Structures, 1990, 12(2), 88-97.

[1.32] Ryan J C. Evaluation of extended end-plate moment connections under seismic loading [D]. Virginia Polytechnic Institute and State University, 1999.

[1.33] Summer E A. Unified design extended endplate moment connection subject to cycle loading [D]. The Virginia Polytechnic Institute and State University, 2003.

[1.34] Shi Y J, Chan S L, Wong Y L. Modeling of moment-rotation characteristics for endplate connections [J]. Journal of Structural Engineering, ASCE, 1996, 122(11), 1300-1306.

[1.35] Faella C, Piluso V, Rizzano G. Experimental analysis of bolted connections snug versus preloaded bolts [J]. Journal of Structural Engineering, ASCE, 1998, 124(7), 765-774.

[1.36] British Standards Institution (BSI): BS5950-1: 2000, Structural Use of Steelwork in Building, Part 1: Code of Practice for Design: Rolled and Welded Sections [S]. 2000.

[1.37] FEMA-350 Recommended Seismic Design Moment-frame Building [S]. Federal Emergency Management Agency, 2000.

[1.38] European Committee for Standardization (CEN). Eurocode 3, Design of Steel Structures, Part 1.8: Design of joints, prEN1993-1-8 [S]. 2002.

[1.39] European Committee for Standardization(CEN). Eurocode 3, Design of Steel Structures, Part 1.1: General Rules and Rules for Buildings, EN 1993—1—1 [S].

[1.40] 李国强，石文龙. 平端板连接半刚性梁柱组合节点的抗弯承载力 [J]. 土木工程学报，2007，40(9)：23-29.

[1.41] 石文龙，平端板连接半刚性梁柱组合节点的试验与理论研究 [D]. 上海：同济大学，2006.

[1.42] 舒兴平，张再华，王元清. 端板连接组合节点初始转动刚度分析 [J]. 湖南大学学报：自然科学版，2007，34(11)：12-15.

[1.43] 王萌，王燕，柴昶. 欧洲规范 EC 3 高强螺栓等效 T 形件的有效长度及承载力研究 [J]. 建筑钢结构进展，2009，11(3)：58-62.

[1.44] 石永久，施刚，王元清. 钢结构半刚性端板连接弯矩-转角曲线简化计算方法 [J]. 土木工程学

报，2006，39(3)：19-23.

[1.45] 刘永华，张耀春．半刚性钢框架实用非线性分析 [J]．工程力学，2007，24(12)：6-13.

[1.46] Krishnamurthy N. Correlation between 2-and 3-dimensional finite element analyses of steel bolted end-plate connections [J]. Computers & Structures，1976，6：381-389.

[1.47] Jenkins W M，Tong G S，Prescott A T. Moment-transmitting endplate connections in steel construction and a proposed basis for flush endplate design [J]. The Structural Engineer，1986，64A (5)：121-136.

[1.48] Tarpy T S，Cardinal J W. Behavior of Semi-rigid Beam-to-Column End Plate Connections [C]. Howlett J H，Jenkins W M，Stainsby R. Joints in Structural Steelwork. London：Pentech Press，1981，2.3-2.25.

[1.49] Wheeler A T，Clarke M J，Hancock G J. FE Modeling of Four Bolt，Tubular Moment End-Plate Connections [J]. Journal of Structural Engineering，ASCE，1990，Vol. 126，No. 7：816-822.

[1.50] Kukreti A R，Ghasesmieh M，Murrya T M. Behavior and design of large-capacity moment end-plates [J]. Journal of Structrual Engineering，ASCE，1990，16(3)：809-828.

[1.51] Bahaari M R，Sherbourne A N. 3D simulation of bolted connections to unstiffened columns-Ⅱ. Extended Endplate Connections [J]. Journal of Constructional Steel Research，1996，40 (3)：189-223.

[1.52] Sherbourne A N，Bahaari M R. Finite element prediction of end plate bolted connection behavior I：parametric study [J]. Journal of Structural Engineering，1997，123(2)：157-164.

[1.53] Sherbourne A N，Bahaari M R. Finite element prediction of end plate bolted connection behavior Ⅱ：analytic formulation [J]. Journal of Structural Engineering，1997，123(2)：165-175.

[1.54] Choi C K，Chung G T. Refined three-dimensional finite element model for end-plate connection [J]. Journal of Structural Engineering，l996，122(11)：1307-1316.

[1.55] Bursi O S，Jaspart J P. Benchmarks for finite element modeling of bolted steel connections [J]. Journal of Constructional Steel Research，1997，43(1-3)：17-42.

[1.56] Bursi O S，Jaspart J P. Calibration of a finite element model for isolated bolted end-plate steel connections [J]. Journal of Constructional Steel Research，1997，44(3)：225-262.

[1.57] Bose B，Wang Z M，Sarkar S. Finite-element analysis of unstiffened Flush end-plate bolted joints [J]. Journal of Structural Engineering，l997，123(12)：1614-1621.

[1.58] 郭兵．钢框架梁柱端板连接在循环荷载作用下的破坏机理及抗震设计对策 [D]．西安：西安建筑科技大学，2002.

[1.59] 荆军，石永久．节点刚度对轻型门式刚架结构设计的影响 [J]．工业建筑，2000，30(5)：58-61.

[1.60] 荆军，王元清，石永久．门式刚架轻型钢结构端板连接节点性能研究与设计 [J]．建筑结构，2000，30(4)：16-19.

[1.61] 施刚，石永久，王元清，等．门式刚架轻型房屋钢结构端板连接的有限元与试验分析 [J]．土木工程学报，2004，37(7)：6-12.

[1.62] 廖新军．门式刚架钢结构端板连接节点承载性能的研究 [D]．北京：清华大学，2004.

[1.63] 郑杰．钢结构外伸端板 T 形连接的撬力分析与研究 [D]．青岛：青岛理工大学，2006.

[1.64] 李国强，司洋，郝坤超．垫板对平齐式端板连接梁柱节点性能的影响 [J]．建筑科学与工程学报，2009，26(4)：7-13.

[1.65] 顾正维，孙炳楠，童根树．螺栓角钢钢节点的三堆非线性有限元分析 [J]．钢结构，2003，18 (2)：48-52.

[1.66] Wu F H, Chen W F. A design model for semi-rigid connections [J]. Engineering Structures, 1990, 12(2), 88-97.

[1.67] Chen W F, Liu E M. Stability design of steel frames [M]. CRC Press, 1991.

[1.68] Romstad K M, Subramanian C V. Analysis of Frames with Partial Connection Rigidity [J]. Journal of the Structural Division, ASCE, 1970, 96(ST11): 2283-2300.

[1.69] Goto Y, Miyashita S. Validity of classification systems of semirigid connections [J]. Engineering Structures. 1995, 17(8): 544-553.

[1.70] Goto Y, Miyashita S. Classification system for rigid and semirigid connections [J]. Journal of Structural Engineering. 1998, 124(7): 750-757.

[1.71] Liu E M, Chen W F. Strength of H-columns with small end restraints [J]. Journal of the Institution of Structural Engineers, 1983, 61B(1): 17-26.

[1.72] Frye M J, Morris GA. Analysis of flexibly connected steel frames [J]. Canadian Journal of Civil Engineering, 1975, 2(3): 255-258.

[1.73] 丁洁民，沈祖炎. 节点半刚性对钢框架结构内力和位移的影响 [J]. 建筑结构，1994，24(6).

[1.74] 刘小强，吴惠弼. 半刚性连接钢框架位移和内力的计算 [J]. 重庆建筑工程学院学报，1993，15(2)：46-55.

[1.75] 刘小强，吴惠弼. 高层半刚性梁柱连接钢框架二阶效应的简化计算 [J]. 重庆建筑工程学院学报，1993，15(3)：25-34.

[1.76] 李国强，沈祖炎. 钢框架弹塑性静动力反应的非线性分析模型 [J]. 建筑结构学报，1990，11(2)：51-59.

[1.77] 李国强，沈祖炎. 半刚性连接钢框架弹塑性地震反应分析 [J]. 同济大学学报，1992，20(2)：123-128.

[1.78] 徐伟良，吴惠弼. 半刚性连接钢框架非线性分析的修正塑性区法 [J]. 重庆建筑工程学院学报，1995，17(3)：35-42.

[1.79] 徐伟良，吴惠弼. 钢框架二阶弹塑性分析的简化塑性区法 [J]. 重庆建筑工程学院学报，1994，16(2)：74-80.

[1.80] 郭成喜. 半刚性钢框架的内力性态分析 [J]. 建筑结构，2002，32(5)：3-6.

[1.81] 王燕，刘慧，郁有升. 半刚接钢框架柱考虑剪切变形影响计算长度系数研究 [J]. 工程力学，2008，25(11)：123-127.

[1.82] 王元清，张一舟，施刚，等. 半刚性端板连接多层钢框架的 Push-over 分析 [J]. 湖南大学学报：自然科学版，2009，36(11)：10-15.

[1.83] 王燕，苏波. 半刚接钢框架的动力分析 [J]. 力学与实践，2005(4)：51-55.

[1.84] 王来，等. 半钢性连接钢框架性能的有限元分析 [J]. 山东科技大学学报：(自然科学版)2008，27(1)：

[1.85] 方有珍，顾强，等. 半刚接钢框架(柱弱轴)-内填剪力墙结构滞回性能试验研究 [J]. 建筑结构学报，2008，29(2)：51-62.

[1.86] GB 50017—2003 钢结构设计规范 [S]. 北京：中国计划出版社，2003.

[1.87] American Institute of Steel Structures Construction(AISC) [S]. Specification for Structural Steel Buildings—Allowable Stress Design and Plastic Design(ASD), Chicago, IL, 1989.

[1.88] American Institute of Steel Structures Construction(AISC) [S]. Load and Resistance Factor Design Specification for Structural Steel Buildings, Chicago, IL, 1999.

[1.89] European Committee for Standardization(CEN). Eurocode 3, Design of Steel Structures, Part 1.8: Design of joints, prEN 1993-1-8, 2002.

［1.90］ European Committee for Standardization(CEN) ［S］. Eurocode 3, Design of Steel Structures, Part 1.1: General Rules and Rules for Buildings, EN 1993-1-1, 2002.

［1.91］ European Committee for Standardization(CEN) ［S］. Eurocode 3, Design of Steel Structures: Part 1.1 General rules and rules for buildings, ENV 1993-1-1, 2002.

［1.92］ 李国强，石文龙，王静峰. 半刚性连接钢框架结构设计［M］. 北京：中国建筑工业出版社，2009.

第 2 章　半刚性连接受力性能研究

2.1　半刚性连接节点的转动刚度和结构内力分析

大量研究结果表明，节点的连接刚度主要与连接板件的抗弯刚度、板厚、螺栓的分布位置、螺栓的直径和排列、加劲肋的设置等因素有关。图 2-1 给出了图 2-2 所示的实际工程中常用的梁柱连接半刚性节点弯矩-转角关系曲线，如图所示，当 $M=0$ 时为理想刚接，当 $\theta=0$ 时为理想铰接，实际工程中的半刚性节点的 M-θ 关系曲线则是介于理想刚接和理想铰接之间。由于半刚性连接节点的弯矩和转角之间呈现非线性关系，连接转动的有限刚度对结构内力必然产生一定影响[2.1]~[2.3]，因此针对半刚性连接节点的转动刚度和结构内力性能进行深入分析是十分必要的[2.4]~[2.10]。

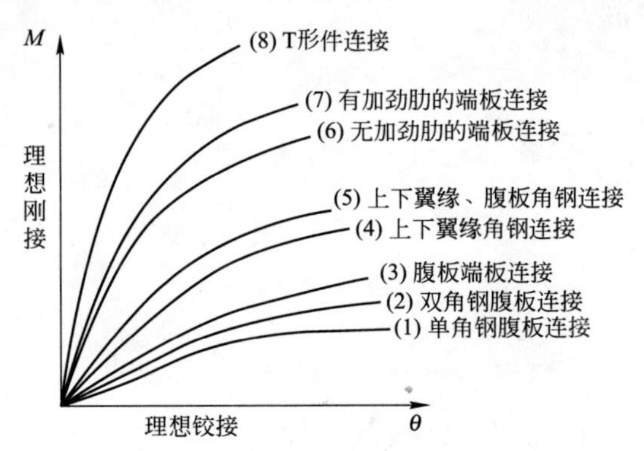

图 2-1　半刚性连接的 M-θ 曲线

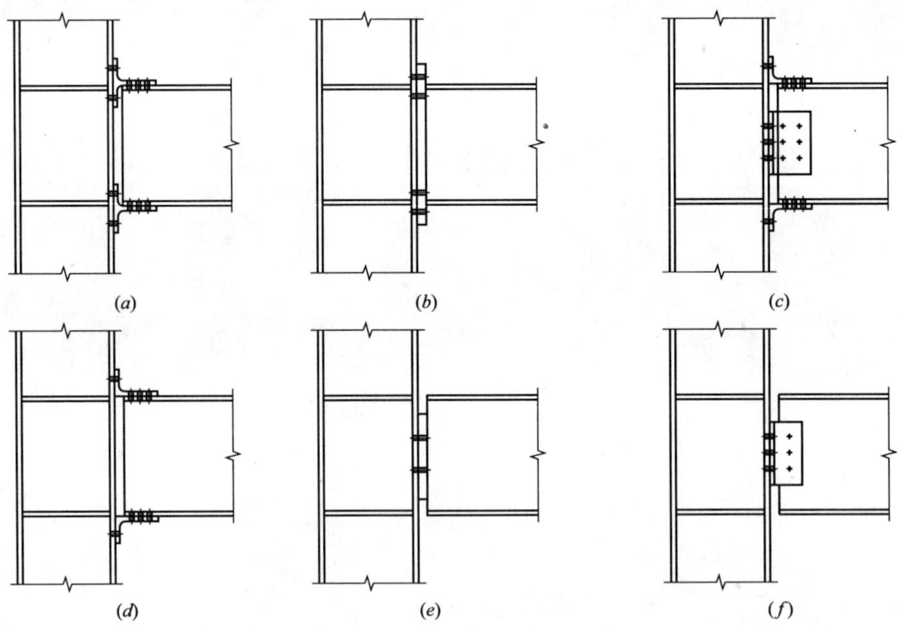

图 2-2　实际工程中常用的半刚性连接节点

(*a*)T 形件连接节点；(*b*)外伸端板连接节点；(*c*)上下翼缘、腹板角钢连接节点；(*d*)上下翼缘角钢连接节点；(*e*)腹板端板连接节点；(*f*)双角钢腹板连接节点

2.1.1 半刚性连接节点的初始刚度

描述节点 M-θ 曲线的常用方法是通过拟合试验数据得到的函数表达式，如式(2-1)所示，适用于结构内力分析的三参数模型[2.11]：

$$M=\frac{R_{ki}\theta}{[1+(\theta/\theta_0)^n]^{1/n}} \tag{2-1}$$

式中：R_{ki}为连接的初始转动刚度，θ_0 为塑性转角，$\theta_0=M_u/R_{ki}$，M_u为极限受弯承载力，n 为与连接初始刚度有关的形状系数，其意义见图 2-3。

给节点施加弯矩，根据 M-θ 关系可得相应转角，其卸载和再加载路径如图 2-4 所示，此时的节点刚度 R 等于初始连接刚度 R_{ki}，因此，在弹性阶段就可以近似地用节点初始连接刚度 R_{ki}模拟节点半刚性，用线性化的模型代替非线性的 M-θ 曲线，式(2-2)即为这种关系的表达式：

$$M=R_{ki}\theta \tag{2-2}$$

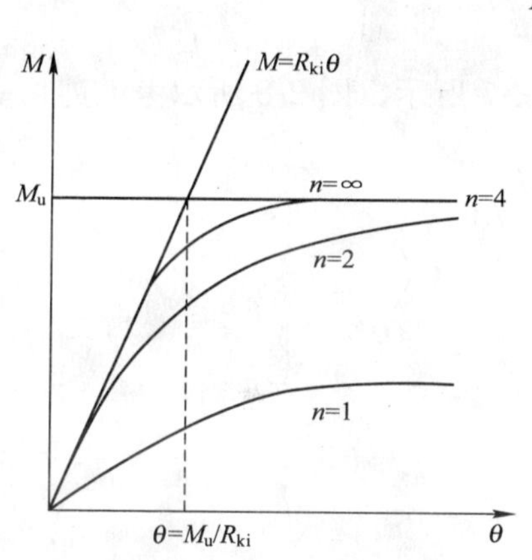

图 2-3　半刚性连接的三参数模型曲线

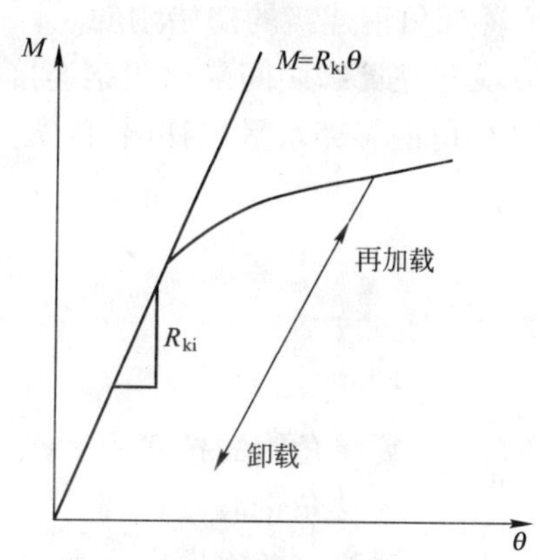

图 2-4　连接的线性模型

(1) 外伸端板连接的初始刚度

高强度螺栓外伸端板连接如图 2-5 所示，此类连接的初始连接刚度主要与外伸端板的变形有关，考虑剪切变形影响，极限状态时两端固支梁模型的端板与翼缘之间水平位移如式(2-3)所示，弹性极限状态时端板变形如图 2-6 所示。

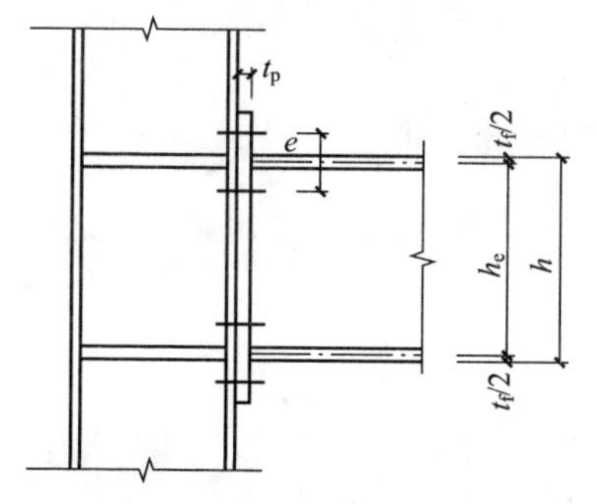

图 2-5　高强度螺栓外伸端板连接

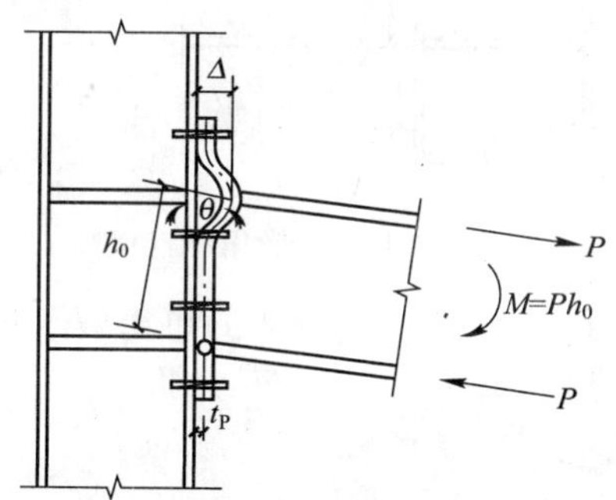

图 2-6　弹性极限状态时连接的变形图

$$\Delta=\frac{Pe^3}{192EI_\mathrm{P}}\left(1+\frac{12.48t_\mathrm{P}^2}{e^2}\right) \tag{2-3}$$

式中 EI_p——端板的抗弯刚度；

t_P——端板厚度；

e——上下翼缘两侧连接螺栓的间距。

图 2-6 所示的水平位移 Δ 可以写作：

$$\Delta=\theta h_0 \tag{2-4}$$

又因为：

$$M=Ph_0 \tag{2-5}$$

将式(2-3)、式(2-4)、式(2-5)代入式(2-2)，可得外伸端板连接的初始转动刚度为：

$$R_\mathrm{ki}=\frac{192EI_\mathrm{P}}{1+\frac{12.48t_\mathrm{P}^2}{e^2}}\cdot\frac{h_0^2}{e^3} \tag{2-6}$$

(2) 翼缘角钢连接的初始刚度

梁翼缘与柱翼缘之间采用角钢连接构造如图 2-7 所示，图 2-8 所示考虑剪切变形后弹性极限状态角钢端部水平位移(悬臂梁模型)Δ 为：

$$\Delta=\frac{e_0^3}{3EI_\mathrm{a}}\left(1+\frac{0.78t_\mathrm{a}^2}{e_0^2}\right) \tag{2-7}$$

$$\Delta=h_l\theta \tag{2-8}$$

$$M=h_lP \tag{2-9}$$

式中 EI_a——翼缘角钢的抗弯刚度；

t_a——连接角钢肢厚；

h_l——梁高与角钢厚度之和。

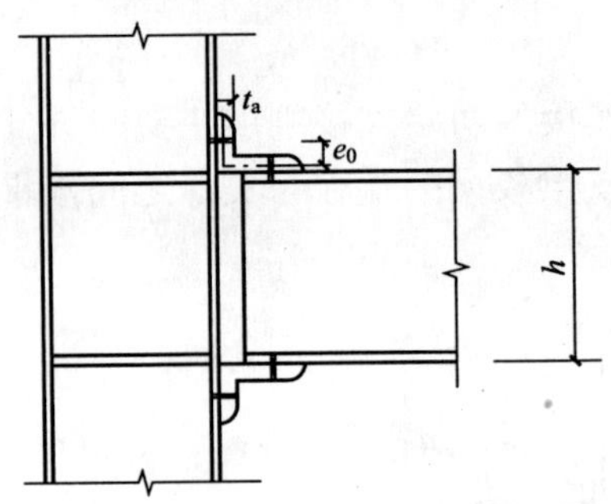

图 2-7 上下翼缘角钢连接

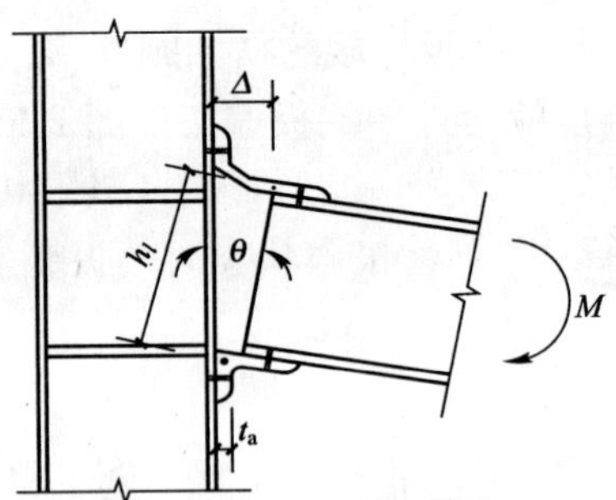

图 2-8 弹性极限状态时连接的变形图

由式(2-7)、式(2-8)、式(2-9)可得翼缘角钢连接的初始转动刚度为：

$$R_\mathrm{ki}=\frac{3EI_\mathrm{a}}{1+\frac{0.78t_\mathrm{t}^2}{e^2}}\cdot\frac{h_l^2}{e^3} \tag{2-10}$$

(3) 几种常见的半刚性连接的初始连接刚度

同理，可得图 2-2 所示的其他几种半刚性连接的初始连接刚度 R_ki，如表 2-1 所示。

半刚性连接的初始刚度 R_{ki} 表 2-1

连接类型	外伸端板连接	翼缘角钢连接	T形件连接	翼缘、腹板角钢连接
初始连接刚度 R_{ki}	$\dfrac{192EI_P}{1+\dfrac{12.48t_P^2}{e^2}}\cdot\dfrac{h_0^2}{e^3}$	$\dfrac{3EI_a}{1+\dfrac{0.78t_t^2}{e^2}}\cdot\dfrac{h_l^2}{e^3}$	$\dfrac{192EI_T}{1+\dfrac{12.48t_T^2}{e^2}}\cdot\dfrac{h_0^2}{e^3}$	$\dfrac{3EI_a h_1^2}{e_0(e_0^2+0.78t_a^2)}+\dfrac{6EI_{wa}(h_1/2)^2}{e_3(e_3^2+0.78t_{wa}^2)}$

注：t_{wa}为腹板角钢的厚度；EI_T，EI_{wa}分别为T形件、腹板角钢的抗弯刚度。

从表2-1可以看出，各种半刚性连接初始转动刚度主要与连接件的抗弯刚度、板厚以及螺栓的分布位置有关，设计中可根据连接节点的受力情况调整连接件的几何尺寸以提高或降低连接节点的初始刚度。

2.1.2 半刚性连接内力分析

根据连接节点所具有的初始刚度，对图2-9所示的支座节点采用具有一定转动刚度的螺旋弹簧模拟，在集中荷载 P 作用下，半刚性连接梁端弯矩可以表示为：

$$M_A=R_{kA}\theta_{\gamma A};\quad M_B=R_{kB}\theta_{\gamma B} \tag{2-11}$$

将弹簧移走，考虑在图2-9(b)～(d)所示三种荷载作用下的简支梁的梁端转角分别为：

$$\theta_{AP}=\frac{P_{ab}(L+b)}{6EIL};\quad \theta_{AA}=-\frac{M_A L}{3EI};\quad \theta_{AB}=-\frac{M_B L}{6EI} \tag{2-12}$$

则：

$$\theta_{\gamma A}=\theta_{AP}+\theta_{AA}+\theta_{AB} \tag{2-13}$$

将式(2-11)、式(2-12)代入式(2-13)中，可得：

$$\frac{M_A}{R_{kA}}=\frac{Pb(L+b)}{6EIL}-\frac{M_A L}{3EI}-\frac{M_B L}{6EI} \tag{2-14}$$

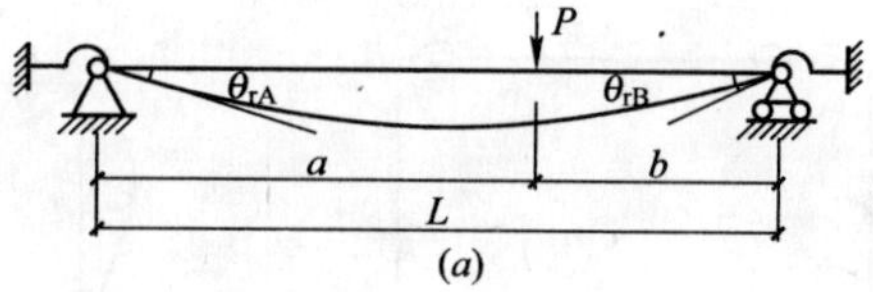

(a)

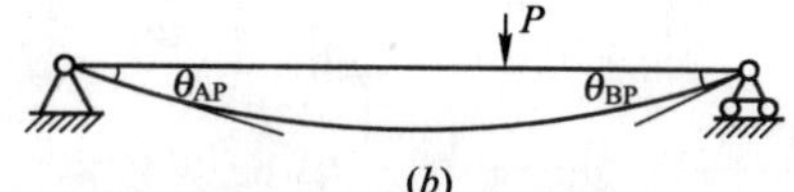

(b)

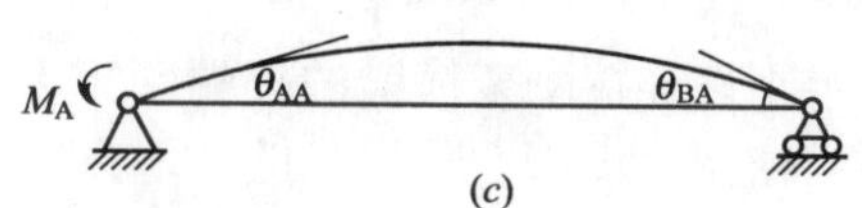

(c)

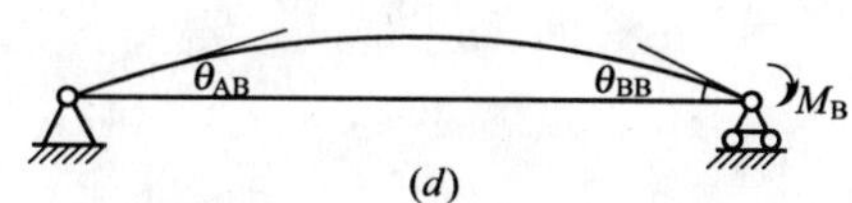

(d)

图2-9 简支式半刚性梁

将式(2-14)简化为：

$$2M_A(1+3\alpha_A)+M_B=2M_{FA}+M_{FB} \tag{2-15}$$

其中：

$$\alpha_A=\frac{EI}{LR_{kA}},\quad \alpha_B=\frac{EI}{LR_{kB}} \tag{2-16}$$

$$M_{FA}=\frac{Pab^2}{L^2},\quad M_{FB}=\frac{Pa^2b}{L^2} \tag{2-17}$$

同理对于 B 端可得：

$$M_A+2M_B(1+3\alpha_B)=M_{FA}+2M_{FB} \tag{2-18}$$

由式(2-15)、式(2-18)可得：

$$M_A=\frac{M_{FA}+6\alpha_B M_{FB}}{(1+4\alpha_A+4\alpha_B+12\alpha_A\alpha_B)} \tag{2-19a}$$

$$M_{B}=\frac{M_{FB}+6\alpha_{A}M_{AB}}{(1+4\alpha_{A}+4\alpha_{B}+12\alpha_{A}\alpha_{B})} \tag{2-19b}$$

式(2-19*a*)、(2-19*b*)也同样适用于在均布荷载和其他分布荷载作用下的半刚性连接，但需要将公式中的M_{FA}和M_{FB}替换为两端固端梁在均布荷载和其他分布荷载作用下的固端弯矩。

2.1.3　半刚性连接对结构弹性分析的影响

为了进一步研究半刚性连接节点转动刚度对刚架内力影响，在图2-10所示的半刚接刚架中，假设横梁两端与柱连接的螺旋弹簧刚度相同，即$R_{KA}=R_{KB}=R$。根据结构力学的位移法，半刚性连接刚架的梁端和柱端转角如图2-11所示。

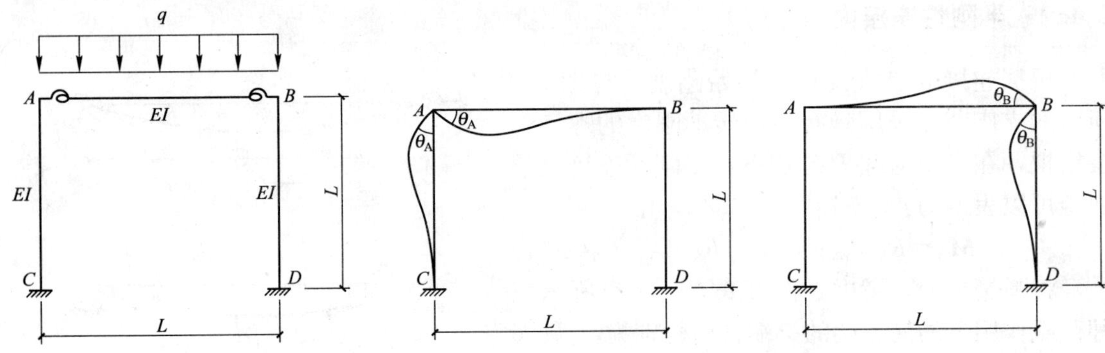

图2-10　半刚性连接刚架　　　　图2-11　半刚性连接刚架变形图

半刚性连接刚架横梁的杆端弯矩为：

$$\begin{cases}M_{AB}=\dfrac{qL^{2}}{12}+R\theta_{A}+0.5R\theta_{B}\\ M_{AC}=R\theta_{A}\end{cases} \tag{2-20a}$$

$$\begin{cases}M_{BA}=-\dfrac{qL^{2}}{12}+R\theta_{B}+0.5R\theta_{A}\\ M_{BD}=R\theta_{B}\end{cases} \tag{2-20b}$$

由$\Sigma M_{A}=0$及$\Sigma M_{B}=0$，可得半刚性连接刚架横梁A、B两端杆端弯矩为：

$$\begin{aligned}M_{AB}&=M_{AC}=-M_{BA}=-M_{BD}\\&=-\frac{qL^{2}}{18}\left(\frac{6\alpha-1}{1+8\alpha+12\alpha^{2}}\right)=-E\frac{qL^{2}}{18}\end{aligned} \tag{2-21a}$$

$$\begin{aligned}M_{CA}&=-M_{DB}\\&=-\frac{qL^{2}}{36}\left(\frac{6\alpha-1}{1+8\alpha+12\alpha^{2}}\right)=-E\frac{qL^{2}}{36}\end{aligned} \tag{2-21b}$$

半刚性连接刚架横梁跨中弯矩为：

$$\begin{aligned}M_{跨中}&=\frac{qL^{2}}{18}\left(\frac{48\alpha+108\alpha^{2}+13}{4+32\alpha+48\alpha^{2}}\right)\\&=\frac{(9-4\beta)qL^{2}}{72}\end{aligned} \tag{2-21c}$$

式中，$\alpha=\dfrac{EI}{LR_{ki}}$，从式(2-21*a*)、式(2-21*b*)和式(2-21*c*)可以看出，各弯矩值已表示成刚性

连接情况的固端弯矩值乘以一个相应的小于 1 的弯矩系数 β，它们均为弹簧刚度比 α 的函数。图 2-12 表示弯矩系数与 α 的关系曲线。图 2-13、图 2-14 所示分别为半刚接和刚接刚架的弯矩图。

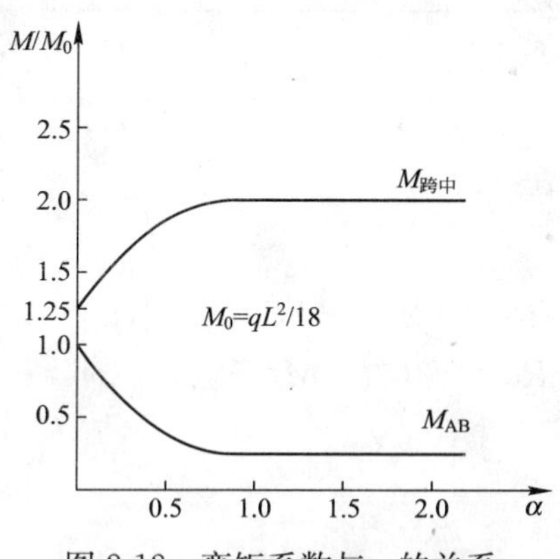

图 2-12 弯矩系数与 α 的关系

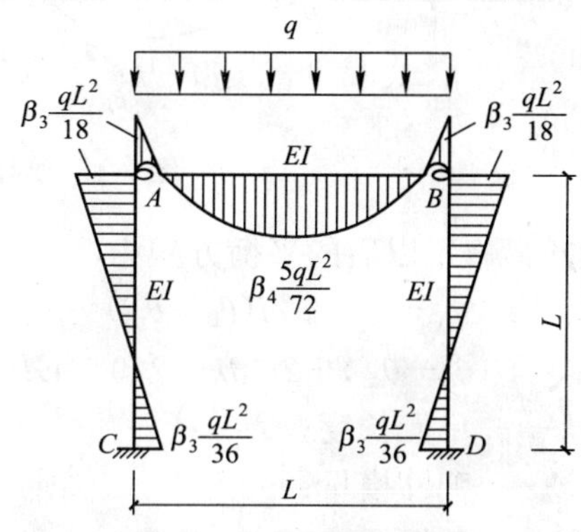

图 2-13 半刚接刚架弯矩图

由图 2-12 可见，横梁的杆端负弯矩随着连接初始刚度的减弱即 α 的增加而减少，而跨中正弯矩则相应增加。因此，对半刚性连接的框架按传统刚性设计与实际受力情况不符，其结果将高估由梁传到柱的负弯矩而低估梁的跨中正弯矩。另一方面，由于连接总具有一定的刚度，因此若按铰接连接设计，则没能考虑受重力荷载的主梁要传递一部分“固端”弯矩给外柱这一因素，这样会使主梁的设计偏于保守，而使柱的设计偏于不安全。

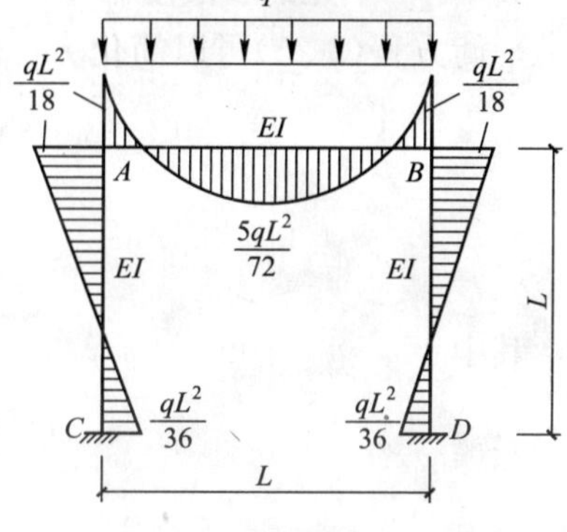

图 2-14 刚接刚架弯矩图

2.1.4 半刚性连接梁柱单元刚度矩阵

传统线弹性分析假定小变形，因此，平衡方程可以只考虑最初的几何形状，当荷载逐渐增加使结构的几何形状有较大变化时，由此引起的刚度矩阵中的项需要考虑轴力和变形影响，这样，刚度矩阵中就必须包括几何非线性的影响。另外，对于端部有柔性连接的构件，应对刚度矩阵进行修正，考虑连接的柔性影响。对于半刚性连接钢框架的梁中虽然也有轴力，但一般情况下其值较小，对几何非线性的影响可以忽略不计，为简化计算，在半刚性连接钢框架设计中采用两种单元类型：①半刚性梁单元，考虑梁端节点柔性影响的平面框架单元；②梁、柱单元，考虑几何非线性平面框架单元。

（1）半刚性梁单元刚度矩阵

对于半刚性连接梁采用螺旋弹簧考虑节点柔性对梁单元的影响，如图 2-15 所示，对于任一梁单元 i，弹簧的相对转角 θ_{rA} 和 θ_{rB} 与弹簧刚度 R_{kA} 和 R_{kB} 的关系如下式所示：

$$\theta_{rA}=\frac{M_A}{R_{kA}} \tag{2-22a}$$

$$\theta_{rB}=\frac{M_B}{R_{kB}} \tag{2-22b}$$

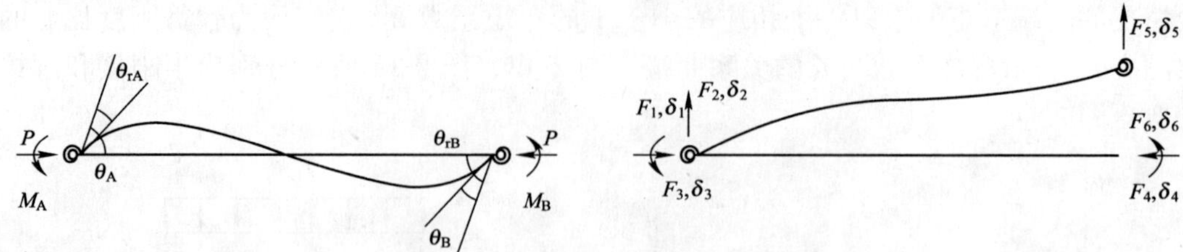

图 2-15 端部有转动弹簧的梁单元

这样，修正以后的平衡方程为：

$$\left.\begin{aligned}M_A&=4i(\theta_A-\theta_{rA})+2i(\theta_B-\theta_{rB})=EI[4(\theta_A-M_A/R_{kA})+2(\theta_B-M_B/R_{kB})]/L\\M_B&=4i(\theta_B-\theta_{rB})+2i(\theta_A-\theta_{rA})=EI[4(\theta_B-M_B/R_{kB})+2(\theta_A-M_A/R_{kA})]/L\end{aligned}\right\}\tag{2-23}$$

式中 L——单元长度；

E——弹性模量；

I——截面惯性矩；

i——单元的线刚度。

平衡方程(2-23)可以简化为：

$$\left.\begin{aligned}M_A&=\frac{EI}{L}(\alpha_{ii}\theta_A+\alpha_{ij}\theta_B)\\M_B&=\frac{EI}{L}(\alpha_{ij}\theta_A+\alpha_{jj}\theta_B)\end{aligned}\right\}\tag{2-24}$$

其中

$$\left.\begin{aligned}\alpha_{ii}&=\frac{1}{R}\left(4+\frac{12EI}{LR_{kB}}\right)\\\alpha_{jj}&=\frac{1}{R}\left(4+\frac{12EI}{LR_{kA}}\right)\\\alpha_{ij}&=\frac{2}{R}\end{aligned}\right\}$$

$$R=\left(1+\frac{4EI}{LR_{kA}}\right)\left(1+\frac{4EI}{LR_{kB}}\right)-\left(\frac{EI}{L}\right)^2\left(\frac{4}{R_{kA}R_{kB}}\right)\tag{2-25}$$

将平衡方程(2-24)写成矩阵形式，进而可推得半刚性梁单元的刚度矩阵为：

$$[\bar{k}]_i=\begin{bmatrix}\frac{A_xE}{L} & & & & & \\ 0 & (\alpha_{ii}+2\alpha_{ij}+\alpha_{jj})\frac{EI}{L^3} & & & \text{SYM} & \\ 0 & (\alpha_{ii}+\alpha_{ij})\frac{EI}{L^2} & \alpha_{ii}\frac{EI}{L} & & & \\ -\frac{A_xE}{L} & 0 & 0 & \frac{A_xE}{L} & & \\ 0 & -(\alpha_{ii}+2\alpha_{ij}+\alpha_{jj})\frac{EI}{L^3} & -(\alpha_{ii}+\alpha_{ij})\frac{EI}{L^2} & 0 & (\alpha_{ii}+2\alpha_{ij}+\alpha_{jj})\frac{EI}{L^3} & \\ 0 & (\alpha_{ij}+\alpha_{jj})\frac{EI}{L^2} & \alpha_{ij}\frac{EI}{L} & 0 & -(\alpha_{ij}+\alpha_{jj})\frac{EI}{L^2} & \alpha_{jj}\frac{EI}{L}\end{bmatrix}\tag{2-26}$$

因此，半刚性梁单元刚度方程可写为：

$$\{\overline{F}\}=[\overline{k}]\{\overline{\delta}\}+\{\overline{F_F}\}$$

式中 $\{\overline{F}\}$和$\{\overline{\delta}\}$——局部坐标系中单元的杆端力和位移矢量；

$\{\overline{F_F}\}$——竖向荷载作用在半刚性梁上引起的固端力矢量，$\{\overline{F_F}\}=\{0\quad V_A\quad M_A\quad 0\quad V_B\quad M_B\}^T$，$M_A$、$M_B$ 为半刚性梁的固端弯矩，V_A、V_B 为相应的半刚性梁的固端剪力。

考虑半刚性连接的影响，半刚性梁的固端弯矩 M_A 和 M_B 按式(2-27a)、式(2-27b)计算，即：

$$M_A=\frac{M_{FA}+6\alpha_B M_{FB}}{(1+4\alpha_A+4\alpha_B+12\alpha_A\alpha_B)} \tag{2-27a}$$

$$M_B=\frac{M_{FB}+6\alpha_A M_{FB}}{(1+4\alpha_A+4\alpha_B+12\alpha_A\alpha_B)} \tag{2-27b}$$

式(2-27a) 和式(2-27b)也同样适用于在均布荷载和集中荷载作用下的半刚性梁，只不过要将式中的 M_{FA}和 M_{FB}换成两端固定梁在均布荷载和集中荷载作用下的固端弯矩。

(2) 半刚性梁、柱单元刚度矩阵

考虑 P-Δ 效应的半刚性连接的梁、柱单元刚度矩阵可表示为两个矩阵$\{\overline{k_e}\}$和$\{\overline{k_g}\}$的总和。其中，$\{\overline{k_e}\}$是一阶单元刚度矩阵，$\{\overline{k_g}\}$是几何刚度矩阵，对于单元 i，非线性刚度矩阵为：

$$[\overline{k}]_i=[\overline{k_e}]_i+[\overline{k_g}]_i \tag{2-28a}$$

$$[\overline{k_e}]_i=\begin{bmatrix} \frac{A_xE}{L} & & & & & \\ 0 & \frac{12EI}{L^3} & & & \text{SYM} & \\ 0 & \frac{6EI}{L^2} & \frac{4EI}{L} & & & \\ -\frac{A_xE}{L} & 0 & 0 & \frac{A_xE}{L} & & \\ 0 & -\frac{12EI}{L^3} & -\frac{6EI}{L^2} & 0 & \frac{12EI}{L^3} & \\ 0 & \frac{6EI}{L^2} & \frac{2EI}{L} & 0 & -\frac{6EI}{L^2} & \frac{4EI}{L} \end{bmatrix} \tag{2-28b}$$

$$[\overline{k_g}]_i=\frac{P}{L}\begin{bmatrix} 0 & & & & & \\ 0 & \frac{6}{5} & & & \text{SYM} & \\ 0 & \frac{L}{10} & \frac{2L^2}{15} & & & \\ 0 & 0 & 0 & 0 & & \\ 0 & -\frac{6}{5} & -\frac{L}{10} & 0 & \frac{6}{5} & \\ 0 & \frac{L}{10} & -\frac{L^2}{30} & 0 & -\frac{L}{10} & \frac{2L^2}{15} \end{bmatrix} \tag{2-29}$$

(3) 总刚度矩阵

式(2-28)和式(2-29)所表示的梁柱和半刚性梁刚度矩阵都是指局部坐标系下的刚度矩阵，要形成结构的总刚矩阵，必须将其转化成整体坐标系下的刚度矩阵，转化公式为：

$$[k]_i=[T]_i^{\mathrm{T}}[\bar{k}]_i[T]_i \tag{2-30}$$

式中 $[k]_i$——单元 i 在整体坐标系中的刚度矩阵；

$[\bar{k}]_i$——单元 i 在局部坐标系中的刚度矩阵；

$[T]_i$——转换矩阵：

$$[T]_i=\begin{bmatrix} \cos\alpha & \sin\alpha & 0 & 0 & 0 & 0 \\ -\sin\alpha & \cos\alpha & 0 & 0 & 0 & 0 \\ 0 & 0 & 1 & 0 & 0 & 0 \\ 0 & 0 & 0 & \cos\alpha & \sin\alpha & 0 \\ 0 & 0 & 0 & -\sin\alpha & \cos\alpha & 0 \\ 0 & 0 & 0 & 0 & 0 & 1 \end{bmatrix} \tag{2-31}$$

梁柱单元刚度矩阵和半刚性梁的单元刚度矩阵都可以通过式(2-31)转化成整体刚度矩阵。

2.2 半刚性连接钢框架外伸端板节点滞回性能试验研究

2.2.1 试验加载和测量装置

针对半刚性连接常用形式外伸端板连接节点进行了试验研究，试验采用 T 形节点试件，设计制作了四个 1/2 缩尺比例的试件，分别记为 ST-1、ST-2、ST-3、ST-4。其中试件 ST-1、ST-3 在连接节点柱腹板处配置了与梁端上、下翼缘对齐的横向加劲肋，作为对比试件 ST-4 没有配置横向加劲肋。端板厚度分别取 12mm 、16mm 两种。四个试件均采用 10.9 级 M20 的高强度螺栓摩擦型连接。试件的材料力学性能试验结果见表 2-2，试件梁柱截面尺寸及其他几何参数如图 2-16 所示。

试件材料力学性能试验 表 2-2

测试刚板厚度(mm)	截面面积(mm^2)	泊松比 υ		屈服强度 f_y(MPa)		弹性模量 E(MPa)	
		试验值	平均值	试验值	平均值	试验值	平均值
8	240	0.280	0.280	292.3	290.5	1.956	1.945
8	240	0.280		288.6		1.934	
10	300	0.260	0.255	287.5	284.0	1.940	1.897
10	300	0.250		280.5		1.854	

试验采用电液伺服液压加载试验机，采用一个 LSWEB-125T 型作动器施加梁端反复荷载，荷载范围±25t，行程±200mm，系统精度 1%。采用电动高压油泵及 60t 双油路油压千斤顶，加载时用来施加柱顶恒定轴力。门架式反力架用来安放柱顶千斤顶。柱底端专门设计了一铰支座用于将铰支座的底板锚栓固定于地面，允许所研究的梁柱节点仅在平面

内转动，平面外无侧移。试验加载装置示意图见图 2-17，加载装置照片见图 2-18，测点布置见图 2-19，位移计布置见图 2-20。

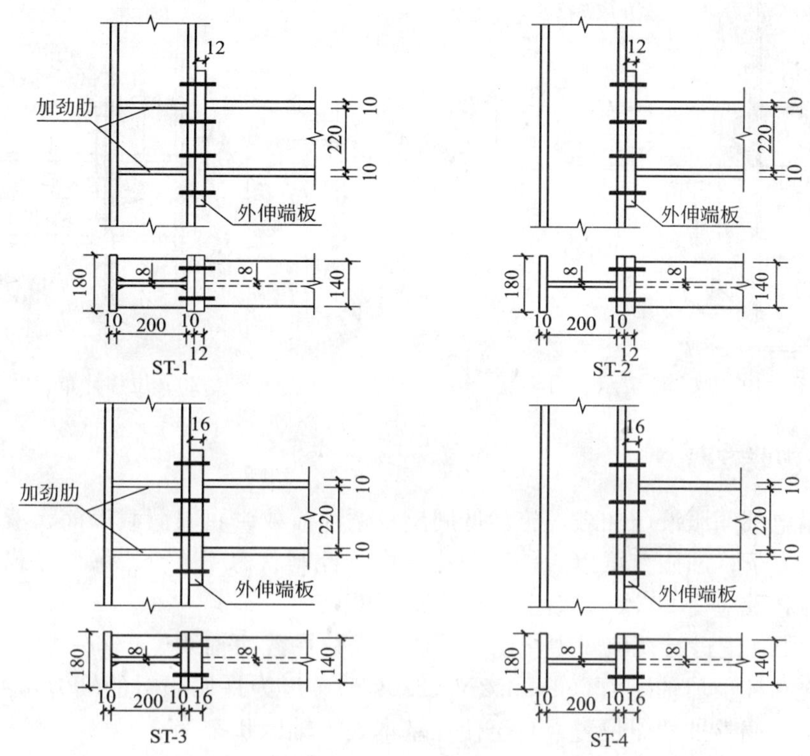

图 2-16 连接节点示意图

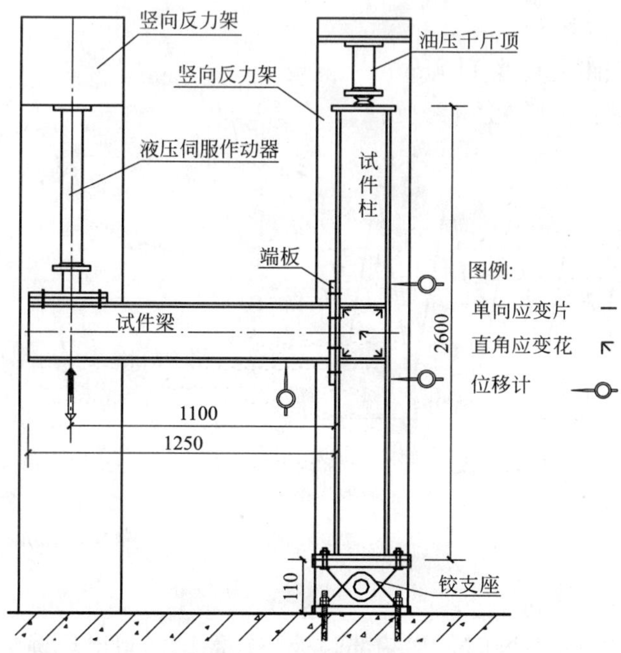

图 2-17 加载装置示意图(mm)

图 2-18 加载装置图

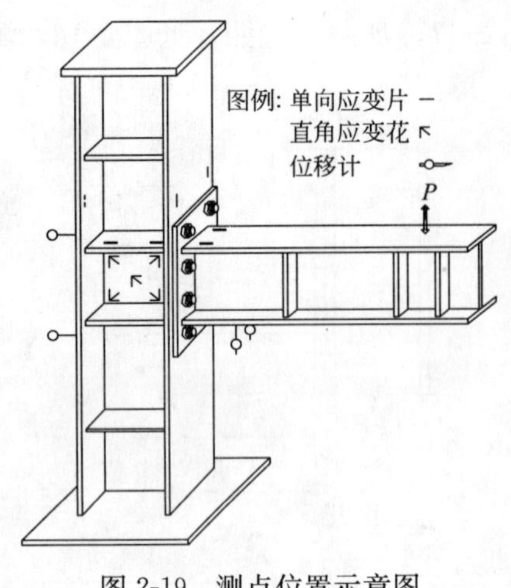

图 2-19　测点位置示意图

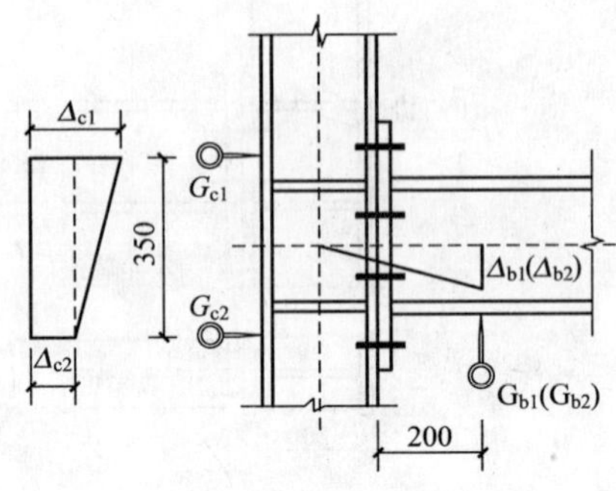

图 2-20　位移计布置

2.2.2　试验加载方案

试验采用电液伺服液压加载，施加低周反复循环荷载。屈服荷载以前，液压伺服作动器在力控制状态下；屈服荷载以后，作动器在位移控制状态下[2.12]。每个加载循环由计算机采集力、位移及应变 20 次并储存。具体过程如下：

(1) 柱对中。先进行几何对中，使千斤顶轴线与柱截面轴线位于同一竖直线；后进行力学对中，先在柱顶加轴压力 0.1～0.2N_y(220kN)(N_y 为柱屈服时的轴力)，测出柱上各测点的应变值，调整加载点位置，直至使柱基本处于轴压状态。

(2) 梁端作动器对中。首先用铅锤测出梁端垂直轴线，使作动器处于梁端垂直轴线上。

(3) 柱顶加 0.3～0.4N_y(600kN)轴压力，并且在整个试验过程中，此轴压值保持不变，模拟实际钢框架工作状态的轴压比。

(4) 施加梁端竖向反复荷载，加载点距柱翼缘 1100mm。

加载制度如图 2-21 所示，试件加载时先使梁上翼缘受拉。

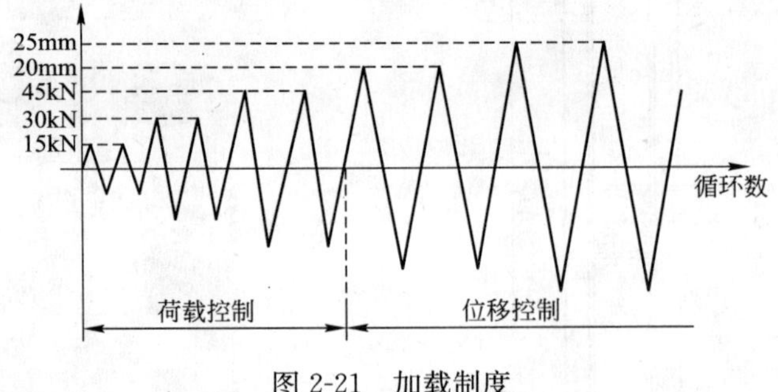

图 2-21　加载制度

2.2.3　试验现象及破坏形态

(1) 试验过程及破坏现象

1) 试件 ST-1：在梁端作动器荷载达到 38kN 时，梁端部端板与柱翼缘之间出现缝隙开始裂开；随梁端荷载和位移的增大，开裂逐渐加大；梁端位移达到 22mm 时，螺栓处柱翼缘出现外凸，油漆开裂；当梁端位移达到 40mm 时，梁翼缘外侧焊趾根部油漆脱落，并出现水平通长裂缝，极限荷载达到 65.8kN。此时板域在靠近梁端处油漆有斜向交叉裂纹。柱翼缘在螺栓拉力作用下向外凸曲，加劲肋则限制了柱翼缘的变形，梁翼缘处端板向外凸曲，梁翼缘处端板与加劲肋处柱翼缘之间开裂最大达 12mm。

2）试件 ST-2：在梁端作动器荷载达到 40kN 时，梁上翼缘处端板外凸；梁端位移达到 20mm 时，梁上翼缘处端板与柱翼缘连接处开裂；梁端附近柱腹板板域油漆开始开裂；梁端位移加至 45mm 时，梁端焊缝处油漆开始开裂，焊缝出现裂缝，极限荷载达到 54.2kN。几乎全部板域出现斜向交叉裂纹。柱翼缘在螺栓拉力作用下与端板一起向外凸曲，变形较大，但两者之间裂开很小。

3）试件 ST-3：在梁端作动器荷载达到 40kN 时，梁上翼缘处端板与柱翼缘之间开始分离；当梁端位移加至 19mm 时，柱翼缘开始外凸，端板变形很小，板域油漆开始出现裂缝；随着梁端作动器位移的逐级增大，板域油漆出现斜向交叉裂缝，端板外凸较小，两者分离；当梁端位移达到 53mm 时，梁端角焊缝开裂，极限荷载达到 72.4kN。此时，螺栓处柱翼缘向外凸曲很严重，加劲肋之间柱翼缘变形很大，由于端板较厚，其凸曲不是太明显。

4）试件 ST-4：当梁端作动器荷载加至 30kN 时，柱腹板板域油漆开始开裂；当梁端位移加至 22mm 时，柱翼缘开始外凸，此时端板几乎无变形；随着梁端作动器位移的逐级增大，板域油漆出现斜向交叉裂缝，端板与柱翼缘均明显外凸；当梁端作动器位移加至 58mm 时，梁端焊缝处油漆开始开裂，焊缝出现裂纹，并由中间向两侧逐渐延伸，最后贯通，极限荷载达到 58.6kN。柱翼缘在很长范围内均向外凸曲，变形很大，端板和柱翼缘一起变形，但不如柱翼缘变形明显。连接节点破坏的照片见图 2-22。

图 2-22 节点破坏照片图

(2) 试验现象分析

1) 节点板域的变形主要是剪切变形，在弹性阶段，节点板域的剪切角变形很小，几乎可以忽略；但在弹塑性阶段，随着荷载的增加，节点板域的剪切角变形迅速增大，导致板域处油漆斜向开裂(与水平方向近似成45°角)，交叉开裂是由于反复荷载作用的结果。同时还可以看出，板域处有无加劲肋对板域的受力也有较大的影响，未设加劲肋时，板域作用范围较大，延伸到梁上下翼缘以外，设置加劲肋以后，板域仅为加劲肋之间的区域；

2) 设置加劲肋可以延缓柱翼缘的外凸，并减小柱翼缘的变形量，加劲肋对板域也有影响，使板域主要受剪切变形。同时，可提高连接节点的刚度；

3) 增加端板的厚度可以减小端板的变形量，减小撬力，对螺栓的受力有利，同时可提高连接节点的承载能力；

4) 最后连接的破坏都是以梁端角焊缝的开裂而告终，这是由于端板的弯曲变形和角焊缝在反复荷载作用下的低周疲劳破坏引起的。故在外伸端板连接中，梁上下翼缘与端板之间应使用焊透的对接焊缝，并保证施焊质量。

(3) 滞回特性分析

连接节点在反复荷载作用下的荷载-变形曲线，是其受力性能变化的综合反映，它包括强度、刚度、延性、耗能能力等力学性能。

四个试件的试验数据，包括试件的极限荷载、最大位移、弹性极限荷载、弹性位移列于表2-3。

主要试验数据 **表2-3**

试件号	端板厚度(mm)	加劲肋	最大承载力(kN)	最大位移(mm)	弹性极限(kN)	弹性位移(mm)
ST-1	12	有	65.8	40.2	29.2	14.8
ST-2	12	无	54.2	45.8	24.2	15.8
ST-3	16	有	72.4	53.3	40.8	16.6
ST-4	16	无	58.6	57.4	33.5	17.2

1) 力-位移滞回特性分析

图2-23为四个试件在梁端反复荷载作用下的P-Δ滞回曲线。纵坐标P为梁端作动器反馈的力值，横坐标Δ为梁端在竖向平面的位移。

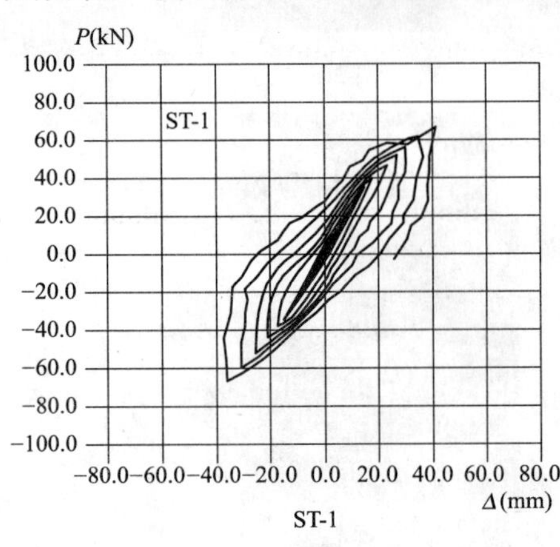

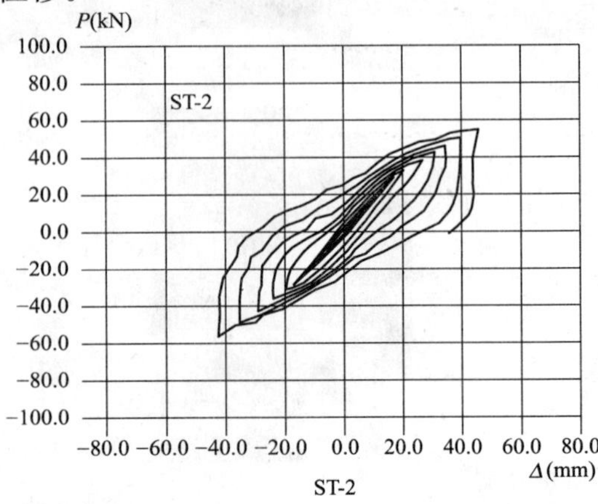

图2-23 各试件荷载-位移(P-Δ)滞回曲线(一)

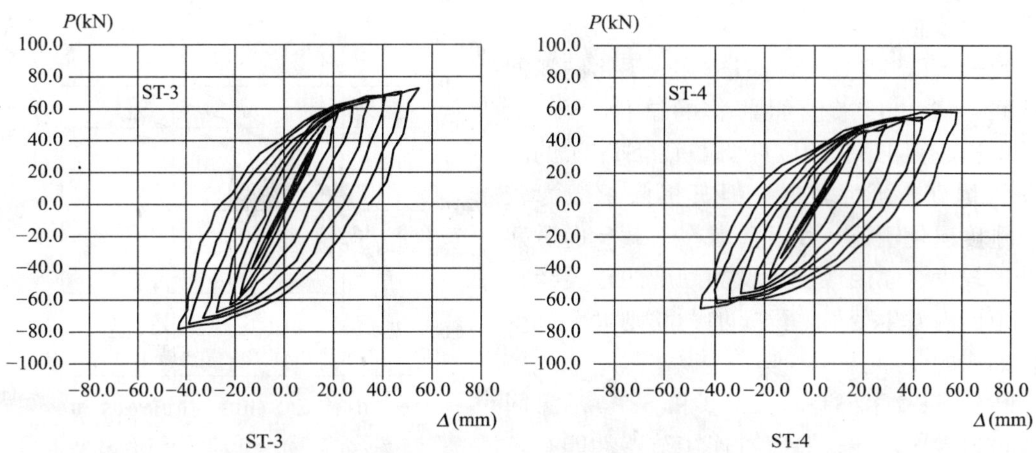

图 2-23　各试件荷载-位移(P-Δ)滞回曲线(二)

图 2-24 为四个试件的梁、柱及梁柱之间的 M-θ 关系。图 2-25 为各试件梁柱之间 M-θ

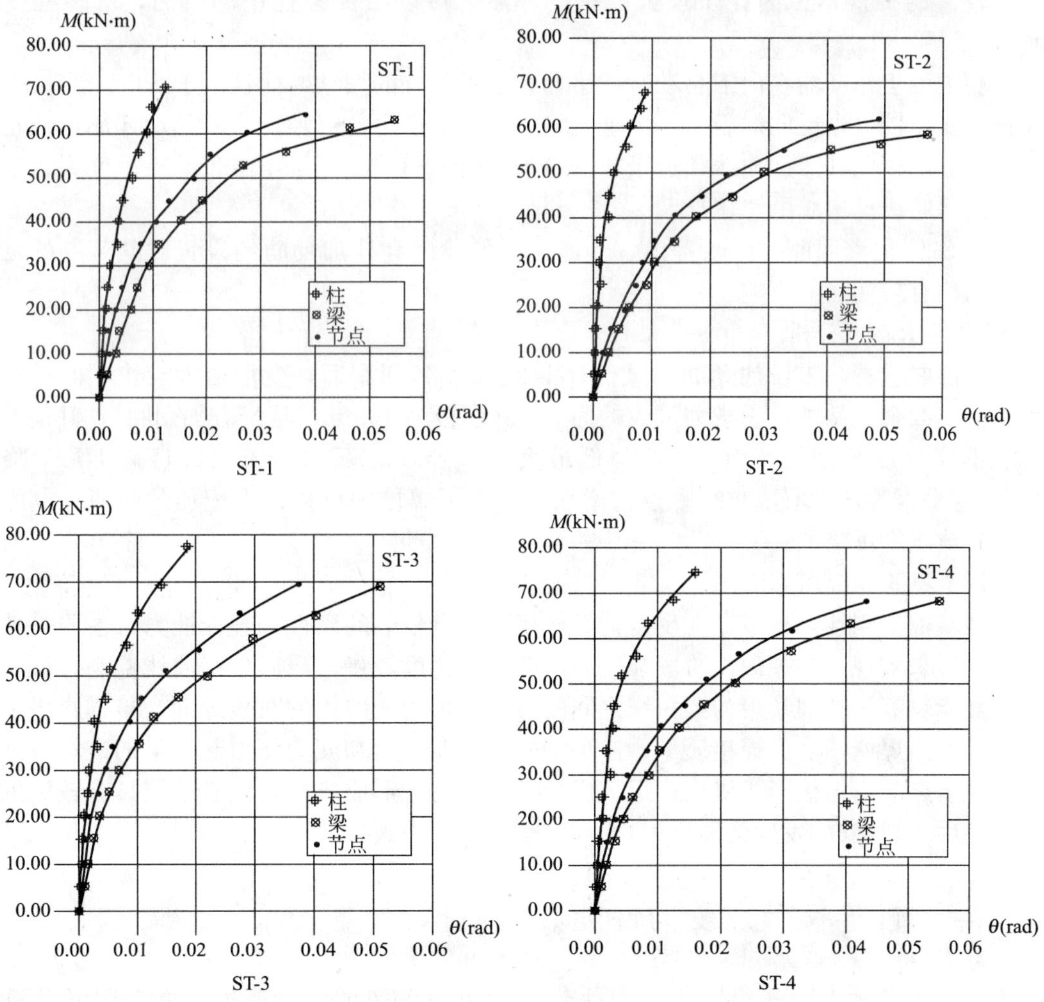

图 2-24　各试件梁柱节点弯矩-转角(M-θ)关系曲线

关系的比较。

比较 ST-1 和 ST-2、ST-3 和 ST-4 的滞回曲线可以看出：未设加劲肋的试件（ST-2、ST-4）比设有加劲肋的试件(ST-1、ST-3）的滞回曲线饱满，延性较好，但其极限承载力较低，刚度退化明显，而且前者在荷载反向后残余变形较大。原因在于未设加劲肋的柱翼缘在较长范围内发生变形，配置加劲肋则大大减少了柱翼缘的变形。

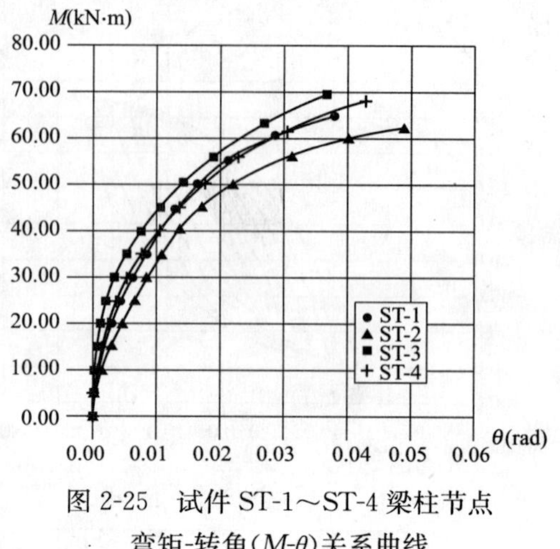

图 2-25 试件 ST-1～ST-4 梁柱节点弯矩-转角(M-θ)关系曲线

比较 ST-1 和 ST-3、ST-2 和 ST-4 的滞回曲线可以看出，端板厚度对连接节点性能有较明显的影响。增大端板的厚度，其滞回曲线更加饱满，延性更好，初始刚度增大，其极限承载力有较大的提高，原因在于增大端板的厚度，可以减少螺栓中的撬力，对螺栓受力有利。

试验中由于作动器在向下移动时，梁端有出平面外的摆动，而且由于 ST-1 和 ST-2 端板较薄，变形较大，反向加载时，由于先将向下过程产生的缝隙闭合，然后才能进入正常的加载阶段，因此其滞回曲线接近于“反 S 形”，而 ST-3 和 ST-4 由于端板厚度大，变形较小，滞回曲线呈饱满的“梭形”。

从图 2-23 的滞回曲线可以看出，外伸端板的厚度和柱加劲肋的设置对其节点的延性和承载力均有较明显的影响。

2）试件承载力分析

从滞回曲线看，未设加劲肋的试件（ST-2、ST-4）屈服后，变形增大较快，但承载力增加不多。四个试件中，承载力最大的为 ST-3(端板为 16mm，且配有加劲肋)，其他的试件都有不同程度的降低，而 ST-2 降低最大（25.1%），ST-4 降低 19.4%，ST-1 降低 9.1%。这是因为端板厚度减小，撬力增加，增大了螺栓的负担；未配加劲肋使柱翼缘变形增大，节点刚度降低。

从以上试验研究可以看出：

外伸端板半刚性梁柱节点在反复荷载作用下具有较好的延性和耗能能力，主要是依靠端板的变形来实现，在弹塑性阶段强度和刚度衰减速度较慢，滞回包络曲线饱满，说明节点抗震性能较好。外伸端板与梁翼缘之间的焊缝应采用全熔透的对接焊缝，与梁腹板之间的焊缝采用角焊缝，确保焊接质量，避免端板的弯曲变形和疲劳而引起过早的破坏。外伸端板梁柱节点应由端板形成机构，保证螺栓断裂之前先形成机构，使其连接具有较好的延性，避免由于超载(如发生强烈地震)而导致螺栓的断裂破坏。

2.3 半刚性连接节点受力性能数值模拟

为了研究各种不同连接形式半刚性节点连接的 M-θ 曲线，通过建立有限元计算模型，研究了表 2-4 所示的八种连接类型半钢性节点的受力性能，得到了弯矩-转角关系曲线。八种节点类型分别为：外伸端板连接、T形键连接、上下翼缘、腹板角钢连接、上下翼缘角钢连接、腹板双角钢连接、腹板单角钢连接、腹板端板连接以及腹板端板连接。

节点形式及参数 **表 2-4**

节点编号	节点连接形式	连接板件厚度(mm)	高强度螺栓数量、等级和直径
EP12	外伸端板(设置加劲肋)	12	8个10.9级M20
EP16	外伸端板(设置加劲肋)	16	8个10.9级M20
EPU12	外伸端板(无加劲肋)	12	8个10.9级M20
EPU16	外伸端板(无加劲肋)	16	8个10.9级M20
STUB12	T形键	12	8个10.9级M20
STUB16	T形键	16	8个10.9级M20
STUB20	T形键	20	8个10.9级M20
ANGLE12	上、下翼缘，腹板角钢连接	12	8个10.9级M20
TBANGLE12	上、下翼缘角钢连接	12	4个10.9级M20
WANGLE7	腹板双角钢连接	7	4个10.9级M20
WANGLE10	腹板双角钢连接	10	4个10.9级M20
WANGLE12	腹板双角钢连接	12	4个10.9级M20
SANGLE12	腹板单角钢连接	12	2个10.9级M20
HEAD12	腹板端板连接	12	4个10.9级M20

2.3.1 外伸端板节点连接的有限元分析

为验证本章2.2节半刚性连接钢框架外伸端板节点滞回性能试验数据的可靠性，选取与试验相同的一组模型进行有限元分析。外伸端板构造如图2-26所示，试件尺寸同图2-16、图2-17。有限元计算模型见图2-27、图2-28。

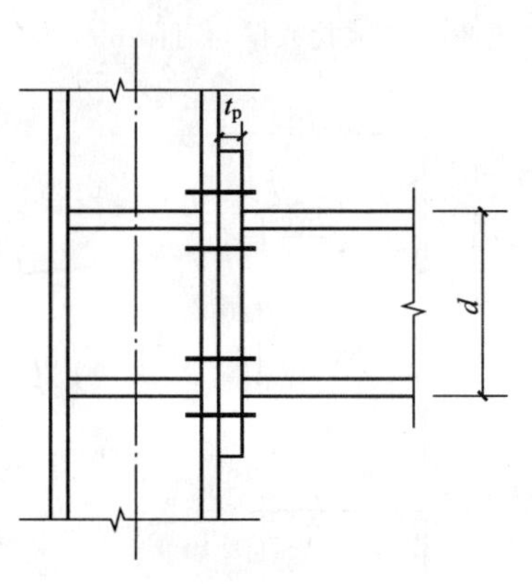

图2-26 外伸端板连接

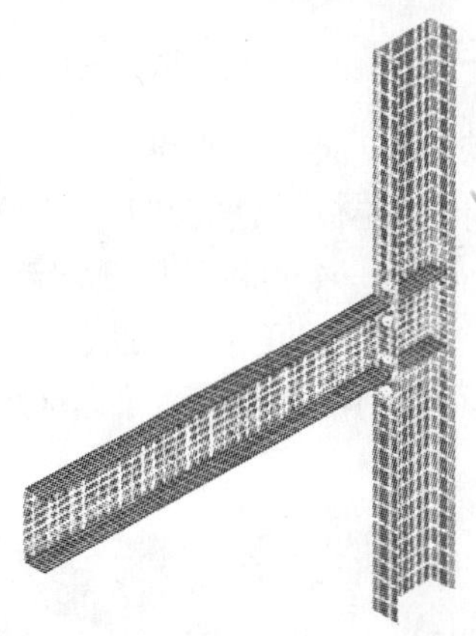

图2-27 伸端板连接的整体有限元图

(1) 弯矩-转角(M-θ)性能

采用有限元程序 ANSYS 对试件加载，分析计算可以看出，随着荷载的增加，外伸端板沿梁高与柱翼缘之间有不同程度的脱离，并沿梁的受压翼缘转动，试件 EP12 极限承载力状态时节点的整体变形图见图 2-29，整体应力图见图 2-30。试件 EP12、EP16 试验以及有限元数值计算得到的弯矩-转角(M-θ)关系曲线见图 2-31 所示。整个加载过程中，有限元数值计算与试验结果取得了较好的一致性。

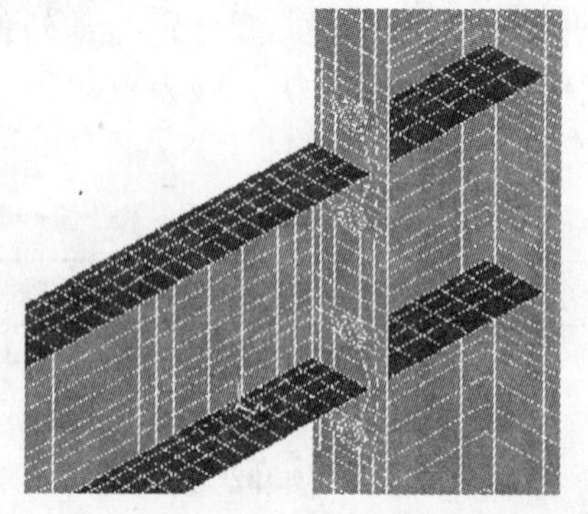

图 2-28 外伸端板连接的局部有限元图

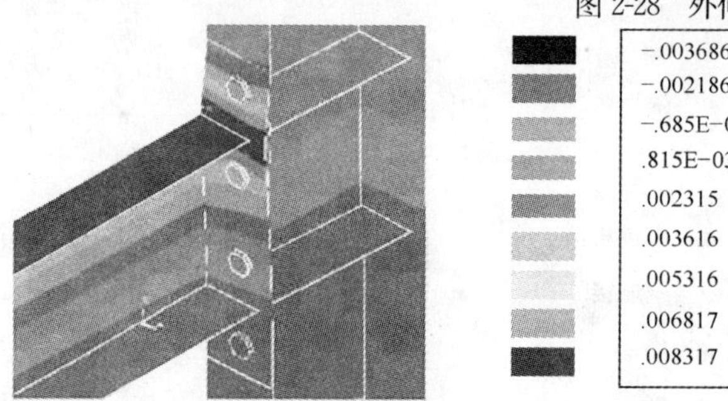

图 2-29 EP12 极限状态时的整体变形图(m)

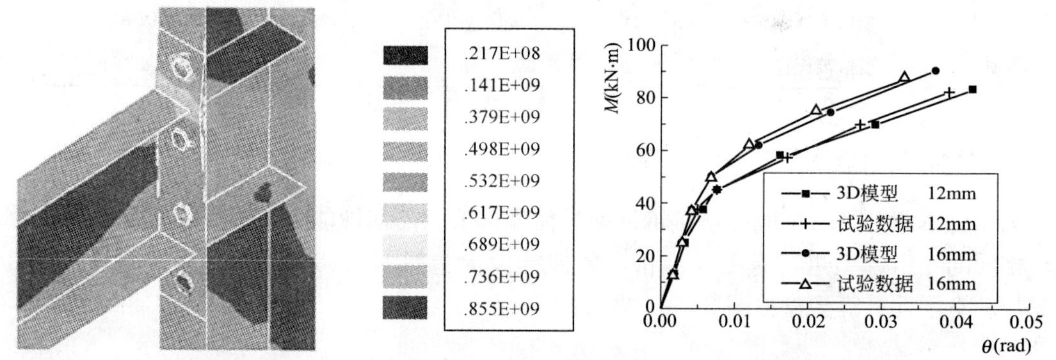

图 2-30 EP12 极限状态时的整体应力图(N/m²)

图 2-31 试验数据与有限元模型的比较

(2) 各部件对 M-θ 曲线的贡献

为了确定螺栓、端板、柱翼缘以及梁高等各部件对节点连接刚度的贡献，M-θ 曲线中的 θ 定义为 θ_{cn}，包括螺栓的转角 θ_b，端板的转角 θ_{ep} 以及柱翼缘的转角 θ_{cf}，各个部件对连接总转角的贡献定义如下(图 2-32)：

$$\theta_{cn}=\frac{U_t}{d}$$

$$\theta_b=\frac{U_{b1}+U_{b2}}{2d}=\frac{U_b}{d}$$

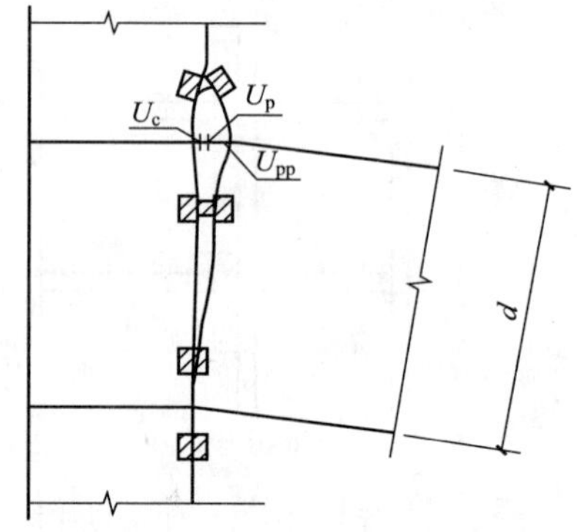

图 2-32 端板转角的定义

$$\theta_{cf}=\frac{U_{c1}+U_{b2}}{2d}=\frac{U_c}{d}$$

$$\theta_{ep}=\theta_{cn}-(\theta_b-\theta_{cf})=\frac{U_{ep}}{d}$$

式中 U_t——受拉翼缘与端板交点处节点的水平位移；

U_{b1},U_{b2}——受拉翼缘上下两排螺栓的水平伸长；

U_{c1},U_{c2}——受拉翼缘上下两排螺栓处柱翼缘的水平位移；

d——梁高。

对于试件 EP12，约有 70％的转动是由于端板弯曲变形引起的，而 20％是由于螺栓的伸长，柱翼缘的贡献约在 5％～10％，见图 2-33(*a*)。对于试件 EP16，约 65％的转动是由于端板弯曲引起的，螺栓占 25％～30％，柱翼缘约占 5％～10％，见图 2-33(*b*)。随着端板厚度的增加，螺栓的贡献变得越来越明显，对于试件 ET20，螺栓的贡献达到了 30％～45％，在接近极限荷载时，螺栓和端板对连接转动有接近相同的贡献，见图 2-33(*c*)。

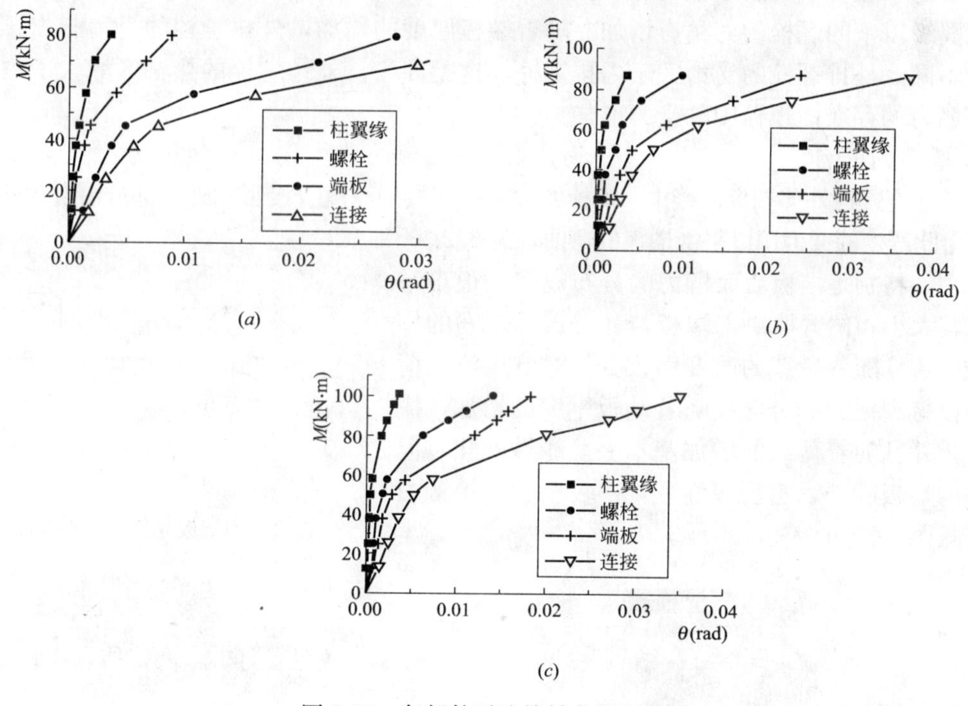

图 2-33 各部件对连接转角的贡献

(3) 计算结果分析

① 端板和螺栓的受力状态

较薄的端板连接和较厚的端板连接的变形图见图 2-34(*a*)和(*b*)，从图中可以看出，较薄的端板通过绕着梁的受拉翼缘和腹板平面的双向弯曲来承担荷载，而较厚的端板并没有明显的绕腹板平面的弯曲。柱翼缘的变形图见图 2-35(*a*)和(*b*)。

从图中可以看出，随着荷载的增加，在端板未屈服时，螺栓中的力变化很小，端板屈服后，上排螺栓的受力比下排螺栓的大，但在接近极限状态时，螺栓的拉力值达到了极限抗拉强度的 85％～90％，上下两排螺栓中的受力几乎相等。因此，螺栓的直径设计比较合

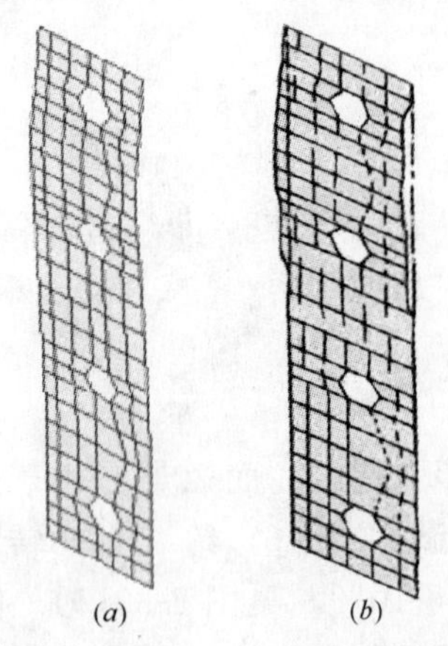

图 2-34　EP12 和 EP20 端板变形图(m)

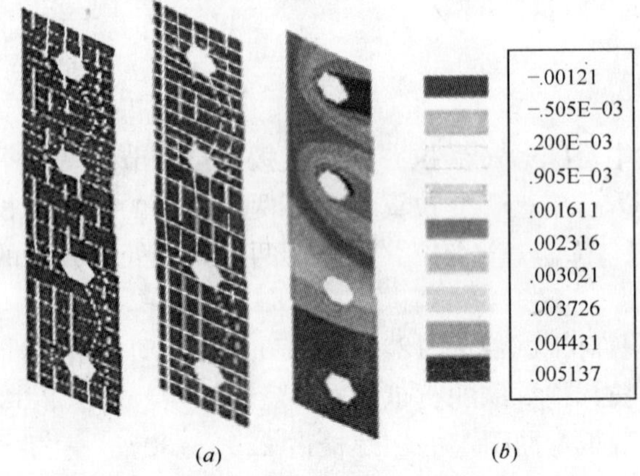

图 2-35　EP12 和 EP20 柱翼缘变形图(m)

适，连接的承载力主要由端板的变形控制，端板厚度的增加使外排螺栓中的受力减少，但是受拉翼缘以下的螺栓的力稍有增加。随着端板厚度的增加，外排螺栓的受力与内排螺栓的受力不同，外排螺栓的受力大于内排螺栓，这是因为，外排螺栓的接触区域大于内排螺栓，接触力的存在使螺栓中的受力增加。

② 撬力的影响

在高强度螺栓外伸端板连接中，螺栓的大小和端板的厚度直接影响外伸部分沿自由边界的弯曲，由此产生的撬力用以平衡端板的弯曲，见图 2-36。

撬力，特别是端板后面撬力的分布规律是很难量化的，其大小和位置取决于端板与柱外翼缘之间的接触区域，并且随着荷载的改变而改变。对节点施加荷载后可以得到撬力的分布。随着端板厚度的增加，撬力减小，并且随着荷载的增加基本上呈线性变化，但特别厚的端板除外，它呈线性变化，端板后面接触力的分布见图 2-37(*a*)～(*d*)。

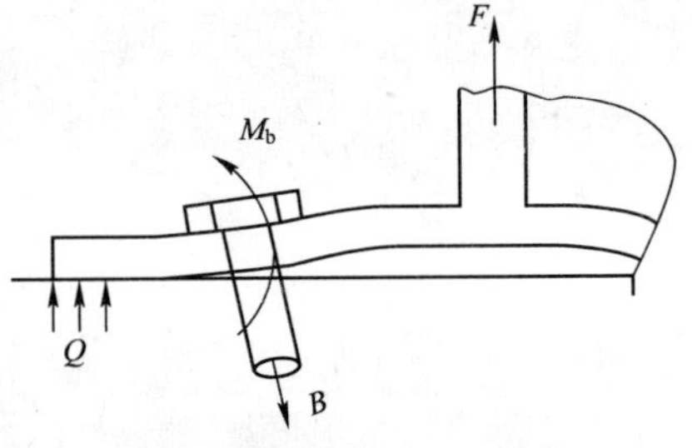

图 2-36　端板弯曲变形和撬力

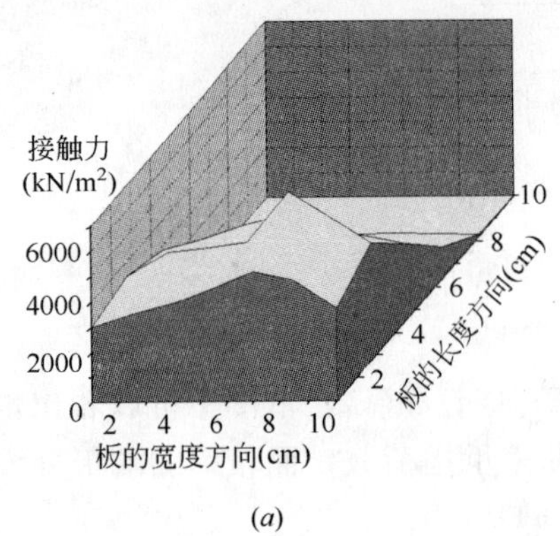

(*a*)

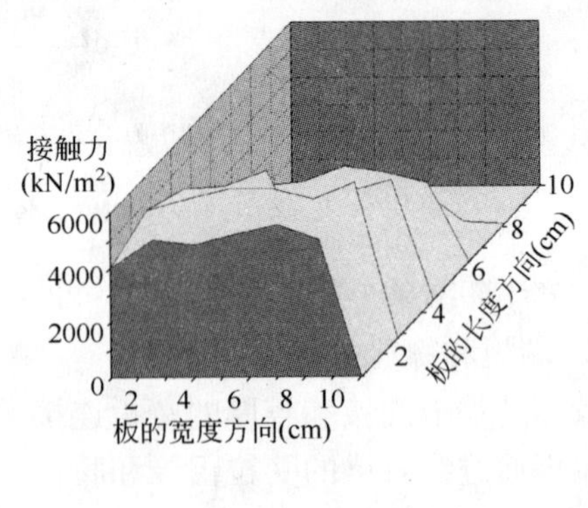

(*b*)

图 2-37　撬力的分布(一)

(*a*)EP＝12mm；(*b*)EP＝16mm

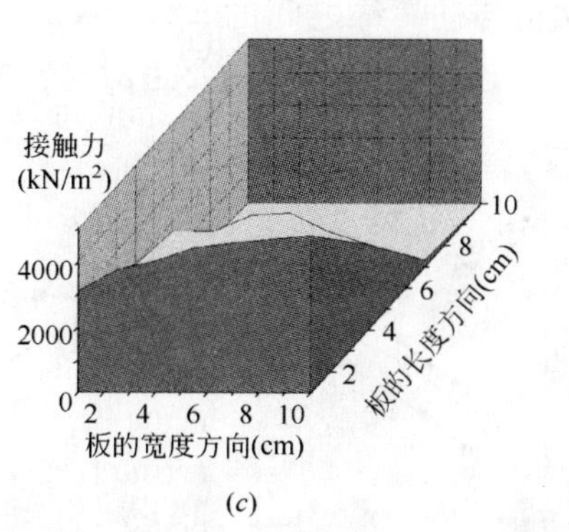

(c)

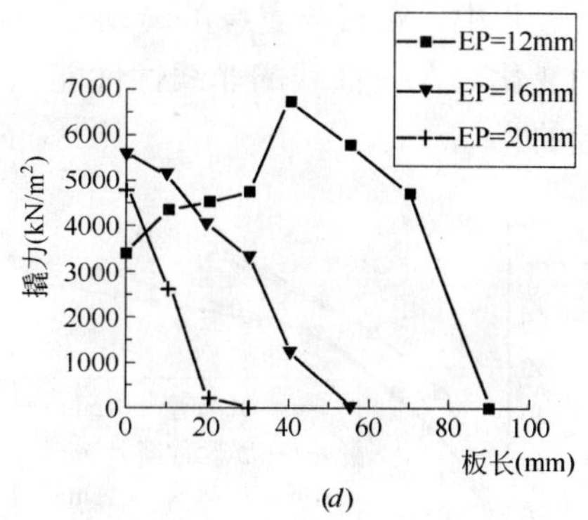

(d)

图 2-37 撬力的分布(二)
(c)EP=20mm；(d)端板接触面

对于较薄的端板，柱外翼缘与端板在螺栓附近接触在一起，撬力主要分布在(0.58～0.78)l_v(l_v为从螺栓中心线到端板边缘的距离)范围内。对于中等厚度的端板连接，尽管在螺栓附近仍有接触，但接触变弱，撬力开始向端板边缘平移，同时撬力的峰值也移向端板边缘。

2.3.2 无加劲肋外伸端板连接有限元分析

典型的无加劲肋端板连接见图 2-38(a)，一般来说，柱腹板加劲肋是用来增加节点连接的承载力和刚度。如果柱腹板刚度较大或节点传递的荷载较小，从简化节点构造以及节约成本的角度出发，也可以不设加劲肋。无加劲肋端板连接的有限元模型见图 2-38(b)。

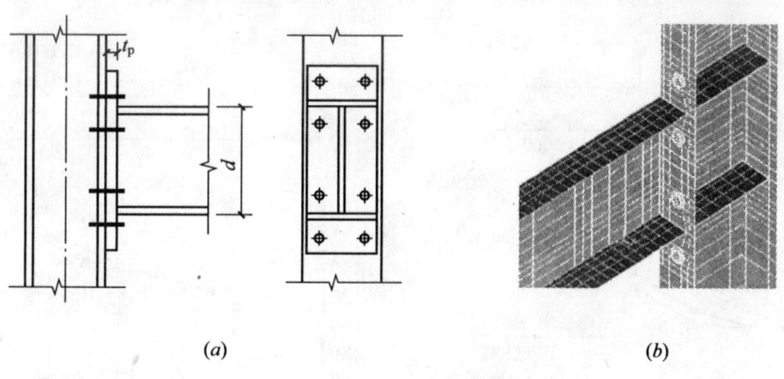

(a) (b)

图 2-38 无加劲肋的端板连接

(1) 弯矩-转角(M-θ)性能

为了检验三维模型的承载力以及柱翼缘的受力性能，采用有限元结果与试验结果对比的方法，试验中端板的厚度均比柱翼缘的厚度大，为了将有限元结果与试验结果直接对比，连接的有限元分析结果以弯矩-转角的形式给出，设梁的受拉翼缘、受压翼缘与端板相交位移分别为U_t和U_c，则连接的转角为：

$$\theta=\frac{U_t-U_c}{d}$$

图 2-39 所示为三种不同厚度的端板连接的试验与有限元分析的 M-θ 曲线，由于在整

个受力过程中，端板与翼缘的转动是一致的，所以端板与柱翼缘之间的非线性接触单元的状态的变化对 M-θ 曲线的非线性性能的影响是很小的，连接的非线性主要是由材料的非线性引起的。

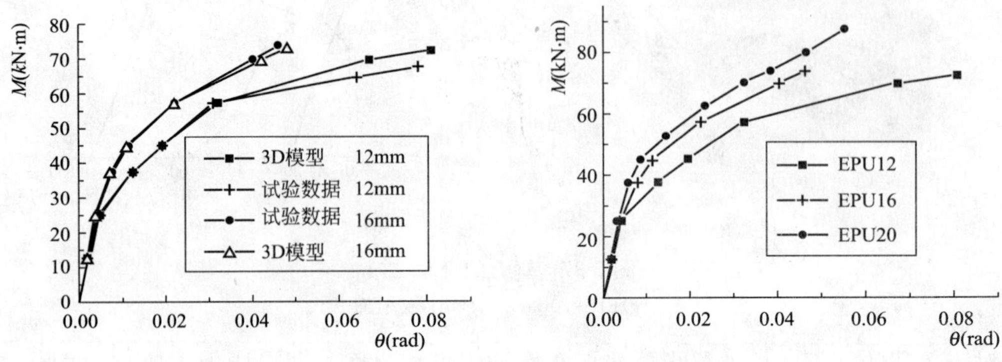

图 2-39　无加劲肋的端板连接的试验及 ANSYS 分析 M-θ 曲线

（2）撬力的分布

由图 2-40 可以看出，在整个加载过程中，端板与柱翼缘的变形趋势大致相同，始终贴合在一起，二者之间的接触主要是预拉力，不会引起撬力，因此，杠杆效应也仅在极限荷载时才会发生。

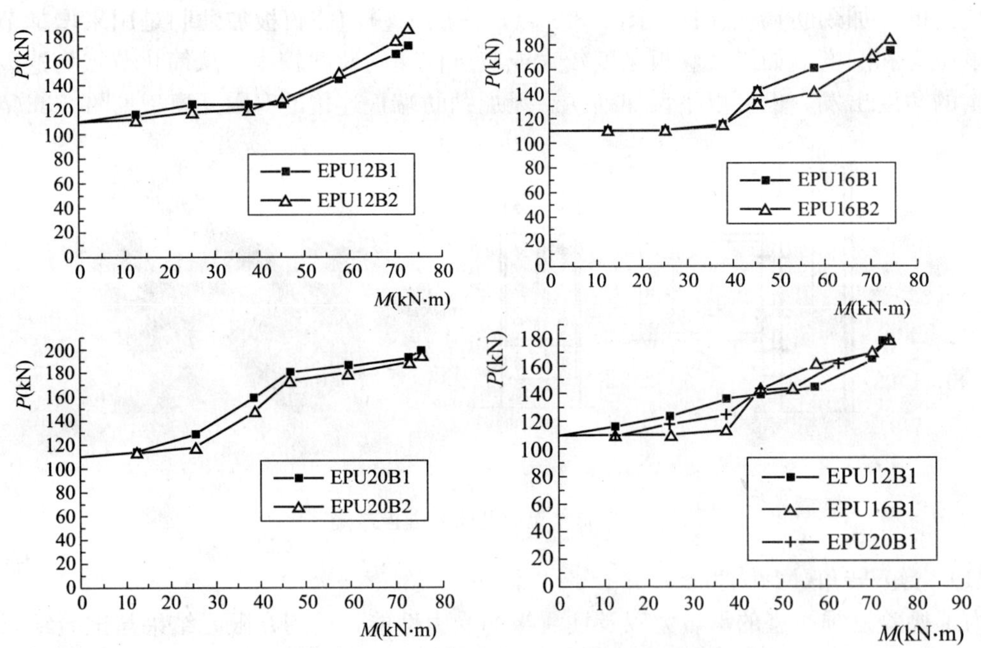

图 2-40　无加劲肋的端板连接中螺栓受力与外荷的关系

（3）连接的延性

柱翼缘与端板的相互作用是由于位移引起的。端板绕梁受拉翼缘弯曲，且端板上边缘的位移不为零，但随着荷载的增加逐渐减少，柱翼缘除在竖向与端板一起变形外，还绕着柱腹板弯曲，其最大弯曲发生在边缘。厚度为 12mm 的端板与柱翼缘的变形图见图 2-41，连接整体的变形图见图 2-42，整体应力图见图 2-43。

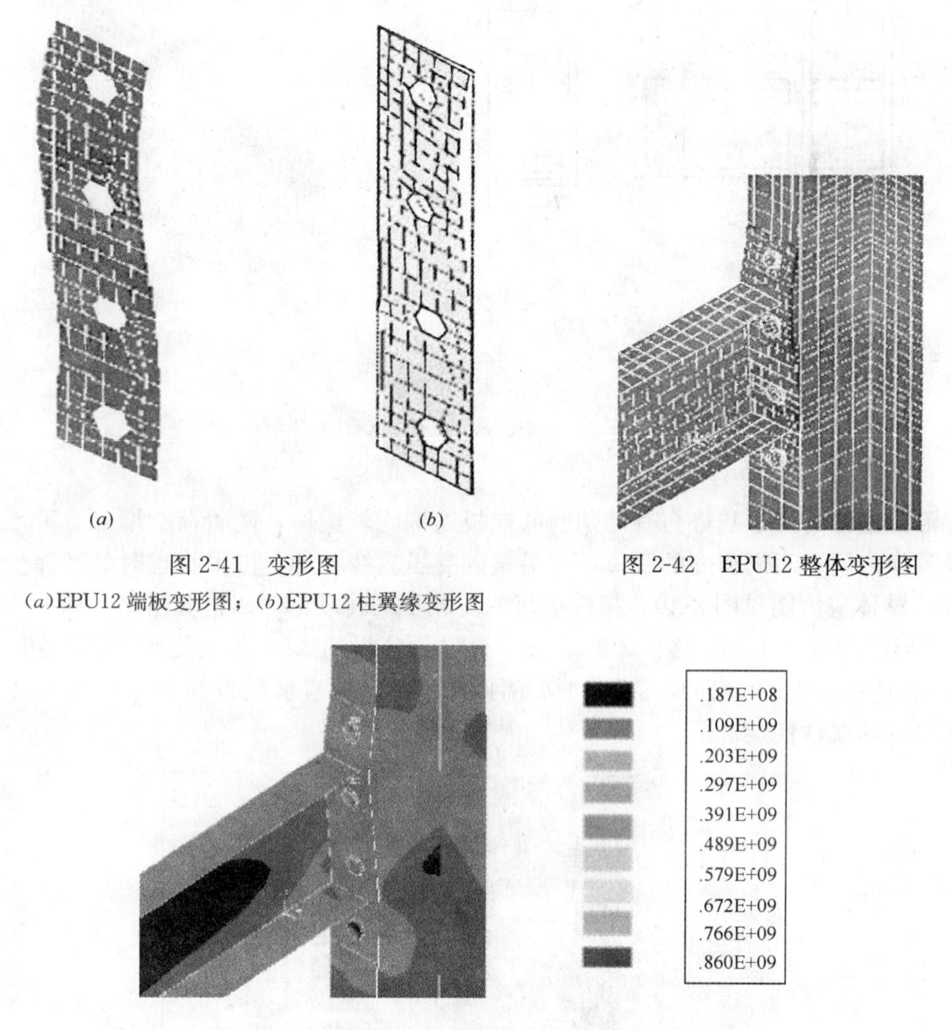

图 2-41 变形图

(a)EPU12 端板变形图；(b)EPU12 柱翼缘变形图

图 2-42 EPU12 整体变形图

图 2-43 EPU12 整体应力图(N/m^2)

当端板的厚度比柱翼缘的厚度大一倍时，位移模式发生很大变化，端板仍绕梁受拉翼缘弯曲，但上下两排螺栓之间的位移相差不大，越到端板上部，位移逐渐减小，甚至端板与柱翼缘分开，而作为端板的弹性支撑的柱翼缘，允许端板沿梁高度方向发生变形，在竖直方向，柱翼缘随着端板的变形而变形。

由此可见，即使端板比柱翼缘厚，连接也不可能有效传递梁的塑性弯矩，因此，连接的设计弯矩主要由柱翼缘控制，而且此种连接的延性主要是由于材料的非线性引起的，非线性接触单元的状态变化对 M-θ 的性能影响很小。

2.3.3 T 形键连接的有限元分析

半刚性梁柱连接的形式之一，T 形键连接见图 2-44(a)。对于此类连接，应使梁上翼缘的连接螺栓不发生剪切破坏，受力过程中 T 形键的腹板部分与梁上翼缘始终紧密贴合，二者之间接触状态的变化很小，有限元模型见图 2-44(b)。

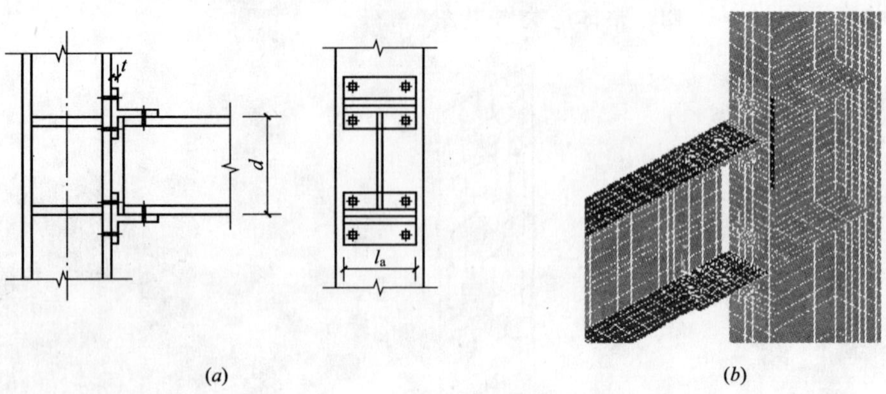

图 2-44　T 形键

(a)T 形键连接；(b)有限元模型

(1) 弯矩-转角(M-θ)性能

T 形键连接的变形趋势与有加劲肋的端板连接比较类似，随着荷载增加，T 形键沿梁高与柱翼缘之间有不同程度的脱离，并沿梁的受压翼缘转动，极限状态时的整体变形图见图 2-45，整体应力图见图 2-46。相应于每一荷载步的转动都可以计算出来，即 $\theta_T=U_T/d$，U_T 为 T 形键的最大水平位移，d 为梁深。有限元分析的 M-θ 曲线见图 2-47。可以看出，随着 T 形键翼缘厚度的增加，连接的初始刚度和极限抗弯承载力都相应增加，且 M-θ 曲线呈明显的非线性性能。

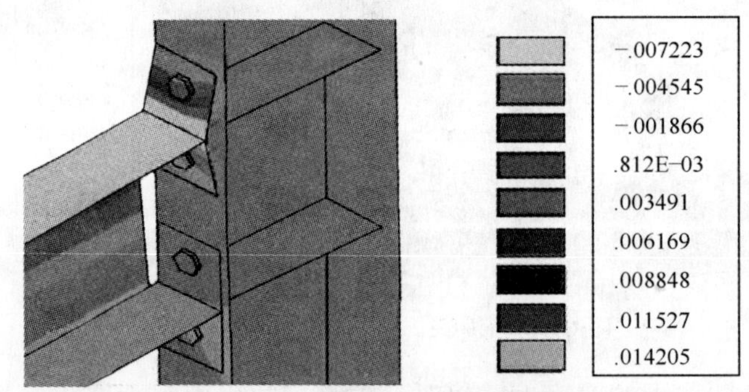

图 2-45　STUB12 整体变形图(m)

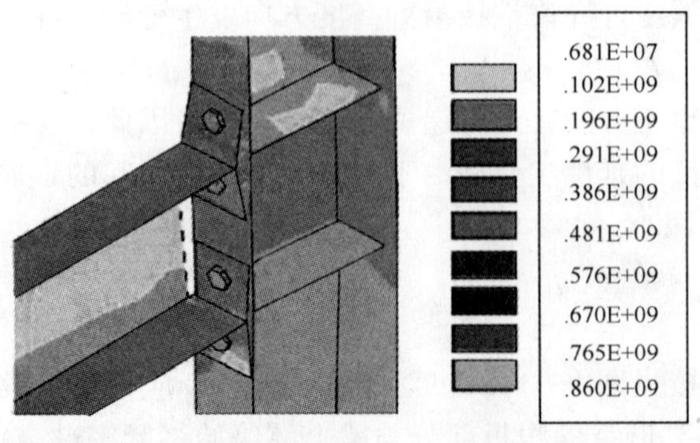

图 2-46　STUB12 整体应力图(kN/m²)

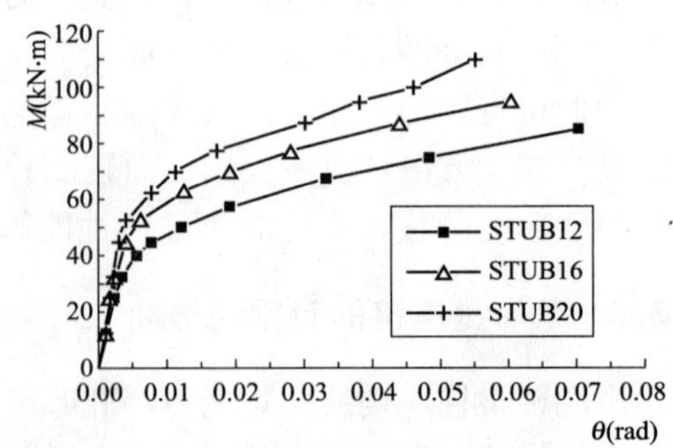

图 2-47　T 形键连接的 M-θ 曲线

(2) 节点连接的延性及螺栓的受力

T 形键和柱翼缘的变形见图 2-48(*a*)和(*b*)。从图中可以看出，T 形键通过沿着梁受拉翼缘弯曲承受荷载，同时它还沿接近最下排螺栓的梁受压翼缘处弯曲。螺栓杆所受的力与外荷载之间的关系见图 2-49。

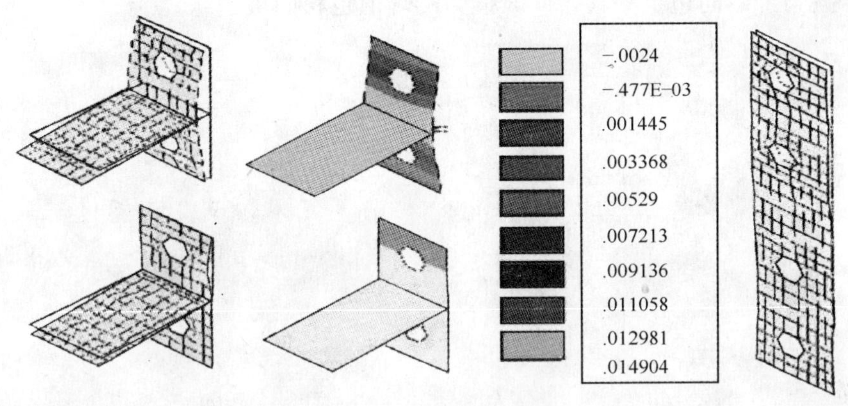

图 2-48 STUB16 T 形键及柱翼缘变形图(m)

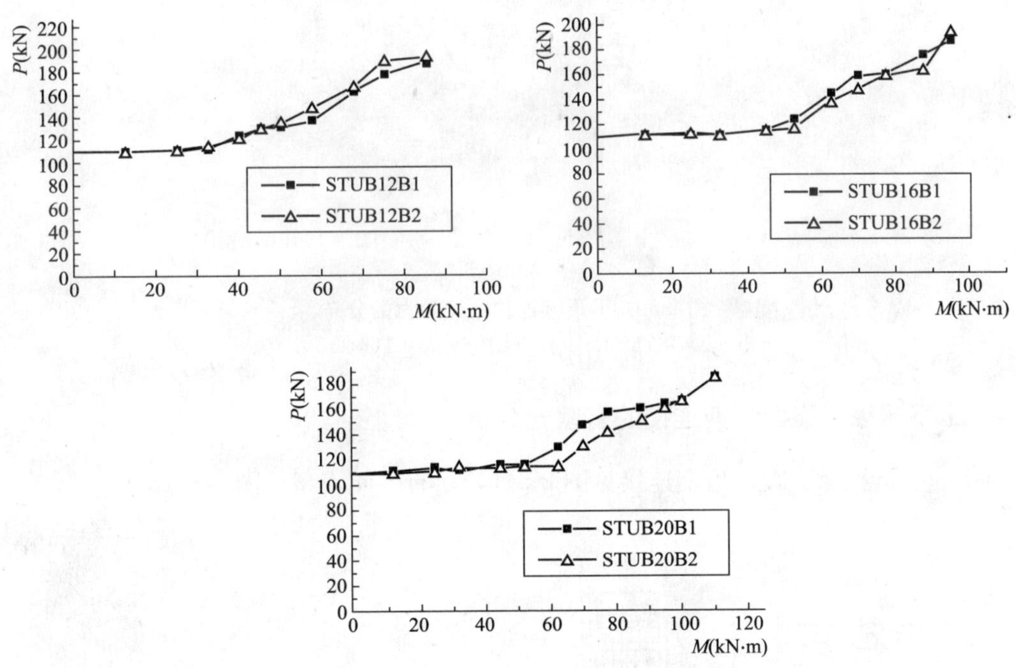

图 2-49 T 形键连接中螺栓所受的力与外荷载之间的关系

从图中可以看出，随着荷载的增加，当 T 形键翼缘未屈服时，螺栓中的力变化很小，极限状态时，螺栓中的力达到了极限抗拉强度的 86%～98%；T 形键翼缘屈服后，上排螺栓中的受力比下排中的稍大，但差别不是太大。随着 T 形键翼缘厚度的增加，外排螺栓和第二排螺栓中的受力均有所减少，原因是随着 T 形键翼缘厚度的增加，撬力的作用有所减小。

(3) 撬力的影响

T形键连接与高强螺栓外伸端板连接中撬力产生的机理相同，在三维有限元模型中，随着荷载的增加，撬力的大小和分布都可以得到，随着T形键翼缘厚度的增加，撬力逐渐减小，极限状态时撬力的分布图见图2-50(*a*)～(*c*)，与端板连接相似，随着T形键翼缘厚度的增加，撬力开始向边缘平移，同时撬力的峰值也移向板边缘。

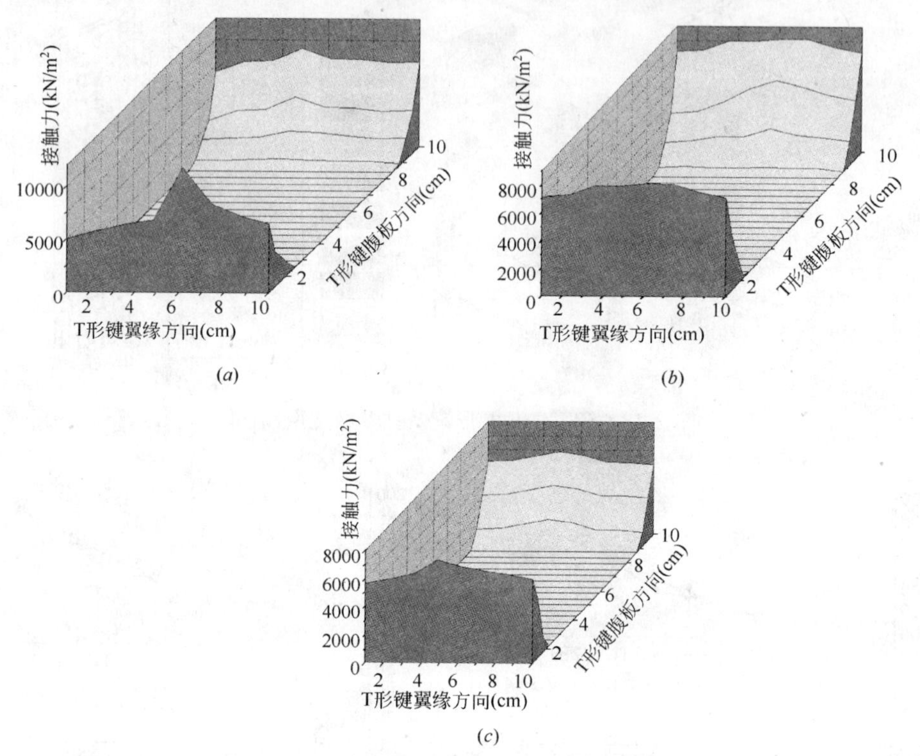

图2-50 T形键连接中接触力的分布

(*a*)STUB12；(*b*)STUB16；(*c*)STUB20

2.3.4 上下翼缘、腹板角钢连接的有限元分析

典型的上下翼缘、腹板角钢连接见图2-51(*a*)，有限元模型见图2-51(*b*)。

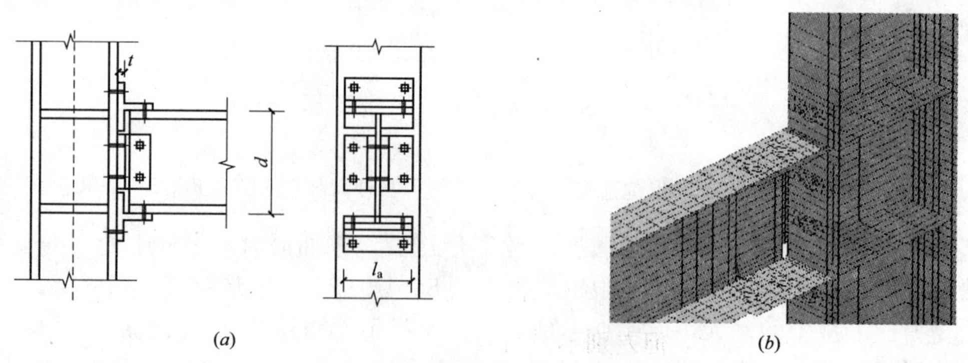

图2-51 上下翼缘、腹板角钢连接图

(*a*)上下翼缘、腹板角钢连接；(*b*)有限元模型

（1）弯矩-转角（M-θ）性能

随着荷载的增加，上翼缘角钢和腹板沿梁高与柱翼缘之间有不同程度的分开，但上翼缘角钢的水平位移比腹板角钢的大，极限状态时的整体变形图见图 2-52，整体应力图见图 2-53（以 ANGLE12 为例）。相应于每一荷载步的转动都可以计算出来，即 $\theta_A = U_A/d$，U_A 为上翼缘角钢根部的最大水平位移，d 为梁高，有限元分析的 M-θ 曲线见图 2-54。图中给出了 ANSYS 分析曲线，由图可以看出，随着角钢厚度的增加，连接的初始刚度和极限抗弯承载力都相应增加，且 M-θ 曲线呈明显的非线性性能。

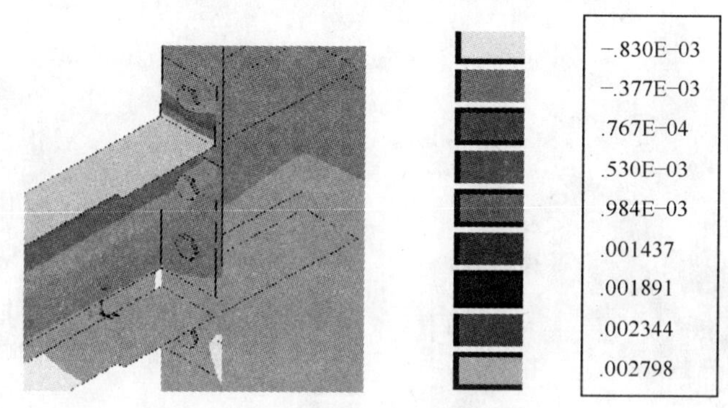

图 2-52 ANGLE12 整体变形图（m）

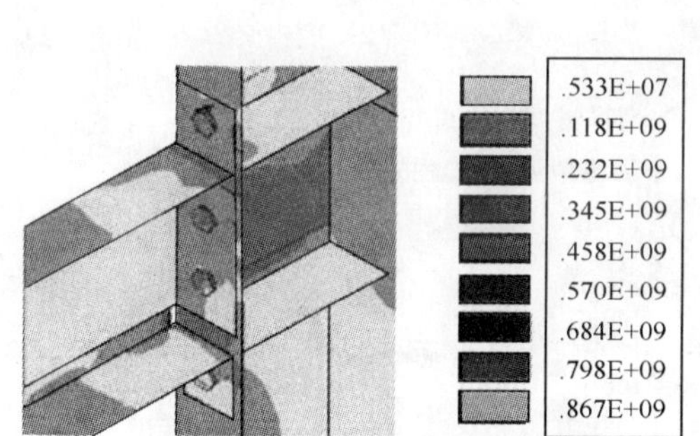

图 2-53 ANGLE12 整体应力图（kN/m²）

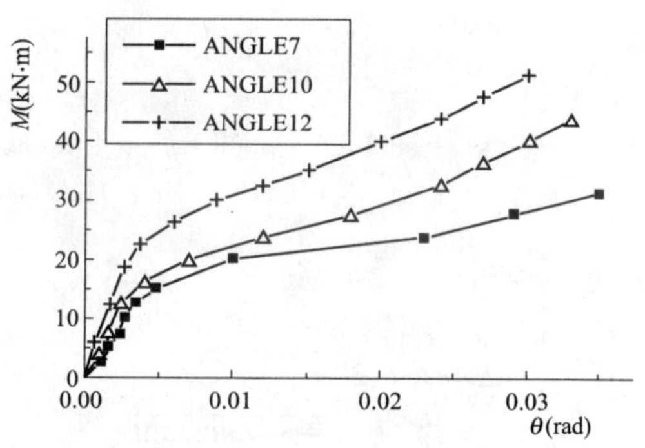

图 2-54 上下翼缘、腹板角钢连接的 M-θ 曲线

（2）节点连接的延性及螺栓的受力

上下翼缘、腹板角钢和柱翼缘的变形图（以 ANGLE12 为例）见图 2-55（a）～（d）。从图中可以看出，上翼缘角钢通过绕着梁受拉翼缘弯曲来承受荷载，腹板角钢也有一定的弯曲变形，下翼缘角钢的变形很小，可以忽略不计。

上翼缘角钢中的连接螺栓和腹板角钢中第一排螺栓是受拉的，以下所给出的是二者的有限元分析结果。螺栓中的力与外荷载之间的关系见图 2-56。从图中可以看出，随着荷载的增加，当上翼缘角钢未屈服时，螺栓中的力变化很小，极限状态时，螺栓中的力达到了极限抗拉强度的 86％～90％，上翼缘角钢屈服后，上排螺栓中的受力比下排中的稍大，但差别不是太大。随着角钢厚度的增加，外排螺栓和第二排螺栓中的受力均有所减少，但总体来看，上下两排螺栓中的力基本持平。

（3）撬力的影响

上下翼缘、腹板角钢连接中，撬力主要产生于上翼缘角钢的边缘区域，腹板角钢的上

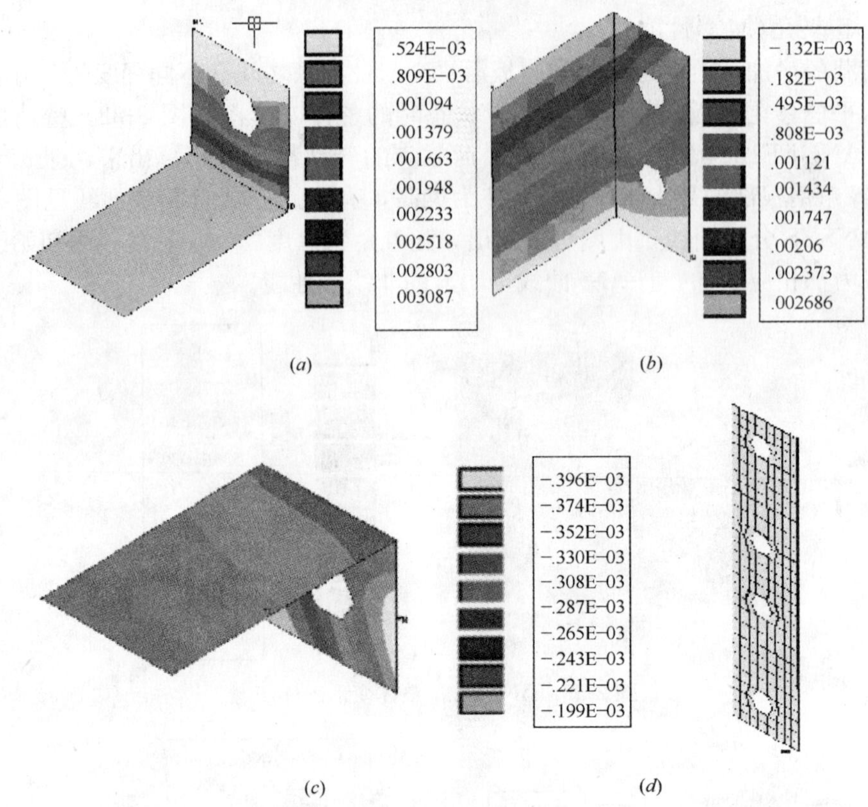

图 2-55 ANGLE12 上下翼缘、腹板角钢与柱翼缘的变形图(m)

(a)上翼缘角钢；(b)腹板角钢；(c)下翼缘角钢；(d)柱翼缘

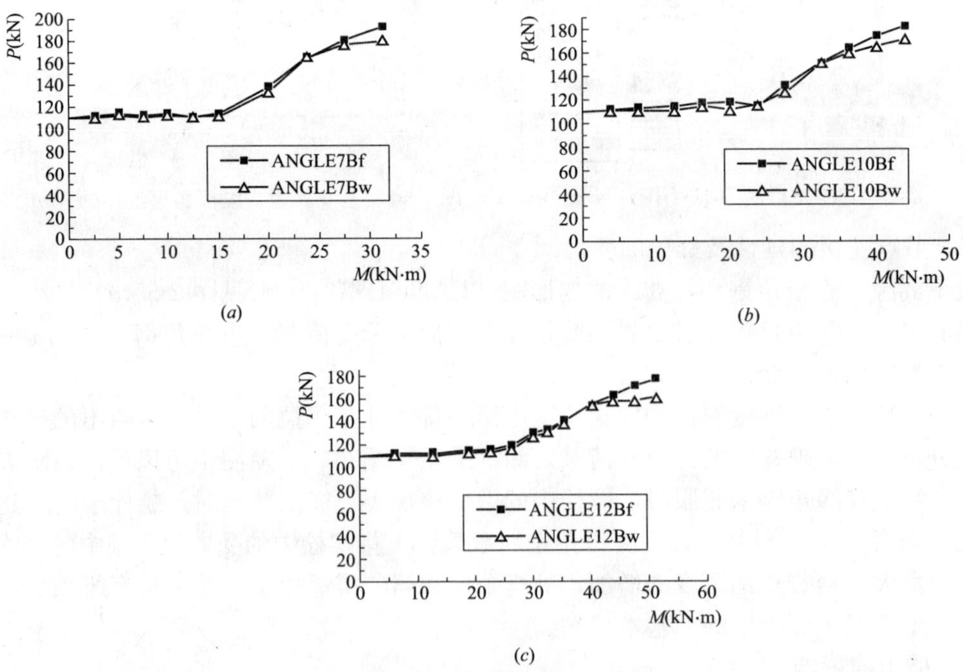

图 2-56 螺栓中的力与外荷之间的关系

部与柱翼缘有不同程度的分开，在三维有限元模型中，随着荷载的增加，撬力的大小和分布都可以得到，随着角钢厚度的增加，撬力逐渐增大，极限状态时撬力的分布图见图 2-57(*a*)～(*c*)，撬力的峰值在角钢边缘。

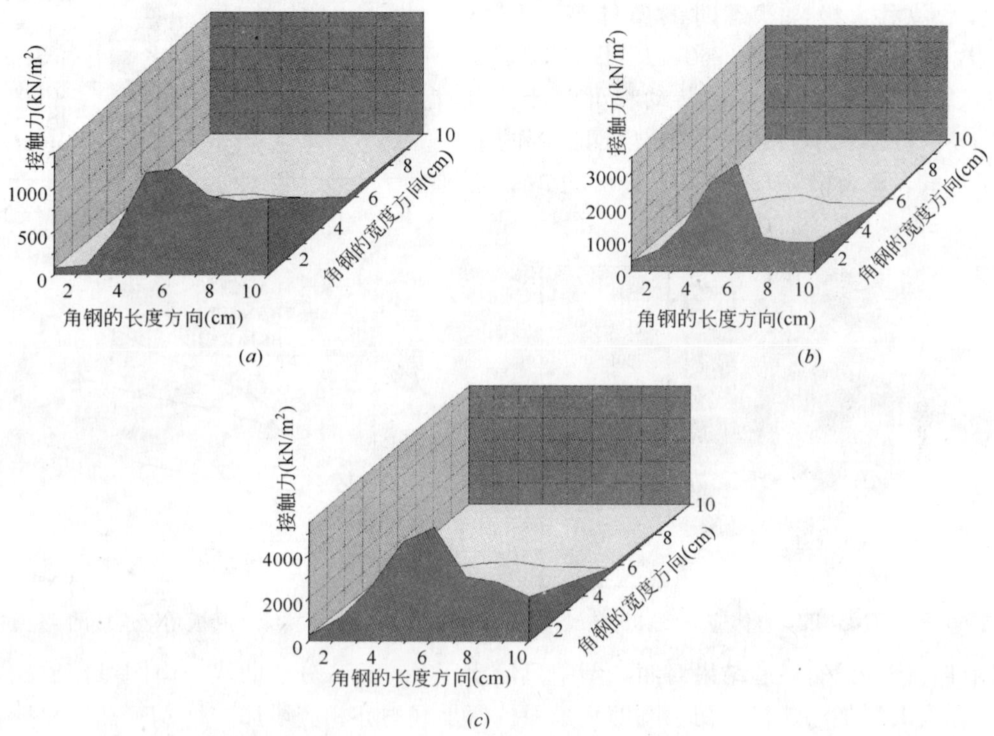

图 2-57 上下翼缘、腹板角钢连接中接触力的分布

(*a*)ANGLE7；(*b*)ANGLE10；(*c*)ANGLE12

2.3.5 上下翼缘角钢连接的有限元分析

典型的上下翼缘角钢连接见图 2-58(*a*)，有限元模型见图 2-58(*b*)。

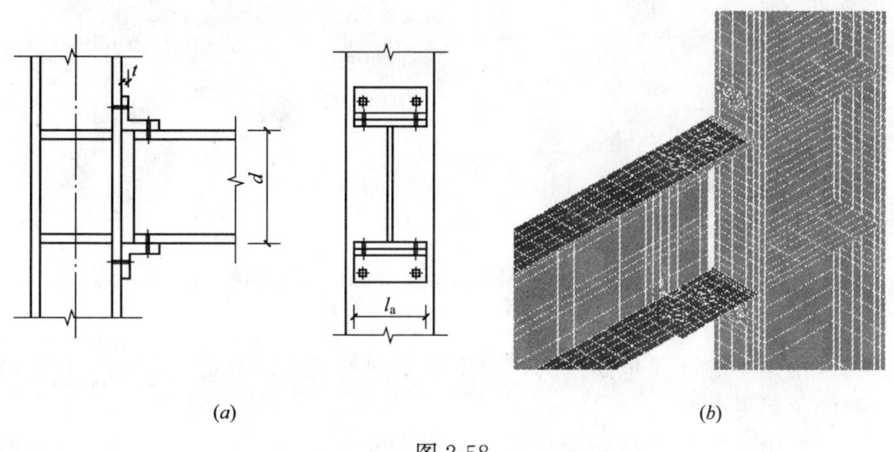

图 2-58

(*a*)上下翼缘角钢连接；(*b*)有限元模型

(1) 弯矩-转角(M-θ)性能

随着荷载的增加，上翼缘角钢沿梁深与柱翼缘之间有不同程度的分开，下翼缘角钢几乎没有水平位移，极限状态时的整体变形图见图2-59，整体应力图见图2-60(以TBANGLE12为例)。相应于每一荷载步的转动都可以计算出来，即$\theta_{TB}=U_{TB}/d$(U_{TB}为上翼缘角钢根部的最大水平位移，d为梁深)，有限元分析的M-θ曲线见图2-61。

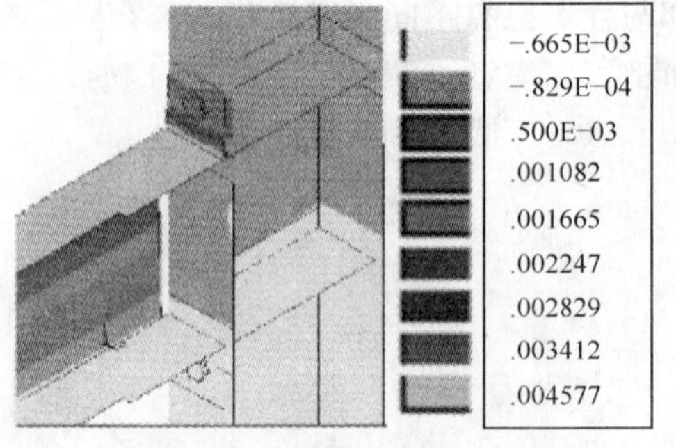

图2-59 TBANGLE12整体变形图(m)

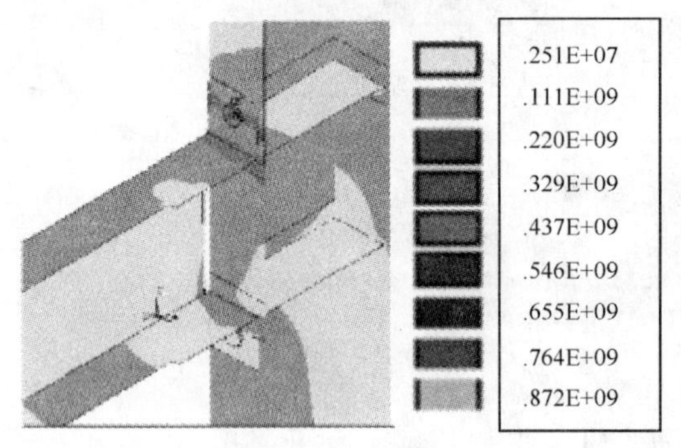

图2-60 TBANGLE12整体应力图(kN/m²)

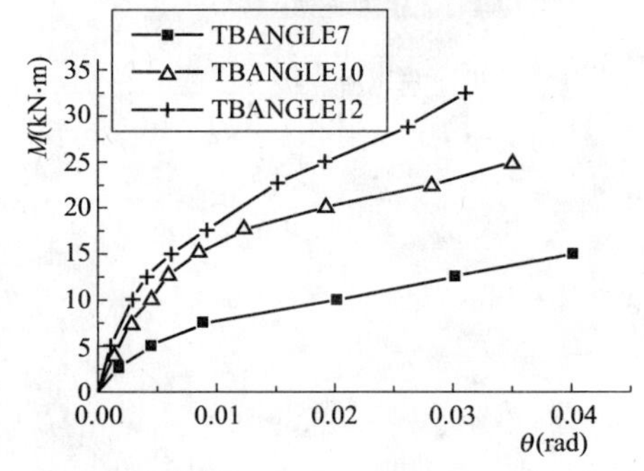

图2-61 上下翼缘、腹板角钢连接的M-θ曲线

同样，因为没有试验结果对照，图中只给出了ANSYS分析曲线，由图可以看出，随着角钢厚度的增加，连接的初始刚度和极限抗弯承载力亦相应增加，且M-θ曲线呈明显的非线性性能。

(2) 连接的延性及螺栓的受力

上下翼缘角钢的变形图(以TBANGLE12为例)见图2-62(a)、(b)。从图中可以看出，上翼缘角钢通过绕着梁受拉翼缘弯曲来承受荷载，下翼缘角钢的变形很小，可以忽略不计。

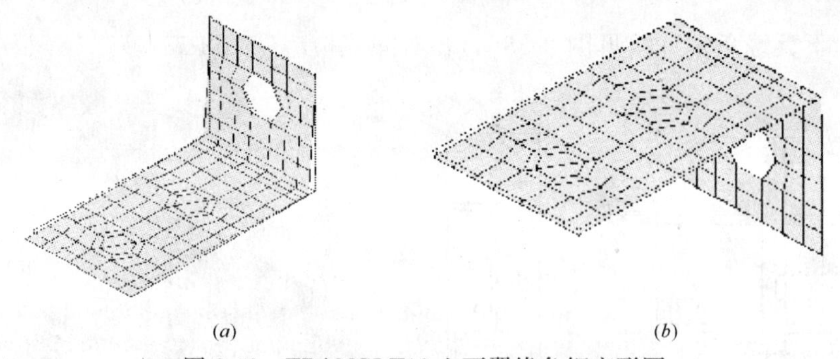

图2-62 TBANGLE12上下翼缘角钢变形图

(a)上翼缘角钢；(b)下翼缘角

只有上翼缘角钢中的螺栓是受拉的，以下所给出的是有限元分析的结果。螺栓中的力与外荷载之间的关系见图2-63。

从图中可以看出，随着荷载的增加，当上翼缘角钢未屈服时，螺栓中的力变化很小，极限状态时，螺栓中的力达到了极限抗拉强度的90%左右，上翼缘角钢屈服后，上排螺栓

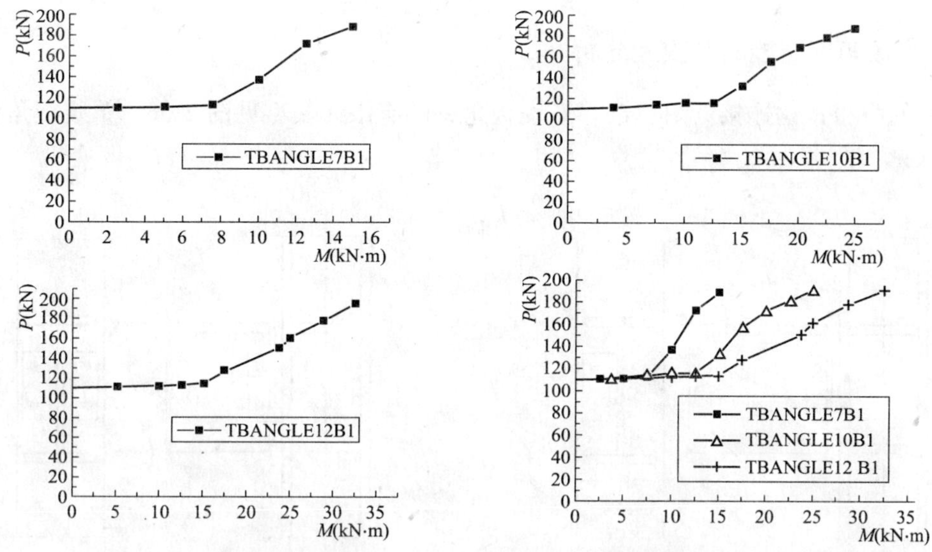

图 2-63 螺栓中的力与外荷之间的关系

中的受力逐渐增大，随着角钢厚度的增加，上排螺栓受力有所减少，但总体趋势相同。

(3) 撬力的影响

上下翼缘角钢连接中，撬力主要产生于上翼缘角钢的边缘区域，上翼缘角钢的根部与柱翼缘分开程度最大，同样，通过三维有限元分析，撬力的大小和分布都可以得到，随着角钢厚度的增加，撬力逐渐增大，极限状态时撬力的分布图见图 2-64(*a*)～(*c*)，撬力的峰值在角钢边缘。

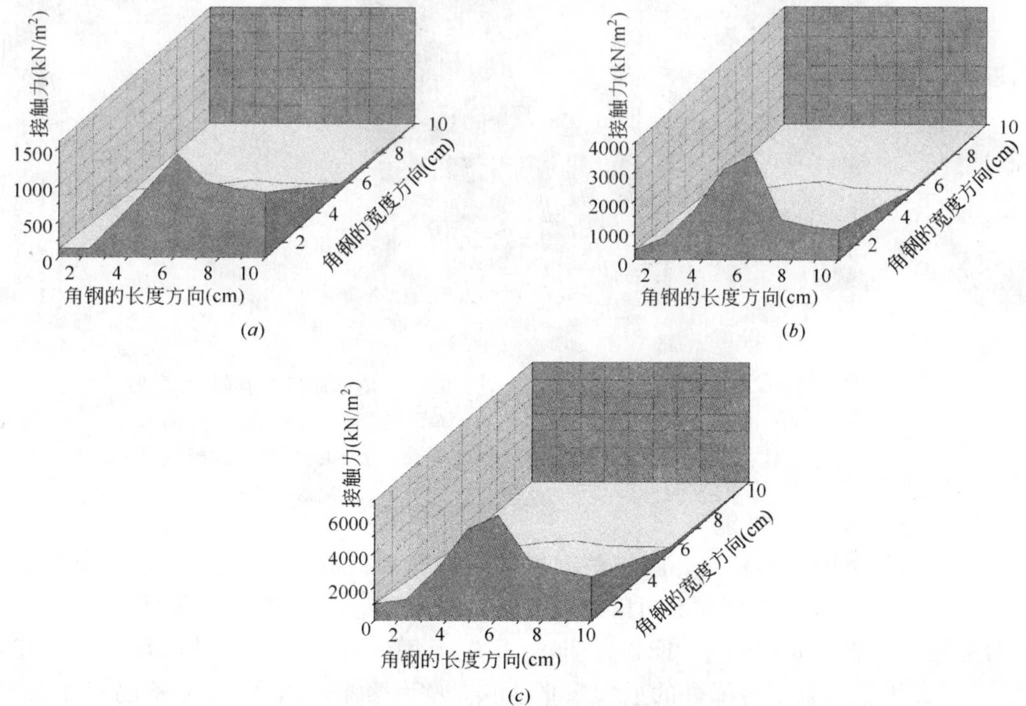

图 2-64 上下翼缘角钢连接中杠杆力的分布

(*a*)TBANGLE7；(*b*)TBANGLE10；(*c*) TBANGLE12

2.3.6 腹板角钢连接的有限元分析

典型的腹板角钢连接见图 2-65，双腹板角钢的有限元模型见图 2-66，单腹板角钢的有限元模型见图 2-67(*a*)、(*b*)。

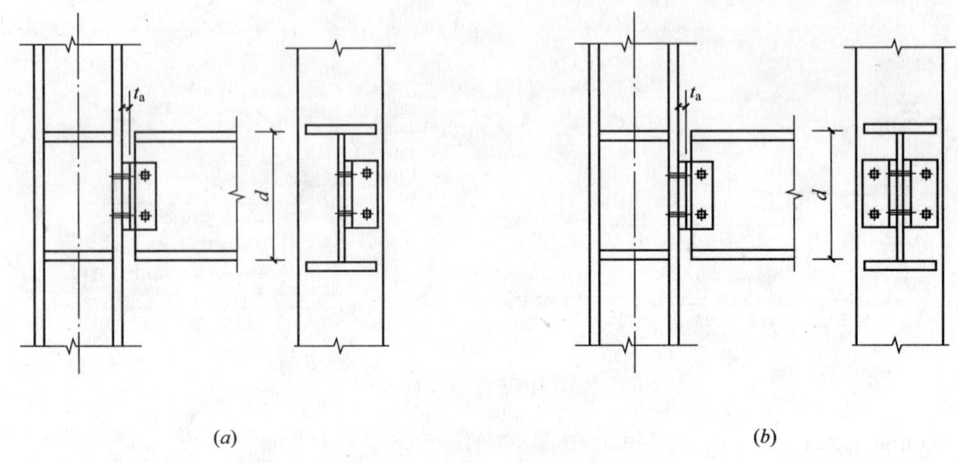

图 2-65 典型的腹板角钢连接
(*a*)单角钢腹板连接；(*a*)双角钢腹板连接

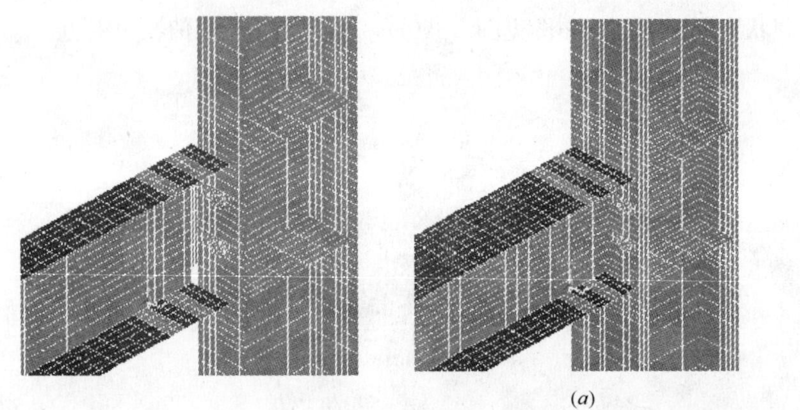

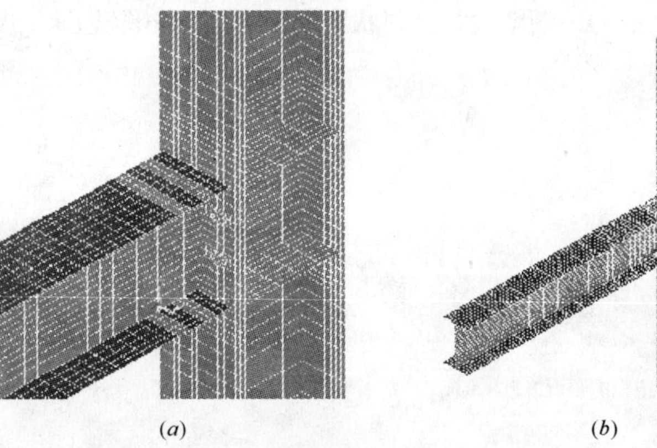

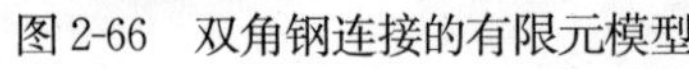
图 2-66 双角钢连接的有限元模型

图 2-67 单角钢连接的有限元模型
(*a*)单角钢连接的局部有限元模型；
(*b*)单角钢连接的整体有限元模型

(1) 弯矩-转角(M-θ)性能

与其他两种角钢连接相比，腹板角钢连接的抗弯承载力较低，随着荷载的增加，腹板角钢沿梁深与柱翼缘之间有不同程度的分开，极限状态时的整体变形图见图 2-68，整体应力图见图 2-69(以 WANGLE12 为例)。相应于每一荷载步的转动都可以计算出来，即 $\theta_W = U_W / d$(U_W 为梁上翼缘处的最大水平位移，d 为梁深)，有限元分析的 M-θ 曲线见图 2-70。

图 2-70 中给出了单、双腹板角钢连接的 M-θ 曲线，可以看出，随着角钢厚度的增加，

连接的初始刚度(即 M-θ 曲线的初始斜率)和极限抗弯承载力都相应增加，且 M-θ 曲线呈明显的非线性性能。

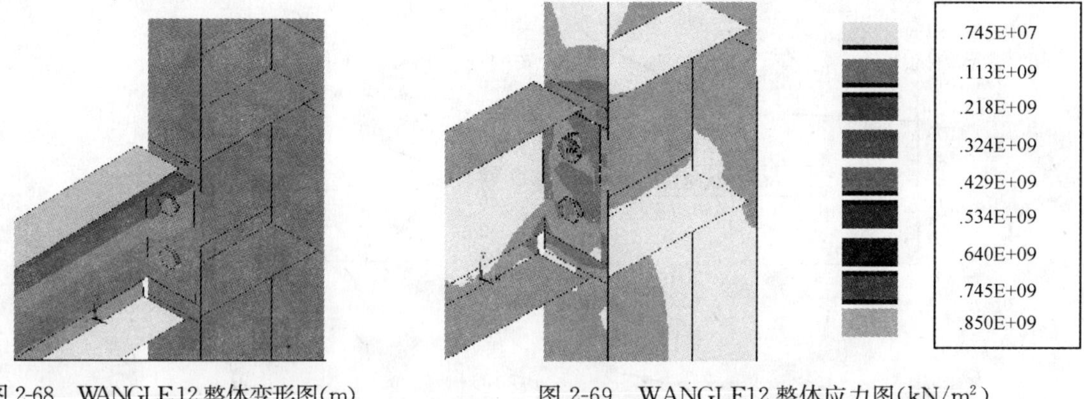

图 2-68 WANGLE12 整体变形图(m)　　图 2-69 WANGLE12 整体应力图(kN/m²)

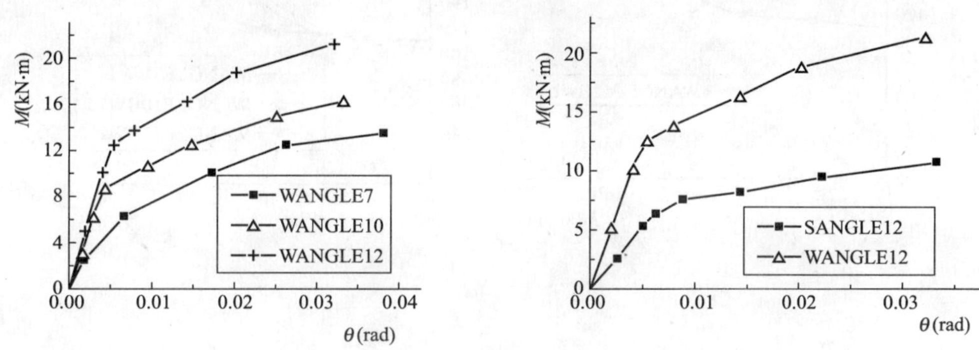

图 2-70 单、双腹板角钢连接的 M-θ 曲线

(2) 节点连接的延性及螺栓的受力

腹板角钢和柱翼缘的变形图，以 WANGLE12、SANGLE122.52 为例，从图 2-71(a)、(b)可以看出，无论是单腹板角钢连接还是双腹板角钢连接，均是其上部的水平位移最大，下部较小，且从梁的腹板平面向外，沿梁的宽度方向，位移逐渐减小。

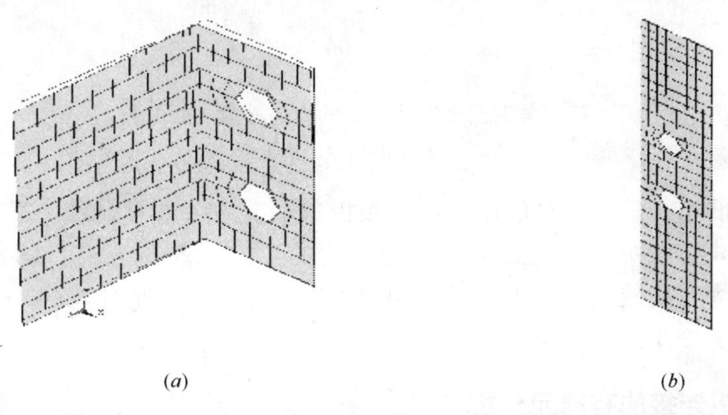

图 2-71

(a)WANGLE12 腹板角钢变形图；(b)WGANGLE 柱翼缘变形图

腹板角钢连接中只有中和轴以上的螺栓是受拉的，以下所给出的是有限元分析的结果。螺栓中的力与外荷载之间的关系见图 2-72(a)和(b)。

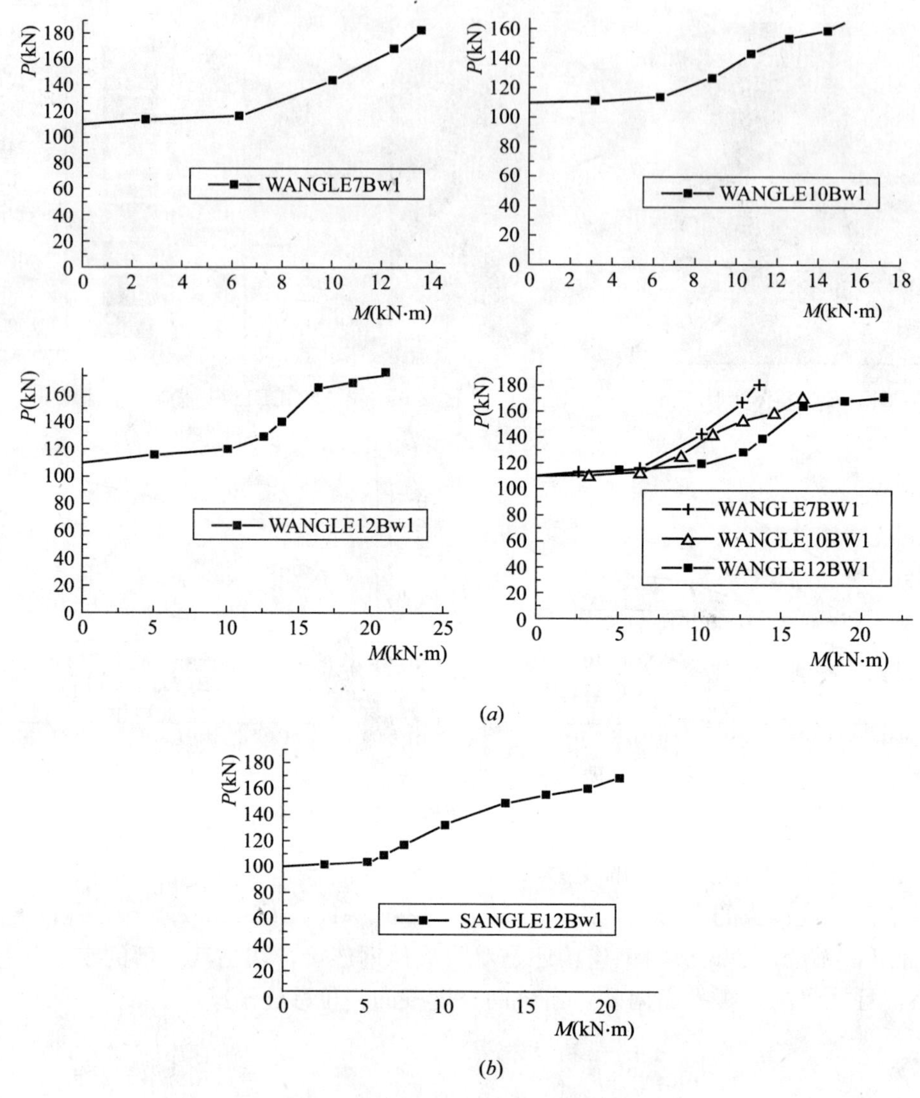

图 2-72 角钢连接中螺栓中的力与外荷之间的关系

(a)双腹板角钢；(b)单角钢

从图中可以看出，随着荷载的增加，当腹板角钢上边缘未屈服时，螺栓中的力变化很小，极限状态时，螺栓中的力达到极限抗拉强度的 75%～85%左右，随着角钢厚度的增加，上排螺栓受力有所减少，由于腹板角钢的上边缘与柱翼缘是分离的，所以在整个受力过程中，没有撬力产生。

2.3.7 腹板端板连接的有限元分析

典型的腹板端板连接见图 2-73(a)，其有限元模型见图 2-73(b)。

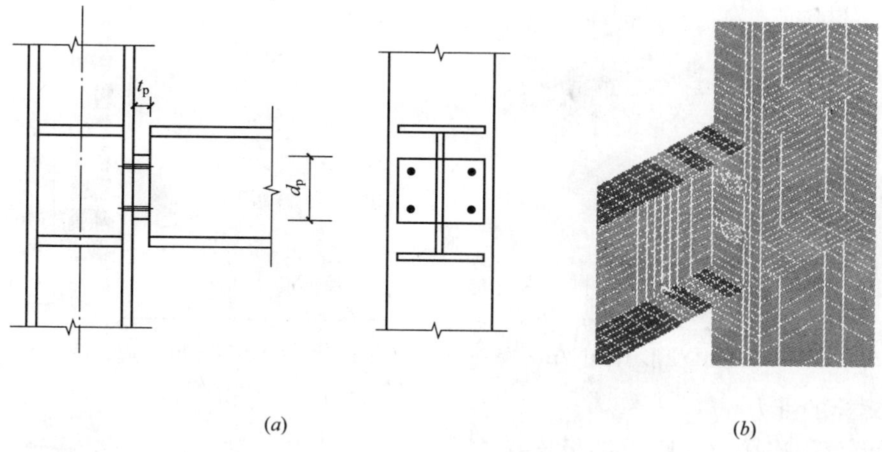

图 2-73
(a)腹板端板连接；(b)有限元模型

(1) 弯矩-转角(M-θ)性能

通过ANSYS分析计算发现，腹板端板连接与腹板角钢连接的 M-θ 性能比较接近，见图 2-74。在曲线的初始阶段，二者几乎是重合的，即二者的初始刚度接近相等；在中间部分，腹板端板连接的抗弯能力比腹板角钢连接的低一些，原因主要是由于腹板角钢的另一肢与梁腹板相连，增加了其刚度，但二者的极限抗弯承载力相差不大。

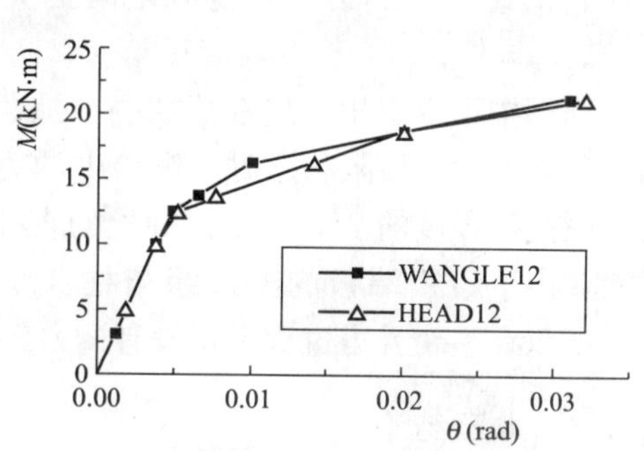

图 2-74 腹板端板连接与腹板角钢连接的 M-θ 曲线

(2) 位移分布形式

腹板端板在极限状态时的变形图见图 2-75，通过ANSYS分析计算发现，其上边缘的位移最大，并且具有双向弯曲现象，柱翼缘除在竖向与腹板端板一起变形外，还绕着柱腹板弯曲，其最大弯曲发生在边缘。柱翼缘的变形图见图 2-76，连接整体的变形图见 2-77，整体应力图见 2-78。

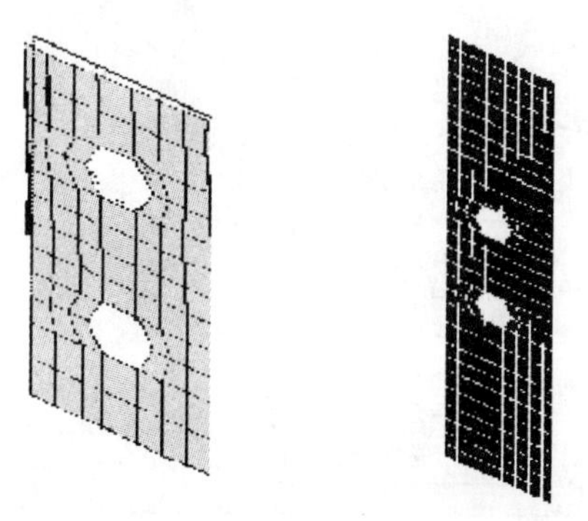

图 2-75 HEAD12 腹板端板变形图(m)

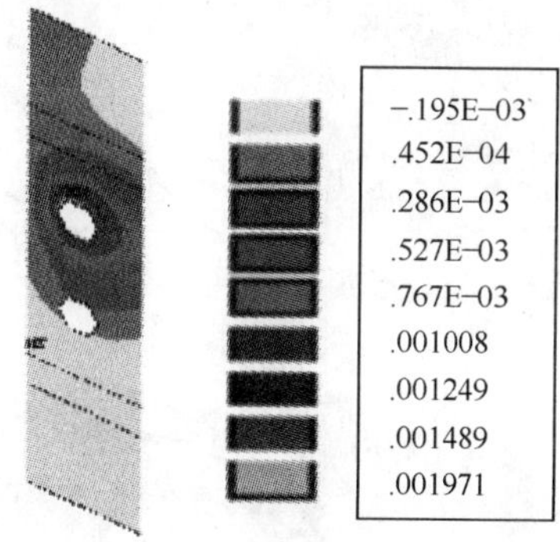

图 2-76 HEAD12 柱翼缘变形图(m)

图 2-77　HEAD12 整体变形图(kN/m²)

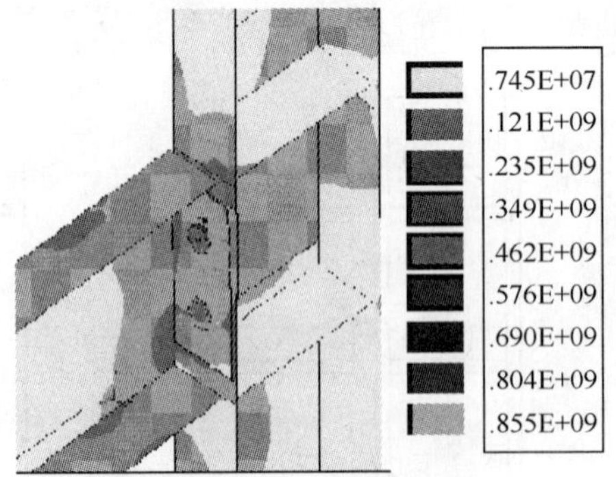

图 2-78　HEAD12 整体应力图(kN/m²)

(3) 螺栓的受力

同腹板角钢连接，在腹板端板连接中，也是只有中和轴以上的螺栓是受拉的，有限元分析所得的螺栓中的力与外荷载之间的关系见图 2-79。

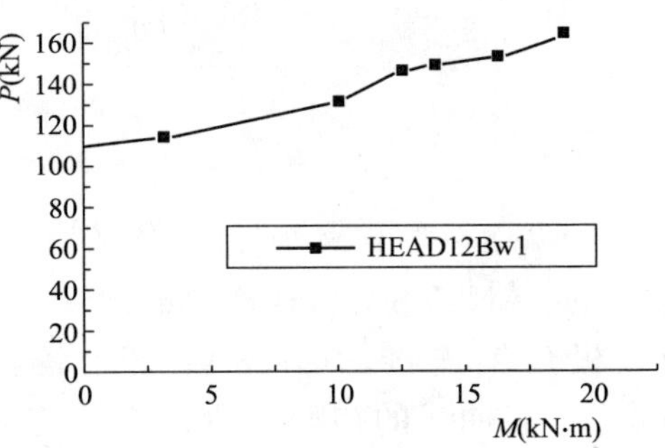

图 2-79　腹板端板连接中螺栓受力与弯矩之间的关系

从图中可以看出，随着荷载的增加，螺栓中的力逐渐增大，极限状态时，螺栓中的力仅达到其极限抗拉强度的 75%，所以螺栓的直径设计的过大，由于腹板端板的上边缘与柱翼缘是分离的，所以在整个受力过程中，没有撬力产生。

2.3.8　本章结论

(1) 通过有限元分析，得到了图 2-80 所示的八种半刚性连接节点的 M-θ 关系曲线。计算结果表明，T 形键连接节点的刚度最大，腹板端板连接节点的刚度最小，有加劲肋的外伸端板连接的刚度次之，无加劲肋的端板连接的刚度比有加劲肋的小，上下翼缘角钢连接的刚度比双腹板角钢连接的大，上下翼缘、腹板角钢连接的刚度介于上下翼缘角钢连接与无加劲肋的端板连接之间。以上结果说明节点连接板件的构造形式对节点刚度有明显影响。

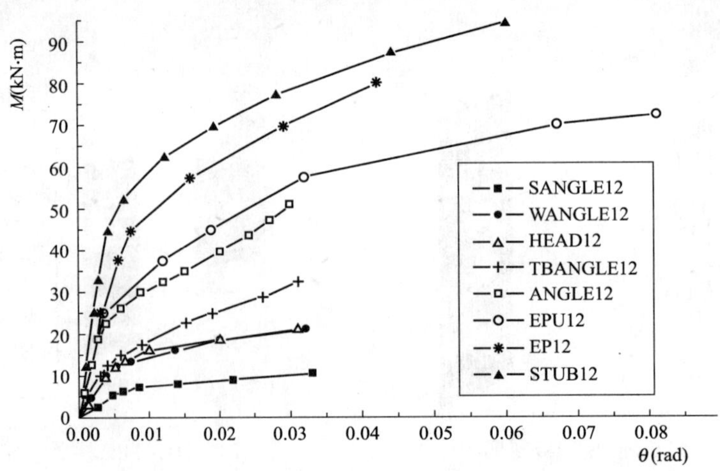

图 2-80　有限元分析所得的八种半刚性连接的 M-θ 曲线

(2) 对于外伸端板连接，随着端板厚度的增加，连接板件与柱翼缘之间接触力减弱，撬力开始向端板边缘平移，同时撬力的峰值也移向端板边缘，说明外伸端板连接节点的撬力是明显存在的，并与连接板件刚度密切相关。

2.4 参考文献

[2.1] Guo-Qiang Li，JohnMativo. Approximate estimation of the maximum load of semi-rigid steel frames [J]. Journal of Constructional Steel Research，2000，54：213-225.

[2.2] Grogan W，Srutees J O. Experimental behavior of endplateconnections reinforces with bolted backing angles [J]. Journal of Constructional Steel Research，1999，50：71-96.

[2.3] Wheeler A T，Claarke M J，Hancock G J. Test of Bolted flange plate connections joining square and rectangular hollow sections [C]//. PSSC'95，Pacific Structural Steel Conference，Volume 2，Structural Connections，1995：97-104.

[2.4] 彭福明. 钢结构框架梁柱节点性能研究 [D]. 青岛：青岛理工大学，2001.

[2.5] 厉见芬. 钢框架半刚性连接的三维非线性有限元分析研究 [D]. 青岛：青岛理工大学，2002.

[2.6] 刘秀丽. 钢结构半刚接门式刚架三维有限元分析 [D]. 青岛：青岛理工大学大学. 2004.

[2.7] WANG Yan，LI Jian-fen. Analysis on Prying Force of Semi-rigid Beam-to-column Connections in steel Structure [C]. Progress in Safety Science and Technology. Science Press，2002，291-295.

[2.8] 王燕，彭福明. 多高层钢框架梁柱半刚性连接性能 [J]. 建筑结构，2000，30(9)，18-20.

[2.9] 王燕，彭福明. 钢框架梁柱半刚性节点在循环荷载作用下的试验研究 [J]. 工业建筑，2001，31(12)，55-57.

[2.10] 王燕，李华军，厉见芬. 半刚性梁柱节点连接的初始刚度和结构内力分析 [J]. 工程力学，2003，20(6)，65-69.

[2.11] Archibald N. Sherbourne，and Mohammed R. Bahaarl. Finite element prediction of end-plate bolted connection behavior I：Perametic study [J]. Journal of Structural Engineering/Februry 1997，157-164.

[2.12] 朱伯龙. 结构抗震试验 [M]. 北京：地震出版社，1989.

第3章　半刚性连接外伸端板撬力作用研究

3.1　半刚性连接外伸端板撬力作用有限元分析

梁端外伸端板或T形板与柱之间通过高强螺栓连接而形成的节点形式，主要应用于钢框架、轻型门式刚架中的梁柱连接等。外伸端板或T形板连接是在梁(构件)端部焊接端板与柱翼缘或另一构件的端板通过高强螺栓连接的节点形式。构件与端板的焊接一般在工厂加工时完成，现场仅需通过高强螺栓即可安装完毕，避免了现场焊接焊缝质量不易保证的弊端。分析结果表明，外伸端板连接属于典型的半刚接连接，其构造特点决定了在较大承载力作用下，节点的连接板件具有一定的柔性，与传统的刚接和铰接节点连接不同。外伸端板节点连接中，梁端弯矩作用产生的拉力经上翼缘通过高强螺栓传递给端板，外伸端板在较大拉力作用下会发生一定的弯曲变形，而此时端板对于螺栓的作用相当于杠杆作用，端板由于弯曲变形的挤压作用产生接触力，即撬力。由于杠杆作用影响，高强螺栓受到的拉力大于实际理论计算值，本章针对外伸端板节点连接撬力影响进行了有限元数值分析，并深入研究了外伸端板连接考虑撬力影响高强螺栓受拉连接的计算方法[3.1]~[3.4]。

3.1.1　撬力作用影响

高强螺栓在承受外力前已有很高的预拉力，它与板层之间的压力C相平衡，如图3-1所示。当施加外拉力N_t时，螺杆略有伸长，使拉力增加ΔP，而压紧的板件有所放松，使压力减小ΔC，螺杆伸长与板的膨胀值正好相等。当板在厚度方向刚度较大时，膨胀很小，因而螺栓的伸长也很小，其增加的拉力ΔP也就很小。分析结果表明，只要板层之间压力未完全消失，螺栓拉力仅增加5%～10%，所以高强螺栓所承受的外拉力基本上只使板层间压力减小，而对栓杆的预拉力没有大的影响。为使板间保留一定的压紧力，我国现行钢结构设计规范[3.5]规定，一个高强螺栓受拉承载力的设计值取为$0.8P$。

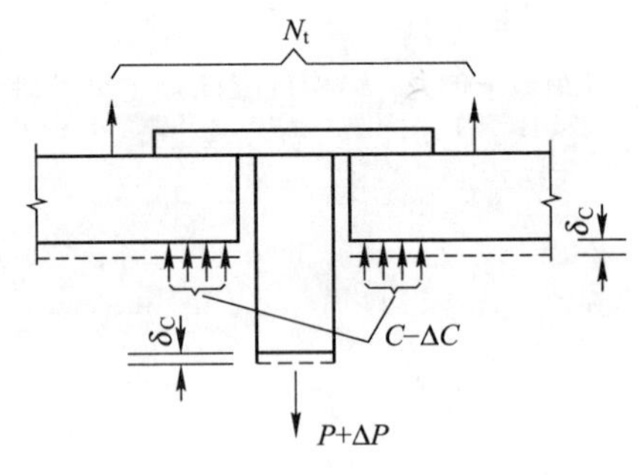

图3-1　高强螺栓受拉

当板在厚度方向刚度不够大时，受拉时就易出现不可忽视的撬力，撬力作用范围如图3-2阴影线所示[3.6]，外拉力极限值由N_u下降到N_u'，高强螺栓实际承担外荷载的能力降低。

高强螺栓外伸端板节点连接的应力分布复杂，存在端板之间的接触问题，螺栓预拉力的施加以及金属材料的塑性发展、大变形问题等。采用有限元ANSYS软件对高强螺栓外伸端板节点连接进行了弹塑性有限元分析，考虑了材料非线性、几何非线性以及状态非线

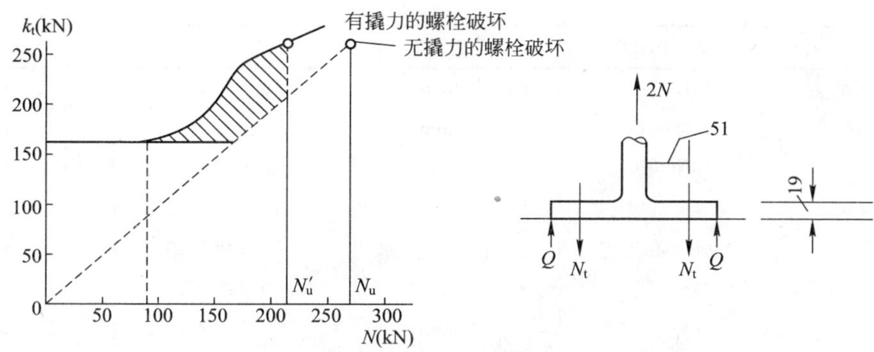

图 3-2 高强螺栓撬力影响

性(外伸端板间存在接触与拉开两种状态)，可以较为清晰地掌握节点连接板件的变形、撬力的形成、分布、发展以及高强螺栓拉力的变化与分布等。

3.1.2 有限元模型

有限元模型的建立通过输入实体关键点的三维坐标实现。端板接触面的初始几何间隙为零，螺帽和螺母面积近似按圆形考虑，螺栓杆采用圆柱体模拟，直径取螺栓有效截面的直径，栓杆中的预拉力按《钢结构高强度螺栓连接的设计、施工及验收规程》(JGJ 82—91)规定取值[3.7]。由于构件关于腹板的对称性，模型建立时均采用了二分之一结构。外伸端板有限元模型见图 3-3、接触单元模型见图 3-4、高强螺栓有限元模型见图 3-5。按端板厚度和加劲肋设置情况不同，共设计 4 组 17 个试件，表 3-1 为试件计算参数。

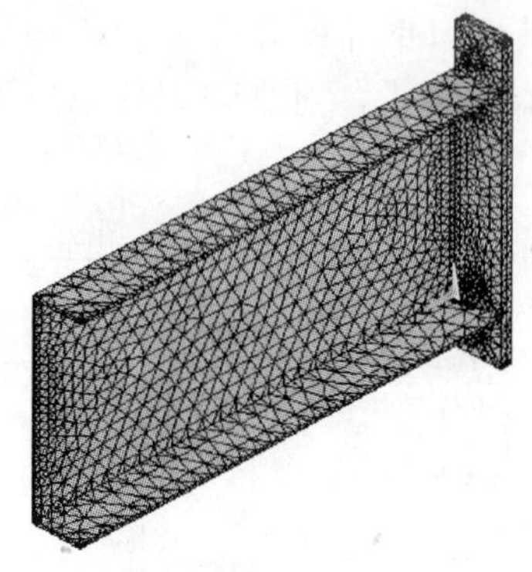

图 3-3 外伸端板有限元模型

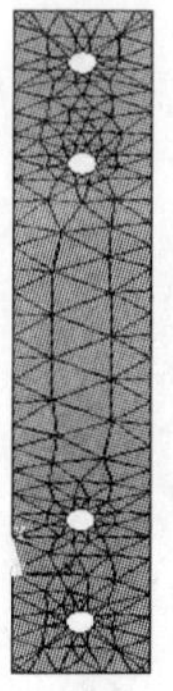

图 3-4 接触单元模型

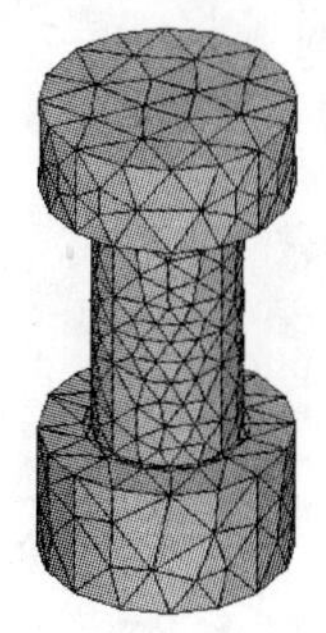

图 3-5 高强螺栓有限元模型

试件计算参数 **表 3-1**

试件编号	试件形式	端板厚度	螺栓型号	有无加劲肋
EP1U-1	外伸端板	12mm	10.9 级 M20	无
EP1U-2	外伸端板	14mm	10.9 级 M20	无
EP1U-3	外伸端板	16mm	10.9 级 M20	无
EP1U-4	外伸端板	20mm	10.9 级 M20	无
EP1U-5	外伸端板	24mm	10.9 级 M20	无

续表

试件编号	试件形式	端板厚度	螺栓型号	有无加劲肋
EP2S-1	外伸端板	12mm	10.9级M20	有
EP2S-2	外伸端板	14mm	10.9级M20	有
EP2S-3	外伸端板	16mm	10.9级M20	有
EP2S-4	外伸端板	20mm	10.9级M20	有
EP2S-5	外伸端板	24mm	10.9级M20	有
EP3-1	外伸端板	16mm	10.9级M16	无
EP3-2	外伸端板	16mm	10.9级M22	无
EP3-3	外伸端板	16mm	10.9级M24	无
EP4-1	T形件	—	8.8级M20	—
EP4-2	T形件	—	8.8级M20	—
EP4-3	T形件	—	8.8级M20	—
EP4-4	T形件	—	8.8级M20	—

3.1.3　材料特性

连接板件均为各向同性材料，为模拟非线性材料特性，采用ANSYS中的多线型随动强化模型MKIN模拟。钢材材质均采用Q235钢，螺栓材质采用10.9级。梁及端板的材料本构关系计算模型见图3-6(*a*)，螺栓材料包括栓杆、螺帽和螺母，采用三线型材料本构关系计算模型，见图3-6(*b*)。当高强螺栓应变在$\varepsilon_y \sim 2\varepsilon_y$范围时，为初始硬化阶段，切线模量定义为初始弹性模量的10%；当应变在$2\varepsilon_y \sim 8\varepsilon_y$范围时，为极限应力状态，切线模量定义为初始弹性模量5%左右。为保证材料的本构关系并满足《钢结构高强度螺栓连接的设计、施工及验收规程》(JGJ 82—91)对高强螺栓机械性能的要求，对高强螺栓第三折线段的斜率进行了调整。

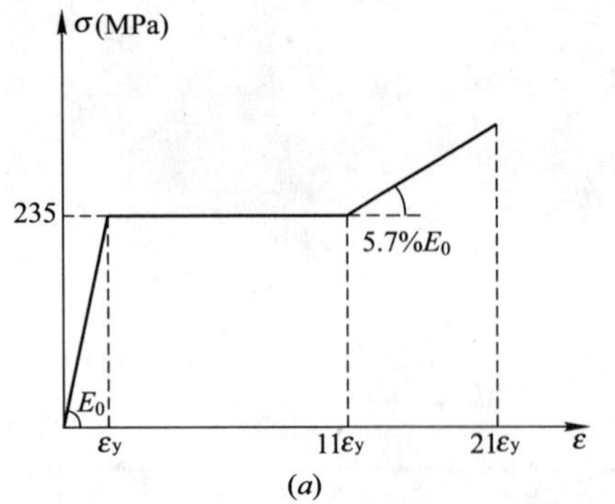

(*a*)

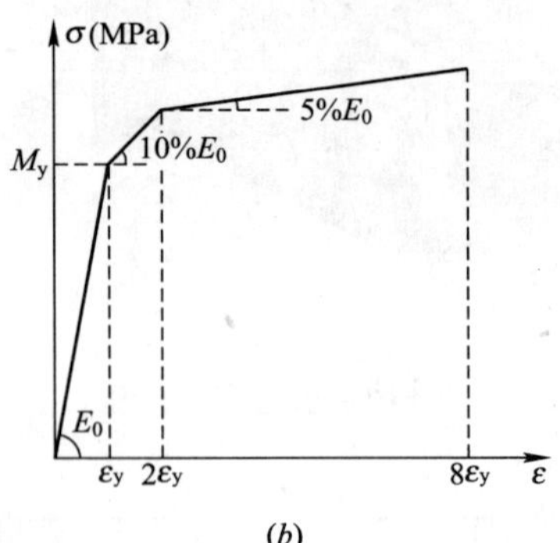

(*b*)

图3-6　钢材及高强螺栓本构关系

(*a*)钢材本构关系；(*b*)高强螺栓本构关系

在ANSYS后处理过程中采用Von-Mises屈服准则，其等效应力表达式：

$$\sigma_{eq}=\sigma_i=\sqrt{0.5\times[(\sigma_1-\sigma_2)^2+(\sigma_2-\sigma_3)^2+(\sigma_3-\sigma_1)^2]} \tag{3-1}$$

Von-Mises 屈服准则适用于初始屈服的判断，对于屈服后阶段，采用随动强化模型 MKIN 模拟。分析中设定屈服面的大小保持不变，而仅在屈服方向上移动，当某个方向的屈服升高时，其相反方向的屈服应力相应降低。随动强化模型可以模拟包辛格效应，即材料在发生塑性变形的方向被硬化，而在反方向被软化。

3.1.4 有限元计算结果

有限元计算结果主要有：连接板件极限状态时的 Mises 等效应力云图、端板变形、撬力分布以及螺栓拉力的变化与分布等。

(1) 应力云图

图 3-7 为试件极限承载力状态下的 Mises 等效应力云图。由 EP1 组和 EP2 组 Mises 应

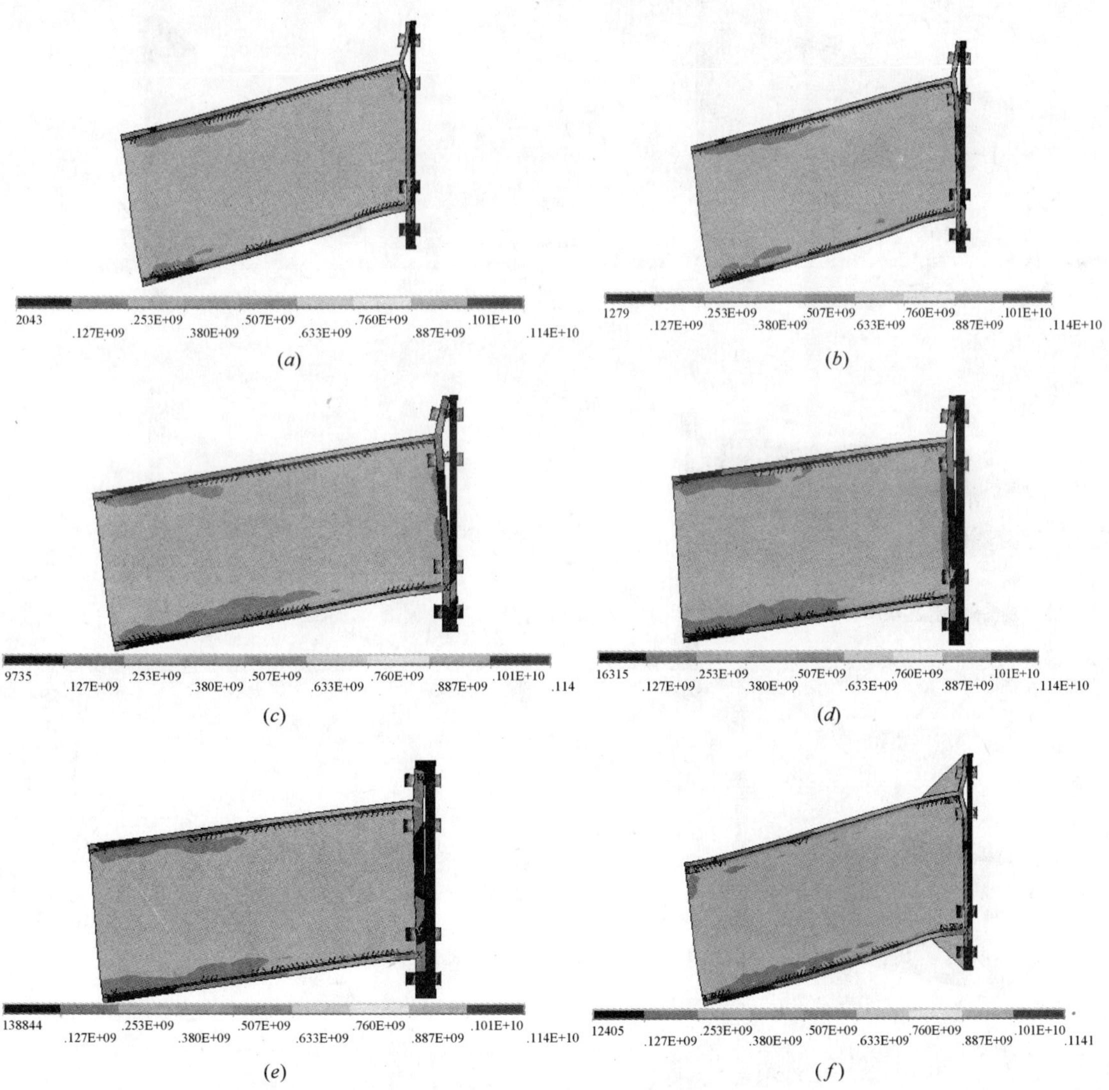

图 3-7 试件应力云图(N/m^2)(一)

(*a*)EP1U-1 试件；(*b*)EP1U-2 试件；(*c*)EP1U-3 试件；(*d*)EP1U-4 试件；
(e)EP1U-5 试件；(*f*)EP2S-1 试件；

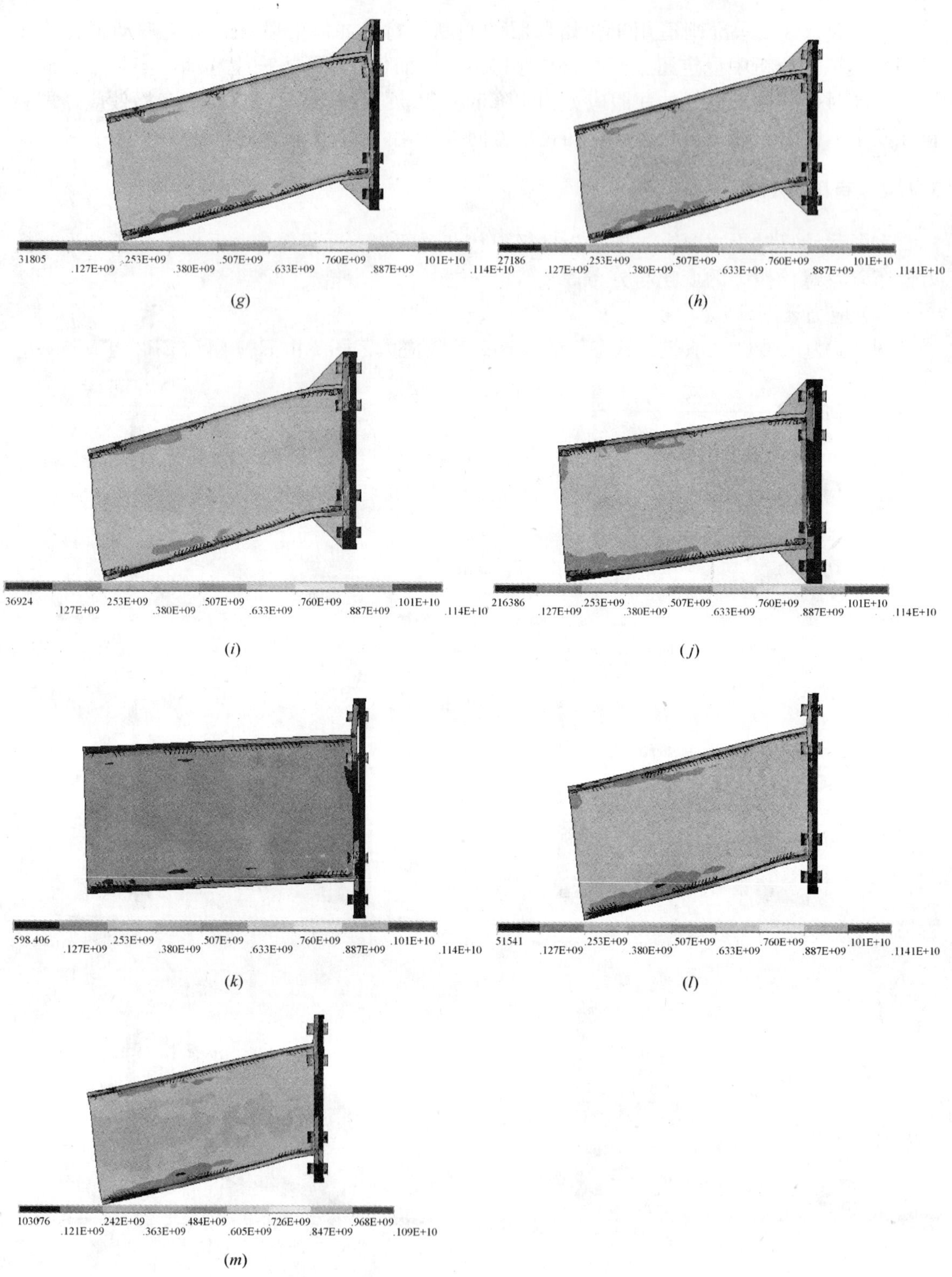

(*g*) (*h*) (*i*) (*j*) (*k*) (*l*) (*m*)

图 3-7 试件应力云图(N/m^2)(二)

(*g*)EP2S-2 试件；(*h*)EP2S-3 试件；(*i*)EP2S-4 试件；(*j*)EP2S-5 试件；
(*k*)EP3-1 试件；(*l*)EP3-2 试件；(*m*)EP3-3 试件；

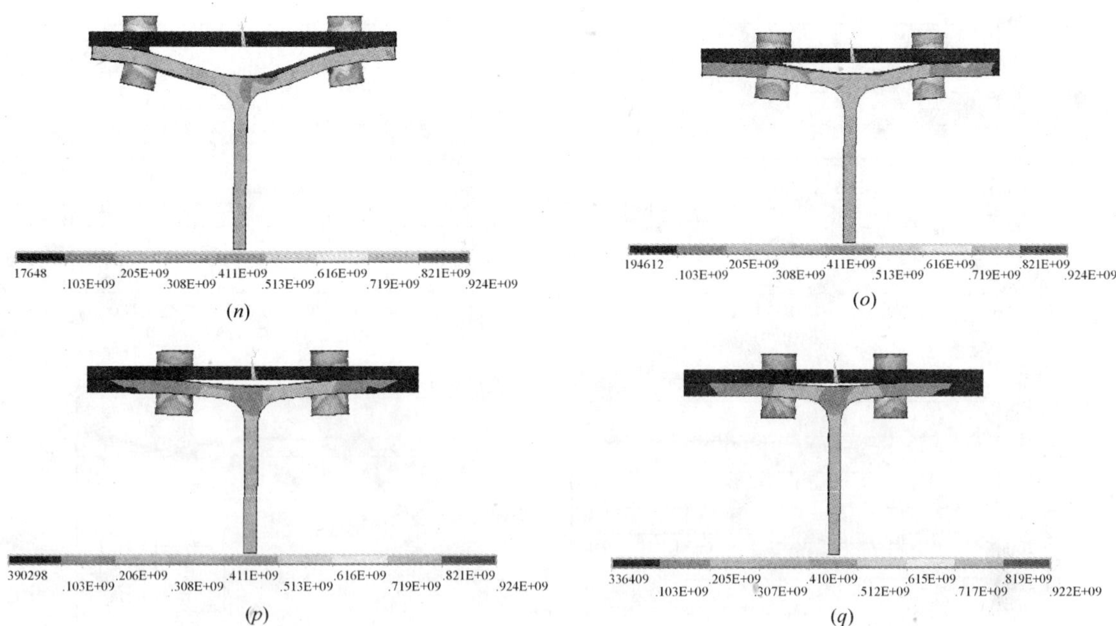

图 3-7 试件应力云图(N/m^2)(三)

(n)EP4-1 试件；(o)EP4-2 试件；(p)EP4-3 试件；(q)EP4-4 试件

力云图可以看出，随着端板厚度的增加，端板在极限荷载作用下的变形显著减小，极限状态时由端板破坏逐渐转向螺栓破坏。EP1U 组与 EP2S 组两组试件分别为不设加劲肋和设置加劲肋两种情况，加劲肋的作用使端板的变形显著减小。由 EP3 组试件可以看出，随着螺栓直径的增加，端板的变形逐渐减小，极限状态时由螺栓破坏逐渐转向梁端和端板破坏；由 EP4 组试件可以看出，螺栓位置对 T 形件连接的刚度有显著影响，螺栓位置越靠近 T 形件腹板则变形越小。

图 3-8 为试件的荷载-位移曲线。从 EP1U 组和 EP2S 组试件的荷载位移曲线可以看出，随着端板厚度的增加，试件的屈服荷载有所提高，但当端板厚度大于 20mm 后，这种增加趋势逐渐减小。然而，各试件的极限荷载受端板厚度增加的影响较小。对比 EP1U 组与 EP2S 组可以发现，加劲肋的作用使屈服荷载及极限荷载提高。EP3 组的结果也反映出随螺栓直径的增大，试件的承载能力及变形能力得到改善，但当直径大于 20mm 后效果不明显。由 EP4 组可以看出，当螺栓的位置靠近腹板时 T 形件的承载力得到明显改善。

(2) 撬力分析

有限元计算结果表明，端板厚度对撬力有明显影响，屈服荷载之前，各试件端板没有明显变化，但在屈服荷载后，试件的受拉区出现了较大局部变形，图 3-9(a)、(b)是端板厚度分别为 12mm 和 20mm 的 EP1U-1 与 EP1U-3 试件在极限荷载作用下的 Von-Mises 应力云图。从图中可以看出，受拉区出现了较大屈服变形，破坏是由于端板屈服造成的。图 3-9(c)、(d)是端板厚度分别为 12mm 与 20mm 的 EP1U-1 与 EP1U-3 试件在极限荷载作用下的 Mises 应力云图及变形。从图中可以看到，EP1U-1 试件在受拉区出现了较大局部变形，与传统的 T 形件受拉变形非常相似，破坏是由于端板的屈服造成的；EP1U-3 试件由于端板刚度的增加使得端板局部变形明显减小，破坏是由于第二排螺栓受拉屈服破坏造成的。

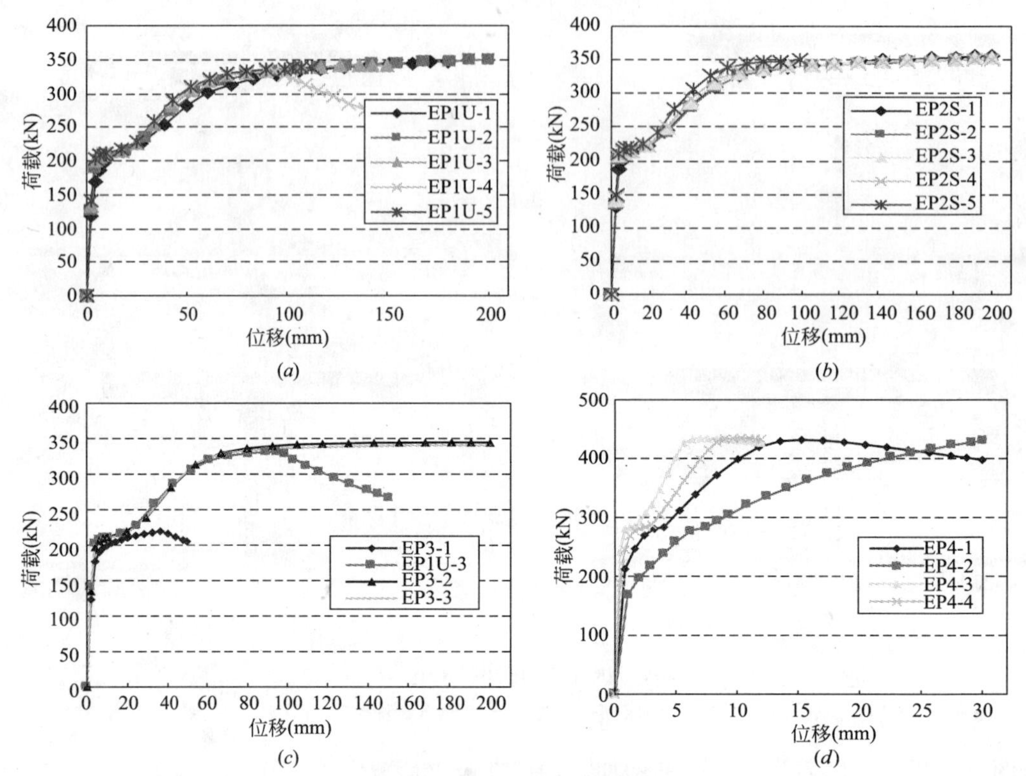

图 3-8 试件的荷载-位移曲线

(a)EP1U 组试件；(b)EP2S 组试件；(c)EP3 组及 EP1U-3 试件；(d)EP4 组试件

图 3-10(a)、(b)分别是端板在预拉力和外荷载作用下的撬力分布云图。从图中可看出，在预拉力作用下每排螺栓下的端板间的撬力分布差别很小，如图 3-10(a)所示，且都集中在螺栓孔四周，分布呈圆形，螺栓孔附近的压力显著大于四周，并迅速减小，分布范

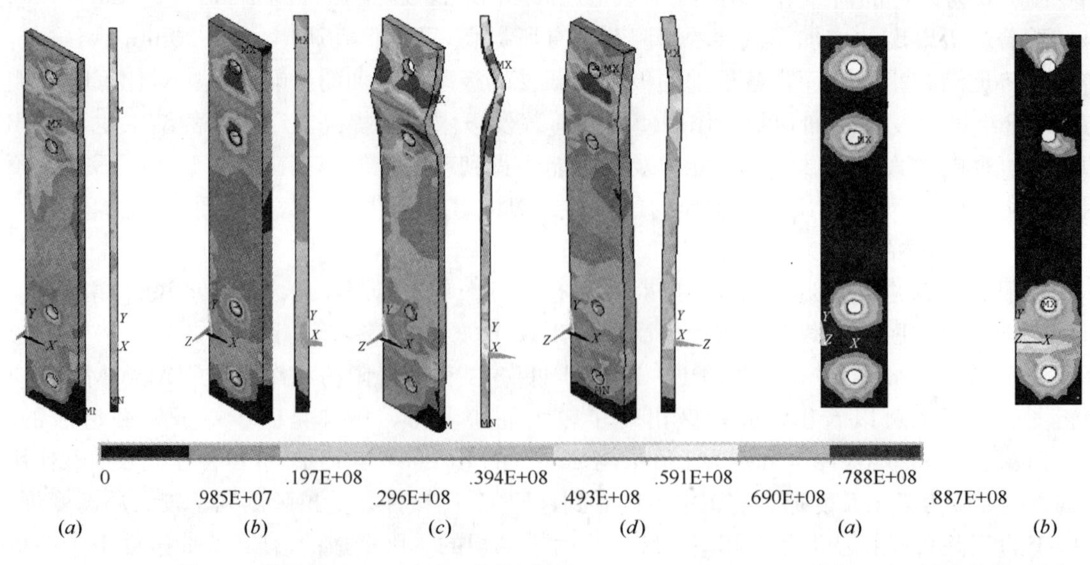

图 3-9 端板的 Mises 应力云图及变形

图 3-10 撬力分布云图

围集中在螺栓杆直径的 3～4 倍之间，其他范围基本都为零。随荷载的逐渐增加，受拉区的接触面范围迅速减小，如图 3-10(*b*)所示。

图 3-11 为试件端板外伸部分的第一排受拉螺栓处撬力分布云图，其中各图中的(*a*)表示构件在屈服荷载作用下的撬力分布，图(*b*)表示撬力最大值分布。从图中可以看出，撬力的分布开始时呈 45°向端板边缘扩展，形状类似等腰三角形，随着荷载的增加，撬力逐渐向板边缘退去，荷载达到最大值时撬力基本分布在螺栓孔至板边缘长度 1/2 矩形范围内。随着端板厚度的增加，变形减小，撬力由螺栓孔附近向端板边缘移动，当端板厚度大于 20mm 时，撬力更加集中分布在端板边缘。

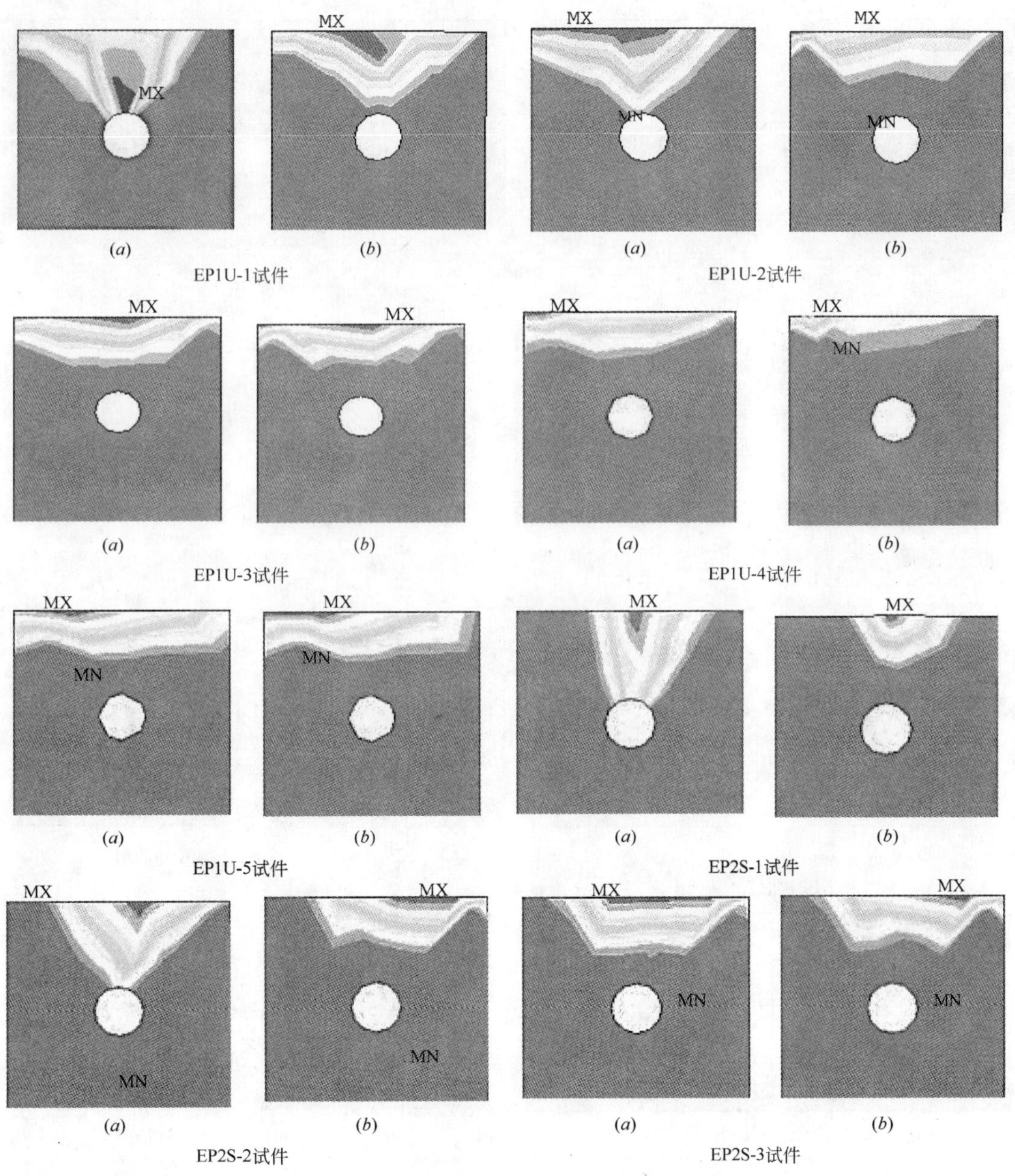

图 3-11 试件端板撬力分布云图(一)

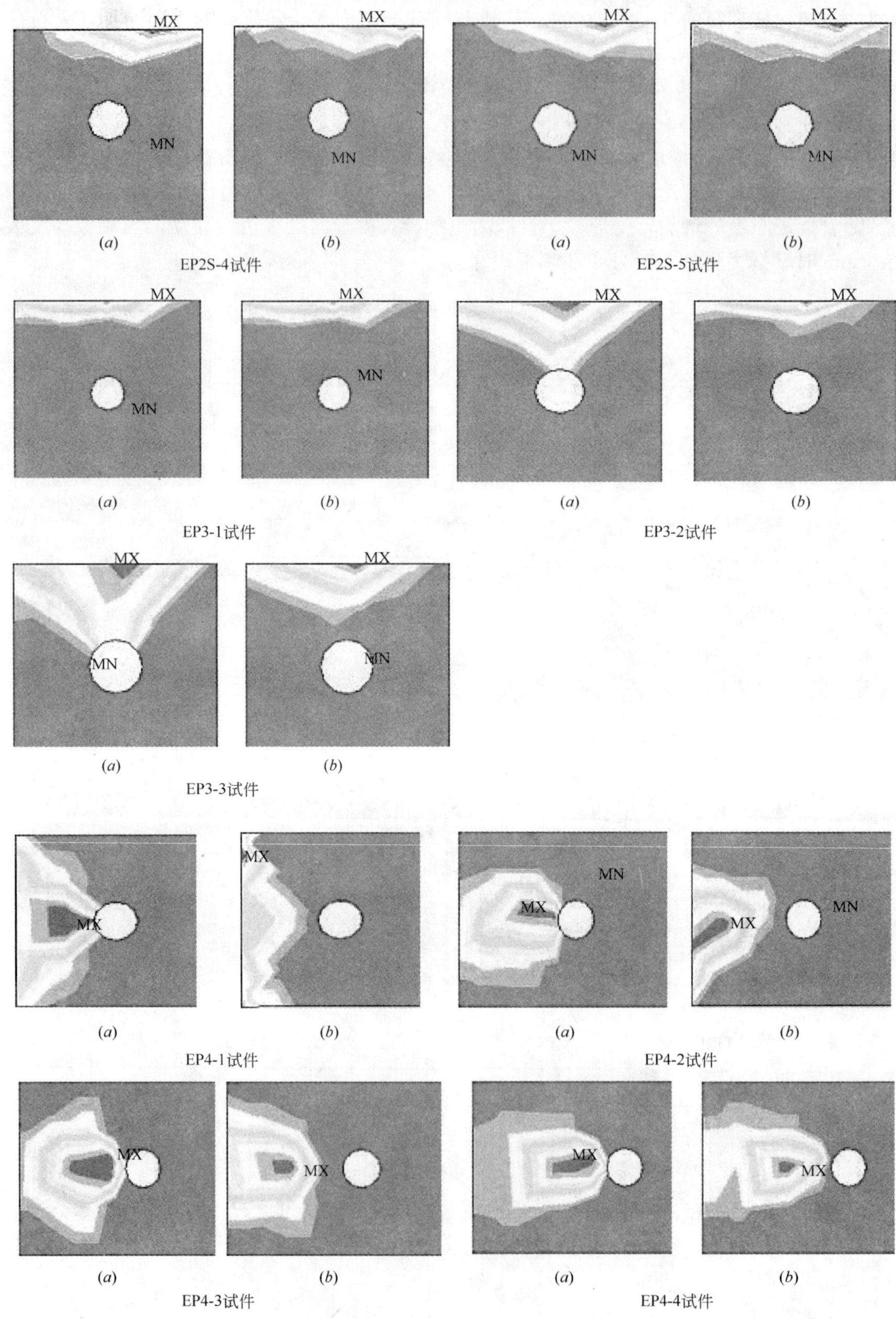

图3-11　试件端板撬力分布云图(二)

由于加劲肋的作用，EP2S 组的撬力分布范围与 EP1U 组相比明显减小，更加向图示螺栓列的轴线及端板边缘集中，加劲肋位置附近已没有撬力分布。端板厚度大于 16mm 时，撬力分布由螺栓孔至板边缘长度 1/2 的矩形范围变化到 1/3 范围内。接触应力的最大值向端板外侧转移，说明加劲肋的作用使外伸端板趋向双向弯曲变形。由 EP3 组及 EP1U-3 的撬力分布可以发现，随着螺栓直径的增大，撬力无论是屈服时还是极限荷载时，分布面积显著增大。螺栓强度越高，撬力的分布形状越趋向前述的等腰直角三角形。EP4 组 T 形件试件中，随着螺栓位置向腹板靠近，撬力的分布范围逐渐变大，并向螺栓孔位置靠近。

(3) 高强螺栓拉力分析

撬力的直接作用导致螺栓实际拉力增加，图 3-12 (*a*)～(*d*)所示分别为高强螺栓在预拉力、屈服荷载、极限荷载和破坏荷载作用下的 Mises 应力云图。在预拉力作用范围内，螺栓沿杆轴方向应力分布均匀(图 3-12*a*)；在屈服荷载作用下螺栓受力向杆轴一侧集中，呈现出不均匀现象(图 3-12*b*)；在极限荷载作用下，螺栓杆几乎整个截面达到了极限应力(图 3-12*c*)；在荷载位移曲线的下降段内，螺栓杆轴出现明显塑性变形并伴随出现颈缩现象(图 3-12*d*)。

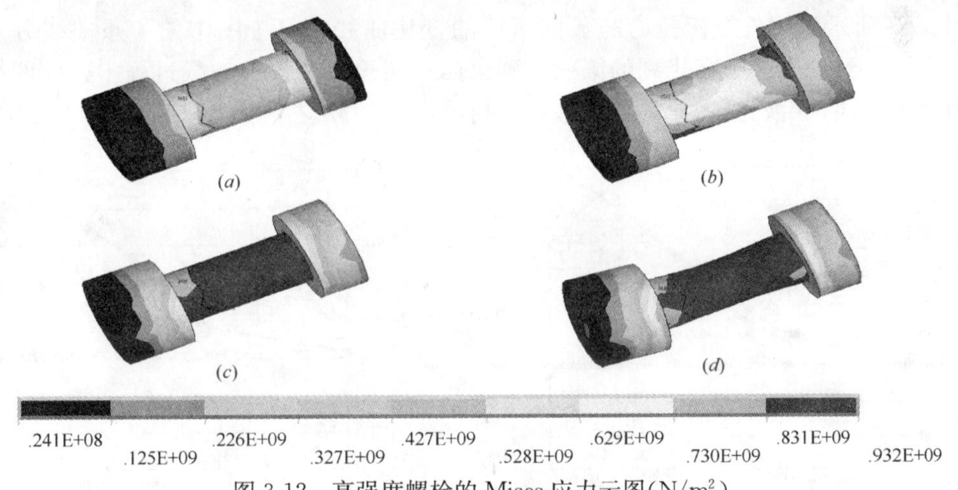

图 3-12 高强度螺栓的 Mises 应力云图(N/m²)

随着试件端板厚度的增加，螺栓拉力逐渐减小，其中端板厚度 12mm 和 14mm 试件的螺栓拉力基本一致，端板厚度大于 16mm 后，螺栓拉力有了显著下降(图 3-13)。加劲肋的作用使螺栓拉力减小，但端板厚度较小时，拉力值减小的幅度更大(图 3-14、图 3-15)。随

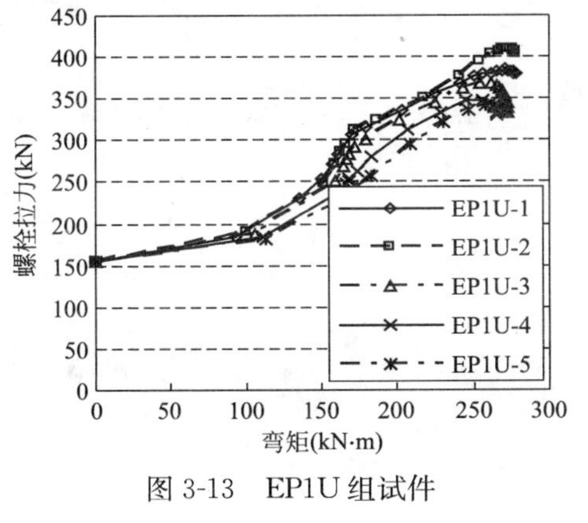

图 3-13 EP1U 组试件

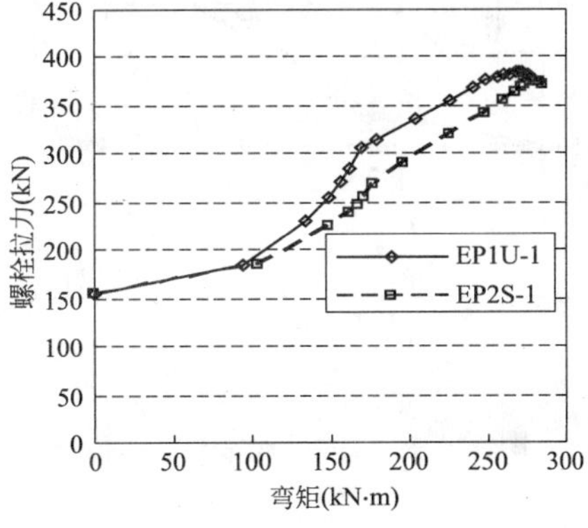

图 3-14 EP1U-1 与 EP2S-1 试件

着螺栓位置逐渐靠近T形件的腹板，螺栓拉力也出现明显减小(图3-16)。计算结果表明，撬力的作用导致螺栓拉力增加。

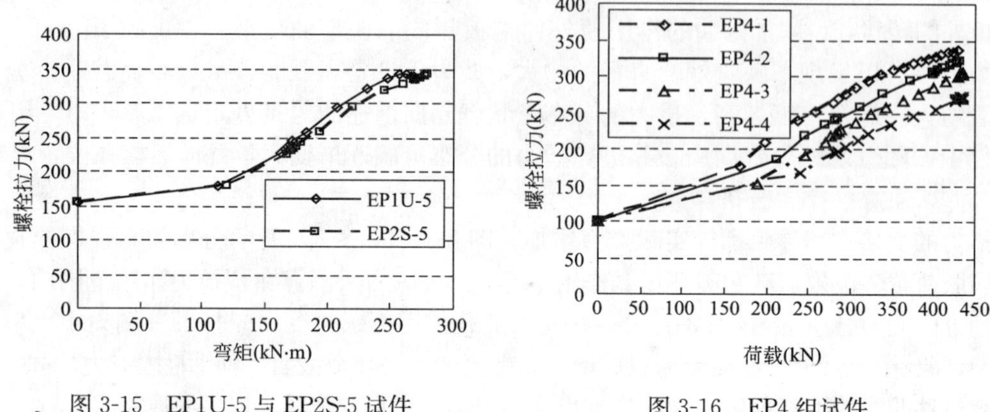

图3-15 EP1U-5与EP2S-5试件　　图3-16 EP4组试件

图3-17所示为试件螺栓拉力与节点弯矩的变化曲线，每个图中的4条曲线分别代表试件从受拉区到受压区顺序排列的第一排到第四排螺栓。在整个加载过程中，前两排螺栓的拉力增长很快，后两排螺栓的拉力基本维持在预拉力左右。对比EP1U-1与EP1U-3试

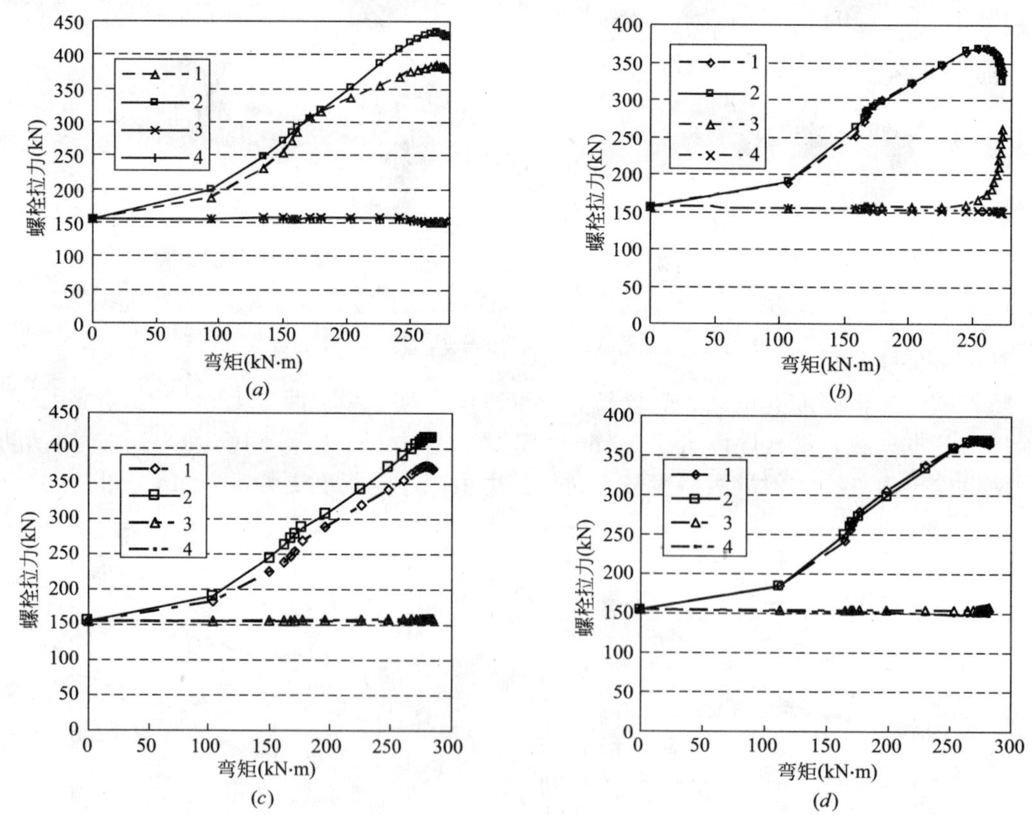

图3-17 试件螺栓拉力变化图

(a)EP1U-1试件；(b)EP1U-3试件；(c)EP2S-1试件；(d)EP2S-3试件

件以及 EP2S-1 与 EP2S-3 试件，端板厚度为 12mm 试件的第二排螺栓的拉力始终明显大于第一排螺栓，16mm 的试件则基本一致。随着端板厚度的增加，前两排螺栓的拉力逐渐接近，说明端板刚度的增加，使得端板的局部变形减小，两排受拉螺栓的伸长变形趋于一致，破坏类型也由端板屈服转向螺栓屈服。随着 EP1U-3 试件的两排受拉螺栓的屈服，导致第三排螺栓在后期出现了拉力明显的增加。对比 EP1U 与 EP2S 两组试件，虽然螺栓拉力没有明显变化，但是极限荷载时的 EP2S 组螺栓拉力则不像 EP1U 组出现了明显的下降段，说明加劲肋的作用改善了节点的受力性能，使得节点的破坏由螺栓的屈服伸长向加劲肋处的梁端转移。

图 3-18～图 3-21 所示为荷载作用下的高强螺栓拉力分布，其中(*a*)图为单个试件四排螺栓在各个 ANSYS 位移荷载子步下的螺栓拉力大小，(*b*)图中的①、②曲线分别表示由(*a*)图提取的在屈服荷载和极限荷载作用下螺栓的拉力。可以看出，螺栓拉力的分布均以受压翼缘为转动中心呈现梯形分布(第三排螺栓的作用很小)，这说明高强螺栓在弯矩作用下以螺栓群形心为转动中心的传统计算假定是不合理的。当端板厚度≥16mm 时，无论是屈服阶段还是极限阶段，两排受拉螺栓的拉力值非常接近，加劲肋的作用使前两排受拉螺栓的拉力差距减小。

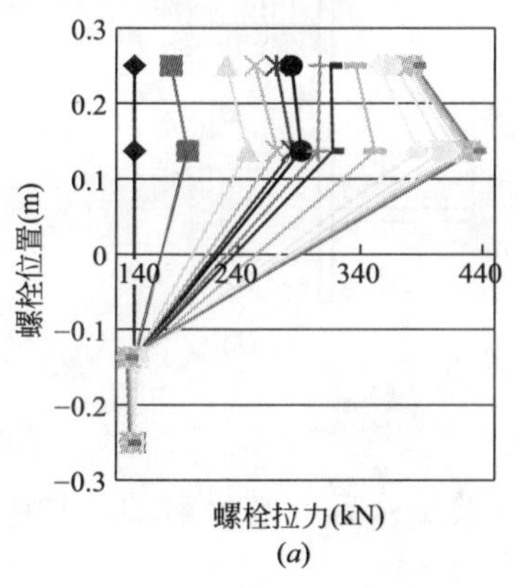

(*a*)

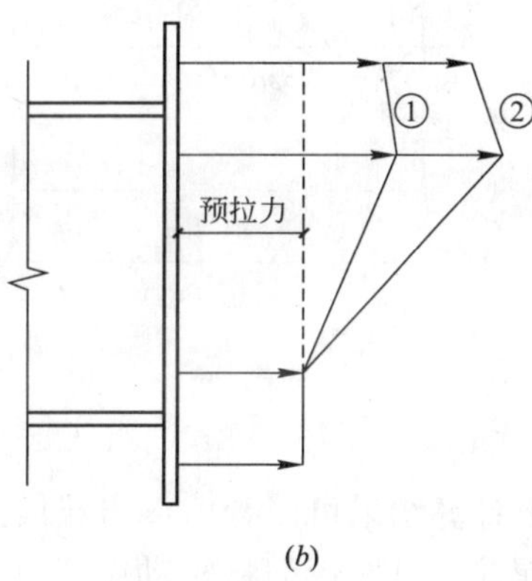

(*b*)

图 3-18 EP1U-1 试件螺栓拉力分布图

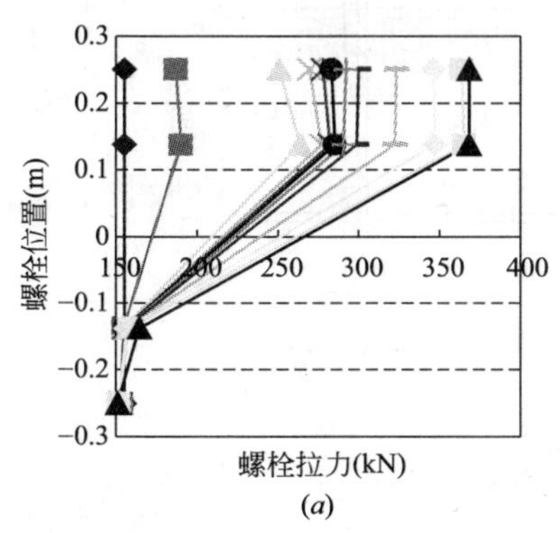

(*a*)

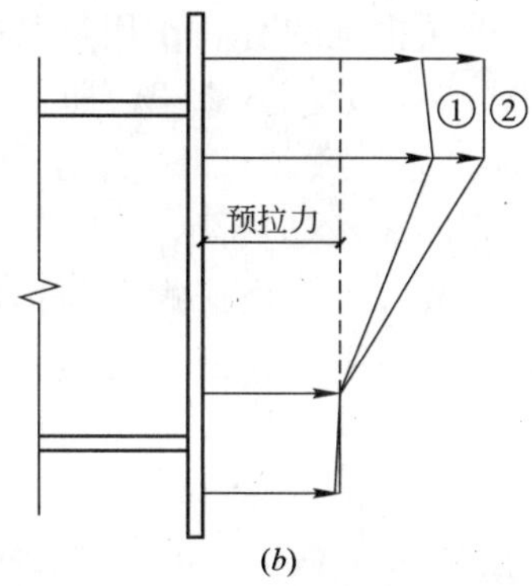

(*b*)

图 3-19 EP1U-3 试件螺栓拉力分布图

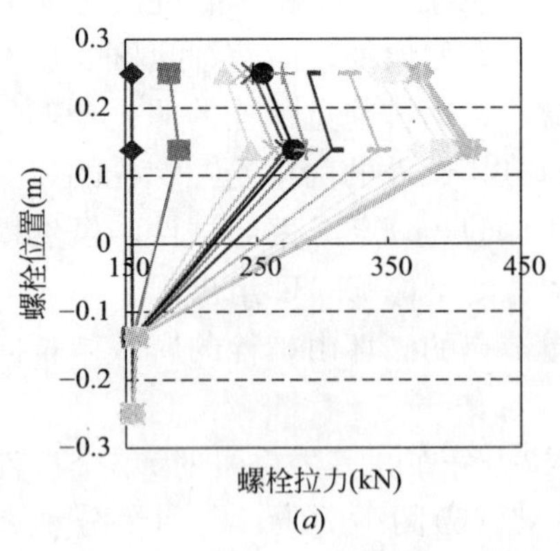

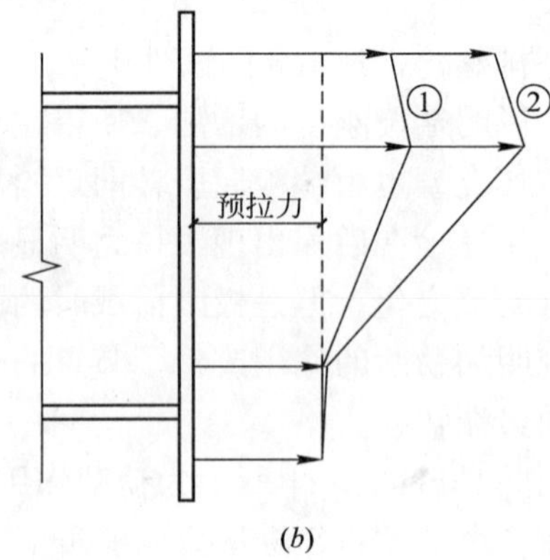

图 3-20　EP2S-1 试件螺栓拉力分布图

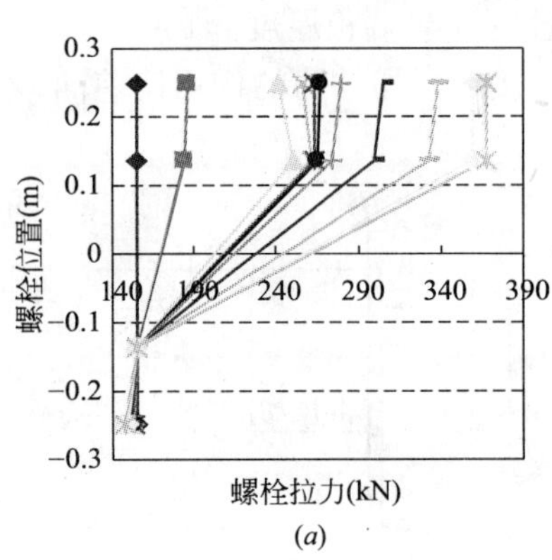

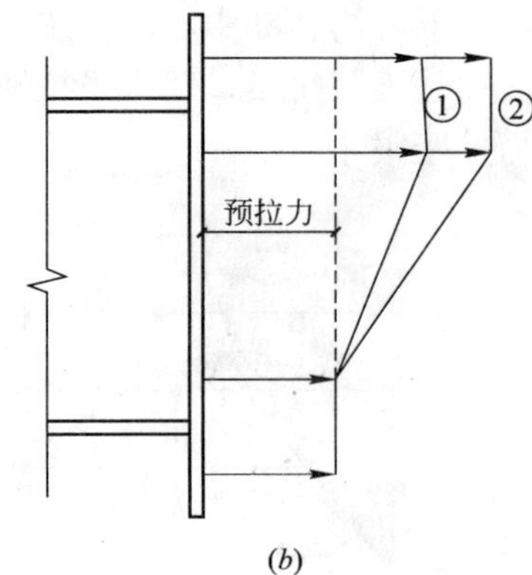

图 3-21　图 EP2S-3 试件螺栓拉力分布图

以上计算结果可以看出，当端板出现塑性变形板件被拉开后，螺栓群的转动中心下移至受压螺栓，可以近似将转动中心确定在受压翼缘中心线位置，弯矩由梁受拉翼缘上、下两侧的高强螺栓共同分担，计算时可以忽略受压侧螺栓对荷载抵抗的有利作用，其余螺栓拉力按三角形分布，如图 3-22(*a*)所示，这与英国规范的规定是一致的[3.8]。为方便工程应用，也可以采用图 3-22(*b*)所示的 T 形件计算模型，即认为受拉翼缘上下两排螺栓拉力相等，计算时忽略第三排以下受拉螺栓的贡献，每个高强螺栓承受的拉力可按式(3-2)简化公式进行计算。

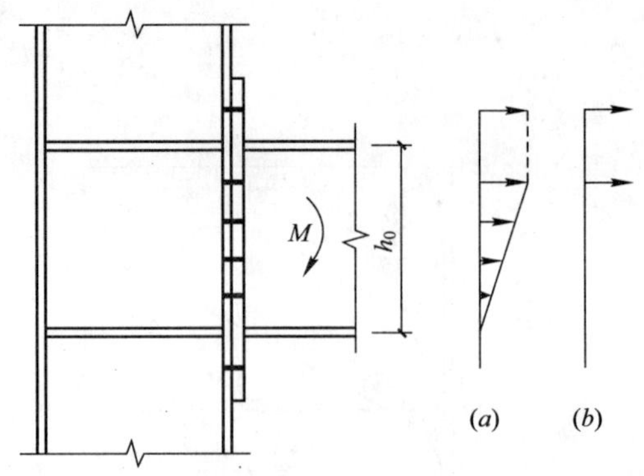

图 3-22　高强螺栓受拉力作用计算模型

$$N_t = \frac{M}{n_t h_1} \tag{3-2}$$

式中　n_t——梁受拉翼缘两侧高强螺栓数量。

3.1.5 计算结果

(1) 有限元分析结果表明，撬力在外伸端板节点连接中是显著存在的，节点设计中应考虑撬力作用对螺栓带来的不利影响。

(2) 端板厚度的增加能够减小撬力影响，设置加劲肋也可以有效减小撬力影响并使其变化趋于均匀。

(3) 高强螺栓拉力和撬力在各种影响因素下均表现出了同样的变化规律，表明撬力作用使螺栓拉力增大，在端板连接中受拉区第二排螺栓的拉力大于第一排螺栓，随着端板厚度的增加，差别逐渐减小，受压区的螺栓拉力始终维持在预拉力附近，基本没有变化，螺栓拉力的分布是以受压翼缘位置为转动中心的梯形分布。

(4) 考虑撬力作用在端板和受拉连接接头中允许端板或 T 形连接板件产生一定的塑性变形，将撬力影响计入后可以减小节点连接板厚度，提高节点受拉变形能力。

(5) 对于外伸端板或 T 形连接在设计中考虑撬力作用时，端板或 T 形连接件厚度应通过计算确定，并应对高强螺栓在撬力作用下进行抗拉承载力的验算。

3.2 半刚性连接外伸端板撬力作用设计方法研究

3.2.1 撬力作用计算模型

外伸端板连接可以采用 T 形连接件模拟，由于端板和柱翼缘的受力、塑性铰线分布与 T 形连接有所不同，因此在计算板件的弯矩时应根据端板连接的塑性铰线分布进行计算[3.9]。外伸端板 T 形连接的破坏形式主要取决于螺栓和连接翼缘之间的相对强弱关系。T 形连接有 3 种可能的破坏机制：

(1) 连接板刚度较大时，在外加拉力作用下，连接几乎不发生弯曲变形，而高强螺栓受到较大的外拉力，出现较大伸长量后，达到并超过高强螺栓抗拉极限承载力 N_t^b，在这种状态下，连接板件基本上没有塑性变形，撬力可以忽略不计(图 3-23a)。

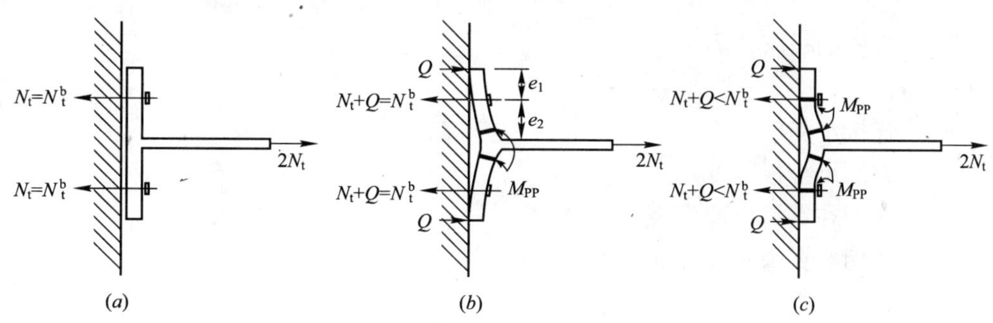

图 3-23 T 形连接的 3 种破坏机构状态

(a)破坏机构 1；(b)破坏机构 2；(c)破坏机构 3

(2) 连接板的刚度与高强螺栓相接近，在外加拉力作用下，端板的弯曲变形与高强螺栓受拉后伸长量相近，连接板发生塑性变形，板边缘产生撬力，梁端板和高强螺栓几乎都可以达到极限承载能力状态。在这种状态下，破坏时螺栓被拉断而连接板会在螺栓处和翼缘与腹板连接的焊缝附近出现塑性铰线，形成机构而破坏(图 3-23*b*)。

(3) 连接板刚度较弱，连接板的变形远大于高强螺栓伸长量，板边缘较早地形成橇力，端板屈服形成塑性铰机构(图 3-23*c*)。

当螺栓强度和端板构造不变时，显然上述 3 种极限状态下的端板厚度依次减小，撬力从零开始逐渐增加，也就是螺栓和端板的相对强弱决定了撬力的大小。工程设计中应保证螺栓的强度大于端板，避免因螺栓脆断而使节点产生脆性破坏，利用端板钢材的屈服流幅发生延性破坏。此时的节点破坏表现为“破坏机构 3”，端板屈服破坏。因此应将“破坏机构 2”作为极限承载能力的临界状态，即螺栓和端板的强度相近，二者同时屈服失效，因此端板厚度应按大于或等于“破坏机构 2”的端板厚度取值。按 T 形连接“破坏机构 2”取撬力作用计算模型，在外加拉力作用下外伸端板发生塑性变形，板边缘产生撬力，分析时取图 3-24 所示的阴影部分 T 形连接件模拟[3.10]，由平衡条件得：

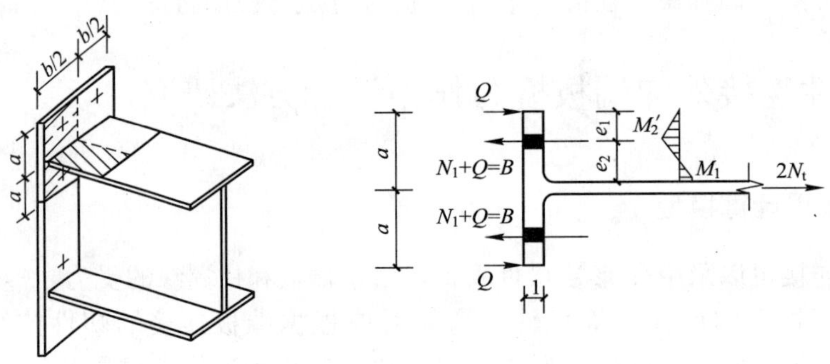

图 3-24　撬力作用计算模型 1

$$B=Q+N_t \tag{3-3}$$

$$M_2'=Qe_1 \tag{3-4}$$

$$M_1+M_2'-N_te_2=0 \tag{3-5}$$

式中　B——螺栓的极限拉力；

Q——撬力；

N_t——连接承受的拉力；

b——T 形翼缘板宽度；

M_1——作用在翼缘根部弯矩；

M_2'——作用在翼缘螺栓孔处净截面弯矩。

引入净截面系数 δ：

$$t=1-\frac{d_0}{b} \tag{3-6}$$

$$M_2'=\delta M_2 \tag{3-7}$$

式中　d_0——螺栓孔径；

M_2——作用在翼缘板螺栓处毛截面弯矩。

式(3-5)可以写为：

$$M_1+M_2-N_t e_2=0 \tag{3-8}$$

令：$\alpha=\frac{M_2}{M_1}$，则式(3-8)可以写为：

$$M_1+\alpha\delta M_1-N_t e_2=0$$

$$M_1=\frac{N_t e_2}{1+\alpha\delta} \tag{3-9}$$

由式(3-4)：

$$\alpha\delta M_1=Q\cdot e_1 \tag{3-10}$$

将式(3-9)代入式(3-10)得到：

$$Q=\frac{\alpha\delta}{1+\alpha\delta}\cdot\frac{e_2}{e_1}\cdot N_t \tag{3-11}$$

将式(3-11)带入式(3-3)，得到：

$$B=\left[1+\frac{\alpha\delta}{1+\alpha\delta}\cdot\frac{e_2}{e_1}\right]\cdot N_t \tag{3-12}$$

设计中假定 M_1 达到翼缘全截面塑性弯矩，则：

$$M_1=\frac{(b/2)t^2 f_y}{4}=\frac{bt^2 f_y}{8} \tag{3-13}$$

将式(3-13)带入式(3-9)得到：

$$t_p=\sqrt{\frac{8N_t e_2}{bf_y(1+\alpha\delta)}} \tag{3-14}$$

式(3-14)即为考虑撬力影响后 T 形受拉翼缘板厚度计算公式，当 $\alpha=0$ 时，$Q=0$，表示没有撬力作用，此时：

$$t_c=\sqrt{\frac{8N_t e_2}{bf_y}} \tag{3-15}$$

式中 t_p——考虑撬力影响时 T 形受拉翼缘板厚度；

t_c——不考虑撬力影响时 T 形受拉翼缘板厚度。

将式(3-15)带入式(3-14)求解后得到：

$$\alpha=\frac{1}{\delta}\left[\left(\frac{t_c}{t_p}\right)^2\cdot\frac{N_t}{N_t^b}-1\right] \tag{3-16}$$

将式(3-16)带入式(3-11)得到撬力计算公式：

$$Q=\left[\delta\alpha\rho\left(\frac{t}{t_c}\right)^2\right]N_t^b \tag{3-17}$$

式中 $\rho=\frac{e_2}{e_1}$。

考虑撬力影响后，高强螺栓抗拉极限承载力应满足下式计算要求：

$$N_t+Q\leqslant N_t^b \tag{3-18}$$

式中 N_t^b 为一个高强螺栓抗拉极限承载力，$N_t^b=0.8P$，P 为高强螺栓预拉力值。

3.2.2 撬力作用设计方法

(1) 我国现行《钢结构设计规范》

我国现行《钢结构设计规范》(GB 50017—2003)为简化设计过程，规定受拉连接的高强螺栓不论是摩擦型还是承压型，其承载力设计值均取为 0.8P(P 为预拉力)。其原因是根据相关试验结果证明[3.6]，当外加拉力过大时螺栓将发生松弛现象，导致螺栓发生松弛现象的原因与受拉节点连接在试验中产生的撬力有关。

(2) 我国现行《门式刚架轻型房屋钢结构技术规程》

我国现行《门式刚架轻型房屋钢结构技术规程》(CECS 102：2002)[3.11]虽然没有明确提出考虑撬力作用的设计方法，但给出了梁柱节点连接外伸端板厚度计算公式，其公式来源如下：

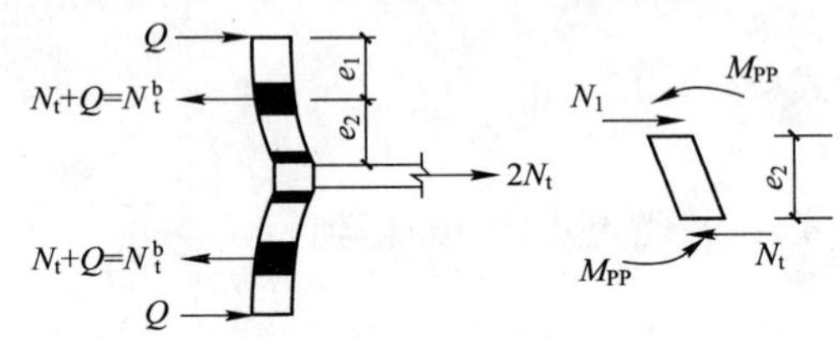

图 3-25 撬力作用计算模型 2

在图 3-25 所示的撬力作用计算模型中，取两条塑性铰线之间的板单元为隔离体，T 形连接板产生塑性变形后，在拉力作用下，近似认为作用在翼缘板截面与螺栓孔处净截面的塑性弯矩相等，均为 M_{pp}，则：

$$N_t e_2 = 2M_{pp} \tag{3-19}$$

$$M_{pp} = \frac{1}{4}(b/2)t^2 f_y \tag{3-20}$$

式中 N_t——一个高强螺栓所受的拉力；

t——端板厚度；

b——端板或 T 形接头板宽度；

f_y——钢板屈服强度；

M_{pp}——塑性弯矩。

将式(3-20)代入式(3-19)得：

$$t = \sqrt{\frac{4N_t e_2}{bf_y}} \tag{3-21}$$

设计时将式(3-20)中的塑性弯矩 M_{PP} 用边缘屈服弯矩 $M_y = \frac{1}{6}(b/2)t^2 f_y$ 代替，用钢材设计强度 f 代替屈服强度，即得到伸臂梁外伸端板厚度计算公式：

$$t_c \geqslant \sqrt{\frac{6e_2 N_t^b}{bf}} \tag{3-22}$$

(3) 我国《钢结构高强度螺栓连接技术规程》

我国《钢结构高强度螺栓连接技术规程》(JGJ 82—2010)设计方法[3.12]在受拉连接接头和端板连接接头中引入了撬力设计方法。当设计中忽略撬力作用，端板厚度按式(3-15)计算，但应以 f 代替 f_y，以 N_t^b 代替 N_t，当设计中考虑撬力作用时，以式(3-14)为基础，对图 3-26 所示外伸端板的厚度按以下步骤计算，并对高强螺栓在撬力作用下进行强度验算，设计步骤如下：

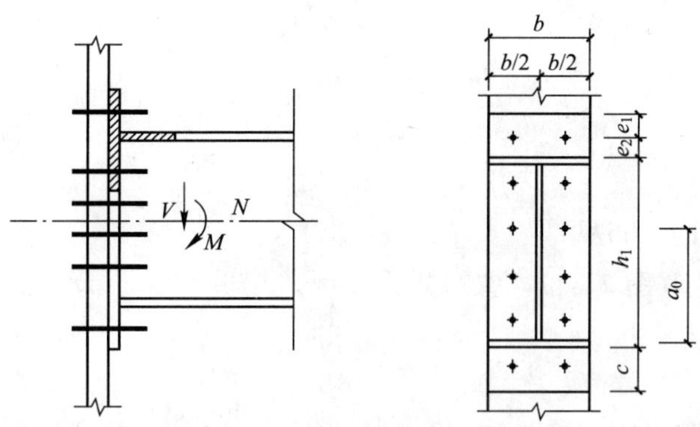

图 3-26 外伸端板连接接头

(*a*) 不考虑撬力作用时，T 形件受拉连接接头应按以下规定计算：

T 形件翼缘板(端板)的最小厚度 t_c 可按下式计算：

$$t_c=\sqrt{\frac{8e_2N_t^b}{bf}} \tag{3-23}$$

一个受拉高强度螺栓轴向拉力应满足下式要求：

$$N_t\leqslant N_t^b \tag{3-24}$$

(*b*) 考虑撬力作用时，T 形件受拉连接接头应按以下规定计算：

当 T 形件翼缘厚度小于 t_c 时，应考虑撬力作用影响，受拉 T 形件翼缘板厚度 t_p 按下式计算：

$$t_p=\sqrt{\frac{8N_te_2}{bf\psi}} \tag{3-25}$$

其中：

$$\psi=1+\alpha'\delta$$

式中 ψ——撬力影响系数，当不考虑撬力作用时，ψ 取 1.0；

f——钢材的设计强度；

t_p——考虑撬力作用时端板或 T 形板计算厚度，应满足构造要求≥16mm，且不宜小于连接螺栓的直径；

e_1、e_2——分别为螺栓中心到端板边缘及翼缘板的距离，如图 3-26 所示；

δ——端板截面系数，$\delta=1-nd_0/b$；

n——翼缘板螺栓列数；

α'——系数，当 $\beta\geqslant1.0$ 时，α' 取 1.0；当 $\beta\leqslant1.0$ 时，$\alpha'=\frac{1}{\delta}\left(\frac{\beta}{1-\beta}\right)$，并满足 $\alpha'\leqslant1.0$，其中：β 为螺栓的承载力影响系数 $\beta=\frac{1}{\rho}\left(\frac{N_t^b}{N_t}-1\right)$；$\rho=\frac{e_2}{e_1}$。

(*c*) 考虑撬力影响时，高强度螺栓的轴向受拉承载力应按以下公式计算：

按承载能力极限状态设计时应符合下式要求：

$$N_t+Q\leqslant1.25N_t^b \tag{3-26}$$

按正常使用极限状态设计时应符合下式要求：

$$N_t+Q\leqslant N_t^b \tag{3-27}$$

式中　Q——撬力，按下式计算：

$$Q=N_t^b\left[\delta\alpha\rho\left(\frac{t_p}{t_c}\right)^2\right] \tag{3-28}$$

$$\alpha=\frac{1}{\delta}\left[\frac{N_t}{N_t^b}\left(\frac{t_c}{t_p}\right)^2-1\right]\geqslant 0 \tag{3-29}$$

（4）美国 AISC 设计方法[3.13]

T 形连接计算模型(图 3-24)，忽略撬力作用，端板厚度 t_c 为：

$$t_c=\sqrt{\frac{4N_t^b e_2'}{\phi p f_y}} \tag{3-30}$$

式中 ϕ 为钢材屈服强度折减系数 0.9，$e_2'=e_2-d_0/2$，p 为一个螺栓承担的翼缘端板宽度，代入式(3-30)得到：

$$t_c=\sqrt{\frac{4.44N_t^b(e_2-d_0/2)}{pf_y}} \tag{3-31}$$

考虑撬力作用时，端板厚度 t_p 为：

$$t_p=\sqrt{\frac{4N_t e_2'}{p\phi f_y(1+\delta\alpha')}}$$

将 $\phi=0.9$，$e_2'=e_2-d_0/2$ 代入得到：

$$t_p=\sqrt{\frac{4.44N_t(e_2-d_0/2)}{pf_y(1+\delta\alpha')}} \tag{3-32}$$

式中
$$\alpha'=\frac{1}{\delta}\left(\frac{\beta}{1-\beta}\right)$$

$\beta\geqslant 1.0$ 时，$\alpha'=1.0$；$\beta<1.0$ 时，$\alpha'\leqslant 1.0\beta=\frac{1}{\rho}\left(\frac{N_t^b}{N_t}-1\right)$

$$\rho=\frac{e_2'}{e_1'}=\frac{e_2-d_0/2}{e_1+d_0/2}$$

撬力计算：

$$Q=\left[\delta\alpha\rho\left(\frac{t}{t_c}\right)^2\right]\cdot N_t^b \tag{3-33}$$

式中
$$\alpha=\frac{1}{\delta}\left[\frac{N_t}{N_t^b}\left(\frac{t_c}{t}\right)^2-1\right]\geqslant 0$$

验算螺栓抗拉承载力：

$$N_t+Q\leqslant N_t^b=\phi R_n=0.75f_t^b A \tag{3-34}$$

3.2.3　算例

算例(一)

图 3-27～图 3-29 所示为轻型门式刚架梁柱节点外伸端板连接，刚架计算跨度分别为 18m，24m，30m，刚架计算高度均为 6m，高强螺栓分别采用 8.8S、10.9S，荷载设计值为 1.1kN/m^2。图 3-27～图 3-29 括号内数字为截面类型(Ⅱ)翼缘板或腹板厚度，分别按四种分析方法设计外伸端板厚度并验算高强螺栓抗拉承载力。

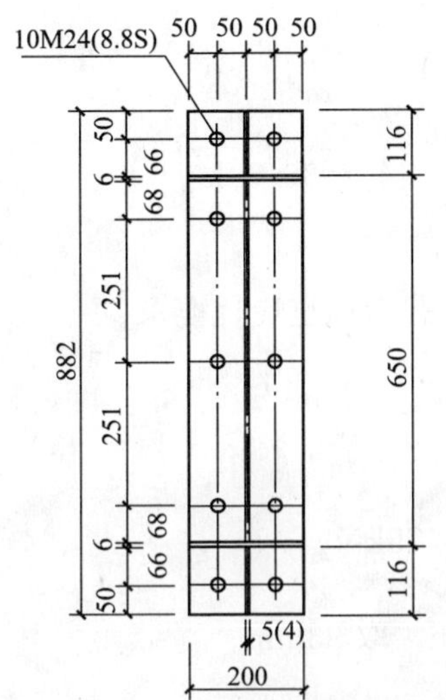

图 3-27 18-Ⅰ(Ⅱ)截面的端板连接

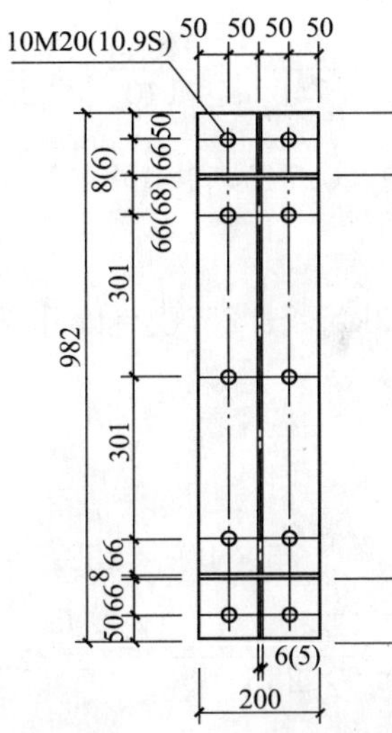

图 3-28 24-Ⅰ(Ⅱ)截面的端板连接

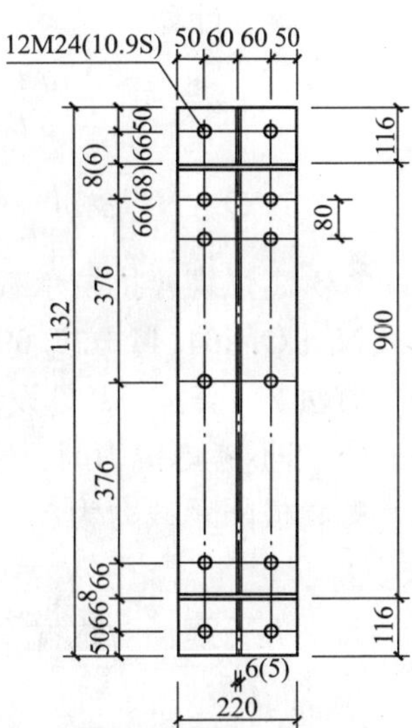

图 3-29 30-Ⅰ(Ⅱ)截面的端板连接

(1) 门式刚架计算跨度 18m，钢材材质 Q235，采用 10M24，8.8S 高强螺栓，取图 3-27 所示的端板连接(18-Ⅰ)类型截面。刚架内力(MTS 软件)：弯矩 $M=166\text{kN}\cdot\text{m}$；轴力 $N=32\text{kN}$；剪力 $V=51\text{kN}$。

计算步骤如下：

方法 1 我国 JGJ 82—2010 计算方法：

① 不考虑撬力时，端板厚度为：

$$t_c=\sqrt{\frac{8N_t^b e_2}{bf}}=\sqrt{\frac{8\times140\times66\times1000}{200\times205}}=42.5\text{mm}，取 43\text{mm}。$$

② 考虑撬力时，螺栓按 T 形件简化计算模型，螺栓拉力为：

$$N_t=\frac{M}{4h_0}=\frac{166\times10^6}{4\times(650-6)}=64.44\times10^3\text{N}=64.44\text{kN}$$

(a) 参数计算：

$$\rho=\frac{e_2}{e_1}=\frac{66}{50}=1.32$$

$$\delta=1-n\frac{d_0}{b}=1-2\times\frac{25.5}{200}=0.745$$

$$\beta=\frac{1}{\rho}\left(\frac{N_t^b}{N_t}-1\right)=\frac{1}{1.32}\left(\frac{120}{64.44}-1\right)=0.653<1$$

$$\alpha'=\frac{1}{\delta}\left(\frac{\beta}{1-\beta}\right)=\frac{1}{0.745}\times\frac{0.653}{(1-0.653)}=2.53>1.0，取 \alpha'=1.0。$$

$$\psi=1+\alpha'\delta=1+1.0\times0.745=1.745$$

(b) 端板厚度计算

$$t_p=\sqrt{\frac{8N_t e_2}{bf\psi}}=\sqrt{\frac{8\times64.44\times10^3\times66}{200\times205\times1.745}}=21.8\text{mm}，取 22\text{mm}。$$

(c) 撬力计算

$$\alpha=\frac{1}{\delta}\left[\frac{N_t}{N_t^b}\left(\frac{t_c}{t_p}\right)^2-1\right]=\frac{1}{0.745}\times\left[\frac{64.44}{140}\times\left(\frac{43}{22}\right)^2-1\right]=1.018>0$$

$$Q=N_t^b\left[\delta\alpha\rho\left(\frac{t_p}{t_c}\right)^2\right]=140\times0.745\times1.018\times1.32\times\left(\frac{22}{43}\right)^2=36.69\text{kN}$$

(d) 高强螺栓抗拉承载力验算

$N_t+Q=64.44+36.69=101.13\text{kN}\leqslant1.25N_t^b=175\text{kN}$，承载力满足设计要求。

方法2　美国AISC设计方法：

① 当不考虑撬力时：

螺栓极限承载力为：

$$N_t^b=0.75f_t^bA_e=0.75\times400\times352.5=105.75\text{kN}$$

$$t_c=\sqrt{\frac{4N_t^be_2'}{p\phi f_y}}=\sqrt{\frac{4\times105.75\times10^3\times(66-25.5/2)}{100\times0.9\times235}}=32.6\text{mm}，取33\text{mm}。$$

② 当考虑撬力时：

(a) 参数计算：

$$\rho=\frac{e_2-d_0/2}{e_1+d_0/2}=\frac{66-25.5/2}{50+25.5/2}=0.849$$

$$\delta=1-\frac{d_0}{p}=1-\frac{25.5}{200/2}=0.745$$

$$\beta=\frac{1}{\rho}\left(\frac{N_t^b}{N_t}-1\right)=\frac{1}{0.849}\left(\frac{105.75}{64.44}-1\right)=0.755<1$$

$$\alpha'=\frac{1}{\delta}\left(\frac{\beta}{1-\beta}\right)=\frac{1}{0.745}\times\frac{0.755}{(1-0.755)}=4.1>1.0，取\alpha'=1.0。$$

(b) 端板厚度为

$$t_p=\sqrt{\frac{4.44N_t(e_2-d_0/2)}{pf_y(1+\delta\alpha')}}=\sqrt{\frac{4.44\times64.44\times10^3\times(66-25.5/2)}{100\times235\times(1+0.745\times1.0)}}=19.3\text{mm}，取20\text{mm}。$$

(c) 撬力计算

$$\alpha=\frac{1}{\delta}\left[\frac{N_t}{N_t^b}\left(\frac{t_c}{t_p}\right)^2-1\right]=\frac{1}{0.745}\times\left[\frac{64.44}{105.75}\times\left(\frac{33}{20}\right)^2-1\right]=0.885$$

$$Q=N_t^b\left[\delta\alpha\rho\left(\frac{t_p}{t_c}\right)^2\right]=105.75\times0.745\times0.885\times0.849\times\left(\frac{20}{33}\right)^2=21.74\text{kN}$$

(d) 高强螺栓抗拉承载力验算

$N_t+Q=64.44+21.74=86.18\text{kN}\leqslant N_t^b=105.75\text{kN}$，承载力满足。

以上两种验算结果较为接近，当不考虑撬力作用时所需端板厚度分别43mm和33mm，当考虑撬力作用时端板计算厚度分别为22mm和20mm，并都能满足高强螺栓承载力的设计要求，在计算过程中美国钢结构协会AISC设计方法稍显复杂。

方法3　我国轻钢规程CECS 102：2002计算方法：

第1排受拉螺栓按伸臂类端板计算的最小厚度为(按不设置加劲肋计算)

$$t\geqslant\sqrt{\frac{6e_fN_t^b}{bf}}=\sqrt{\frac{6\times66\times120\times1000}{200\times205}}=34.0\text{mm}$$

第 1 排受拉螺栓按两边支承加劲肋计算的外伸端板最小厚度为

$$t'\geqslant\sqrt{\frac{6e_{\rm f}e_{\rm w}N_{\rm t}^{\rm b}}{[e_{\rm w}b+2e_{\rm f}(e_{\rm f}+e_{\rm w})]f}}=\sqrt{\frac{6\times66\times47.5\times120\times1000}{[47.5\times200+2\times66\times(66+47.5)]\times205}}=21.2\text{mm},$$

取 22mm。

我国轻钢规程中端板计算厚度按不设加劲类的计算结果与征求意见稿中不考虑橇力计算公式相似，系数有所差别，体现出有无撬力对端板厚度的影响；按两边设支承加劲肋和三边支承加劲肋计算的外伸端板厚度与征求意见稿中考虑橇力影响的端板计算厚度接近。两种方法相比较，前者没有明确橇力的概念和计算，对于伸臂类和带加劲肋端板的计算结果相差较大。

方法 4　我国钢结构设计规范 GB 50017—2003 计算方法

不计入撬力作用，仅验算高强螺栓抗拉承载力，高强螺栓所承受的最大拉力按传统的三角形受力模型计算，则最外排高强螺栓所承受的拉力为：

$$N_{\rm t}=75.16\text{kN}<N_{\rm t}^{\rm b}=0.8P=140\text{kN}$$

高强螺栓满足强度要求，不进行端板厚度的计算。

(2) 图 3-25 所示的端板连接(18-Ⅱ)截面，梁截面腹板厚度为 4mm，其他计算参数不变。

方法 1：我国 JGJ 82—2010 计算方法

$t_{\rm c}=36$mm；　$t_{\rm p}=19$mm；　$Q=33.6$kN；　$N_{\rm t}+Q=98.0$kN；

方法 2：美国 AISC 设计方法

$t_{\rm c}=27$mm；　$t_{\rm p}=16$mm；　$Q=23.2$kN；　$N_{\rm t}+Q=87.6$kN；

方法 3：我国轻钢规程 CECS 102：2002 计算方法

第 1 排受拉螺栓按伸臂类端板计算的最小厚度为(按不设置加劲类计算)$t_{\min}=31$mm

第 1 排受拉螺栓按两边支承加劲肋计算的外伸端板最小厚度为 $t_{\min}=20$mm

方法 4：我国钢结构设计规范 GB 50017—2003 计算方法

不计入撬力作用，仅验算高强螺栓抗拉承载力，$N_{\rm t}=75.16\text{kN}<N_{\rm t}^{\rm b}=140\text{kN}$，高强螺栓满足强度要求，不进行端板厚度的计算。

(3) 门式刚架计算跨度 24m，钢材材质为 Q235，采用 10M20，10.9S 高强螺栓，取图 3-26 所示的端板连接(24-Ⅰ)截面。

方法 1：JGJ82 征求意见稿计算方法

$t_{\rm c}=40$mm；　$t_{\rm p}=21$mm；　$Q=28.7$kN；　$N_{\rm t}+Q=84.7$kN；

方法 2：美国 AISC 设计方法

$t_{\rm c}=31$mm；　$t_{\rm p}=19$mm；　$Q=19.5$kN；　$N_{\rm t}+Q=75.4$kN；

方法 3：我国轻钢规程 CECS 102：2002 计算方法

第 1 排受拉螺栓按伸臂类端板计算的最小厚度为(按不设置加劲类计算)$t_{\min}=35$mm

第 1 排受拉螺栓按两边支承加劲肋计算的外伸端板最小厚度为 $t_{\min}=22$mm

方法 4：我国现行钢结构设计规范 GB 50017—2003 计算方法

不计入撬力作用，仅验算高强螺栓抗拉承载力，$N_{\rm t}=64.20\text{kN}<N_{\rm t}^{\rm b}=124\text{kN}$，高强螺栓满足强度要求，不进行端板厚度的计算。

(4) 图 3-26 所示(24-Ⅱ)截面，梁截面腹板厚度为 5mm，即其他计算参数不变。计算结果详见表3-2～表3-4。

我国 JGJ 82—2010 设计方法 **表3-2**

算例	刚架计算跨度及截面	钢板材质 (N/mm²)	高强螺栓等级	高强螺栓直径(mm)	t_c (mm)	t_p (mm)	Q (kN)	N_t+Q (kN)	N_t^b (kN)
1	18-Ⅰ	Q235	8.8S	24	43	22	36.7	101.1	140
2	18-Ⅱ	Q345	8.8S	24	36	19	33.6	98.0	140
3	24-Ⅰ	Q235	10.9S	20	40	21	28.7	84.7	124
4	24-Ⅱ	Q345	10.9S	20	34	17	32.7	88.5	124
5	30-Ⅰ	Q235	10.9S	24	46	18	25.0	71.6	180
6	30-Ⅱ	Q345	10.9S	24	39	15	26.1	72.6	180

注：t_c 为设计中不计入撬力影响端板计算厚度，t_p 为考虑撬力影响时端板计算厚度。

美国 AISC 设计方法 **表3-3**

算例	刚架计算跨度及截面	钢板材质 (N/mm²)	高强螺栓等级	高强螺栓直径(mm)	t_c (mm)	t_p (mm)	Q (kN)	N_t+Q (kN)	N_t^b (kN)
1	18-Ⅰ	Q235	8.8S	24	33	20	21.7	86.18	105.8
2	18-Ⅱ	Q345	8.8S	24	27	16	23.2	87.6	105.8
3	24-Ⅰ	Q235	10.9S	20	31	19	19.5	75.4	91.8
4	24-Ⅱ	Q345	10.9S	20	26	15	22.9	78.7	91.8
5	30-Ⅰ	Q235	10.9S	24	35	16	16.1	62.6	132.2
6	30-Ⅱ	Q345	10.9S	24	29	13	16.9	63.3	132.2

注：t_c 为设计中不计入撬力影响端板计算厚度，t_p 为考虑撬力影响时端板计算厚度。

我国轻钢规程 CECS 102：2002 设计方法 **表3-4**

算例	刚架计算跨度及截面	钢板材质 (N/mm²)	高强螺栓等级	高强螺栓直径(mm)	t (mm)	t' (mm)	Q (kN)	N_t+Q (kN)	N_t^b (kN)
1	18-Ⅰ	Q235	8.8S	24	34	22	—	—	140
2	18-Ⅱ	Q345	8.8S	24	31	20	—	—	140
3	24-Ⅰ	Q235	10.9S	20	35	22	—	—	124
4	24-Ⅱ	Q345	10.9S	20	29	18	—	—	124
5	30-Ⅰ	Q235	10.9S	24	40	27	—	—	180
6	30-Ⅱ	Q345	10.9S	24	34	22	—	—	180

注：t 为伸臂类端板厚度，t' 为两边支承类端板当端板外伸时的计算厚度。

方法1：我国 JGJ 82—2010 计算方法

$t_c=34\text{mm}$； $t_p=17\text{mm}$； $Q=32.7\text{kN}$； $N_t+Q=88.5\text{kN}$；

方法2：美国 AISC 设计方法

$t_c=26\text{mm}$； $t_p=15\text{mm}$； $Q=22.9\text{kN}$； $N_t+Q=78.7\text{kN}$；

方法3：我国轻钢规程 CECS 102：2002 计算方法

第1排受拉螺栓按伸臂类端板计算的最小厚度为(按不设置加劲肋计算)$t_{min}=29\text{mm}$；

第 1 排受拉螺栓按两边支承加劲肋计算的外伸端板最小厚度为 $t_{min}=18mm$。

方法 4：我国现行钢结构设计规范 GB 50017—2003 计算方法

不计入橇力作用，仅验算高强螺栓抗拉承载力，$N_t=64.20kN<N_t^b=124kN$，高强螺栓满足强度要求，不进行端板厚度的计算。

(5) 门式刚架计算跨度 30m，钢材材质 Q235，采用 8M24，10.9S 高强螺栓，取图 3-27 所示的端板连接(30-Ⅰ)截面。计算结果详见表 3-2～表 3-4。

方法 1：我国 JGJ 82—2010 计算方法：

$t_c=46mm$； $t_p=18mm$； $Q=25.0kN$； $N_t+Q=71.6kN$；

方法 2：美国 AISC 设计方法：

$t_c=35mm$； $t_p=16mm$； $Q=16.1kN$； $N_t+Q=62.6kN$；

方法 3：我国轻钢规程 CECS 102：2002 计算方法：

第 1 排受拉螺栓按伸臂类端板计算的最小厚度为(按不设置加劲肋计算)$t_{min}=40mm$；

第 1 排受拉螺栓按两边支承加劲肋计算的外伸端板最小厚度为 $t_{min}=27mm$。

方法 4：我国现行钢结构设计规范 GB 50017—2003 计算方法：

不计入撬力作用，仅验算高强螺栓抗拉承载力，$N_t=47.43kN$，$N<N_t^b=180kN$，高强螺栓满足强度要求，不进行端板厚度的计算。

(6) 图 3-27 所示的(30-Ⅱ)截面，梁截面腹板厚度为 5mm，即其他计算参数不变。计算结果详见表 3-2～表 3-4。

方法 1：我国 JGJ 82—2010 计算方法

$t_c=39mm$； $t_p=15mm$； $Q=26.1kN$； $N_t+Q=72.6kN$；

方法 2：美国 AISC 设计方法

$t_c=29mm$； $t_p=13mm$； $Q=16.9kN$； $N_t+Q=63.3kN$；

方法 3：我国轻钢规程 CECS 102：2002 计算方法

第 1 排受拉螺栓按伸臂类端板计算的最小厚度为(按不设置加劲肋计算)$t_{min}=34mm$；

第 1 排受拉螺栓按两边支承加劲肋计算的外伸端板最小厚度为 $t_{min}=22mm$。

方法 4：我国现行钢结构设计规范 GB 50017—2003 计算方法

不计入撬力作用，仅验算高强螺栓抗拉承载力，$N_t=47.43kN<N_t^b=180kN$，高强螺栓满足强度要求，不进行端板厚度的计算。

算例(二)

图 3-30 所示的轻型门式刚架梁柱节点外伸端板连接，采用 M24(10.9 级)摩擦型高强度螺栓连接，接触面采用喷砂后生赤锈处理，摩擦面抗滑移系数 $b=0.50$，每个高强度螺栓的预拉力为 $P=225kN$。钢材材质为 Q345B。考虑各种荷载效应的组合后，可得出边柱与横梁连接节点处的最大内力设计值为：

弯矩：$M_C=279.6kN \cdot m$，剪力：$V_C=68.5kN$，轴力：$N_C=45kN$

方法 1 我国 JGJ 82—2010 的设计方法：

(1) 高强螺栓承受拉力验算

最外排高强螺栓拉力按 T 形件计算模型，忽略轴力影响，则有：

$$N_t=\frac{M}{n_2 h_1}=\frac{279.6\times10^6}{4\times(550-10)}=129.44kN$$

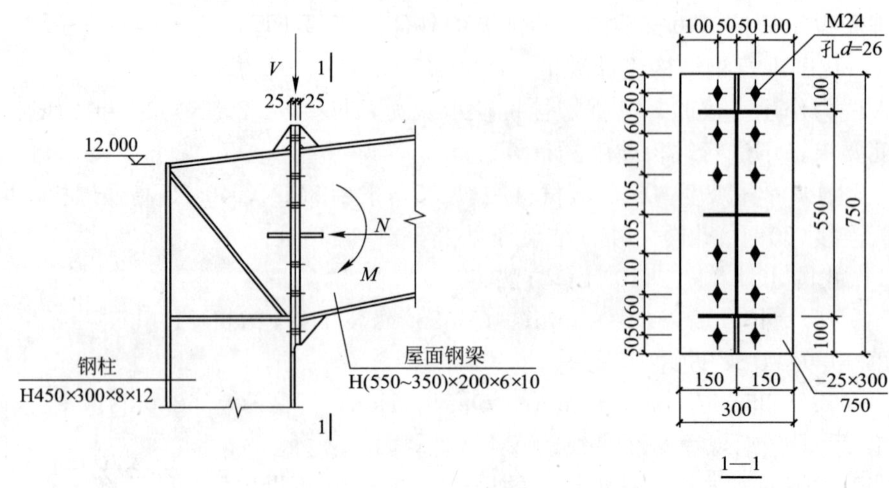

图 3-30 边柱与横梁连接节点图

(2) 端板厚度验算

端板采用 Q345B，端板厚度按构造要求应大于 16mm，钢板设计强度 $f=295\text{N/mm}^2$。

1) 不考虑撬力作用时，端板厚度为：

$t_c=\sqrt{\dfrac{8N_t^b e_2}{bf}}=\sqrt{\dfrac{8\times180\times10^3\times50}{300\times295}}=28.5\text{mm}$，取 29mm。

2) 考虑撬力作用时：

$$\rho=\frac{e_2}{e_1}=\frac{50}{50}=1.0$$

$$\delta=1-\frac{2d_0}{b}=1-\frac{2\times25.5}{300}=0.830$$

$$\beta=\frac{1}{\rho}\left(\frac{N_t^b}{N_t}-1\right)=\frac{1}{1.0}\left(\frac{180}{129.44}-1\right)=0.391<1$$

$$\alpha'=\frac{1}{\delta}\left(\frac{\beta}{1-\beta}\right)=\frac{1}{0.830}\times\frac{0.391}{0.609}=0.774<1$$

则端板厚度为：

$t_p=\sqrt{\dfrac{8N_t e_2}{bf(1+\delta\alpha')}}=\sqrt{\dfrac{8\times129.44\times10^3\times50}{300\times295\times(1+0.830\times0.774)}}=18.9\text{mm}$，取 19mm。

撬力计算：

$$\alpha=\frac{1}{\delta}\left[\frac{N_t}{N_t^b}\left(\frac{t_c}{t_p}\right)^2-1\right]=\frac{1}{0.830}\times\left[\frac{129.44}{180}\times\left(\frac{29}{19}\right)^2-1\right]=0.814<1$$

$$Q=N_t^b\left[\delta\alpha\rho\left(\frac{t_p}{t_c}\right)^2\right]=180\times0.830\times0.814\times1\times\left(\frac{19}{29}\right)^2=52.20\text{kN}$$

$N_t+Q=129.44+52.20=181.64\text{kN}\leqslant1.25N_t^b=281.25\text{kN}$，承载力满足。

结论：当考虑撬力作用时端板厚度取值为 19mm，满足承载力设计要求。

方法 2 美国 AISC 设计方法：

(1) 不考虑撬力作用时，端板厚度为：

螺栓极限承载力为：

$$N_t^b=0.75f_t^b A_e=0.75\times500\times352.5=132.19\text{kN}$$

$$t_c=\sqrt{\frac{4.44N_t^b(e_2-d_0/2)}{pf_y}}=\sqrt{\frac{4.44\times132.19\times(50-25.5/2)\times1000}{300/2\times345}}=20.6\text{mm}，取 21\text{mm}。$$

(2) 考虑撬力作用时，

(*a*) 参数计算：

$$\rho=\frac{e_2-d_0/2}{e_1+d_0/2}=\frac{50-25.5/2}{50+25.5/2}=0.594$$

$$\delta=1-\frac{d_0}{p}=1-\frac{25.5}{300/2}=0.830$$

$$\beta=\frac{1}{\rho}\left(\frac{N_t^b}{N_t}-1\right)=\frac{1}{0.594}\left(\frac{132.19}{129.44}-1\right)=0.036<1$$

$$\alpha'=\frac{1}{\delta}\left(\frac{\beta}{1-\beta}\right)=\frac{1}{0.830}\times\frac{0.036}{0.964}=0.045$$

(*b*) 端板计算厚度

$$t_p=\sqrt{\frac{4.44N_t(e_2-d_0/2)}{pf_y(1+\delta\alpha')}}=\sqrt{\frac{4.44\times129.44\times(50-25.5/2)\times1000}{150\times345\times(1+0.830\times0.045)}}=20.0\text{mm}$$

$$\alpha=\frac{1}{\delta}\left[\frac{N_t}{N_t^b}\left(\frac{t_c}{t_p}\right)^2-1\right]=\frac{1}{0.830}\times\left[\frac{129.44}{132.19}\times\left(\frac{21}{20}\right)^2-1\right]=0.096$$

(*c*) 撬力

$$Q=N_t^b\left[\delta\alpha\rho\left(\frac{t_p}{t_c}\right)^2\right]=132.19\times0.830\times0.096\times0.594\times\left(\frac{20}{21}\right)^2=5.67\text{kN}$$

(*d*) 承载力验算

$N_t+Q=129.44+5.67=135.11\text{kN}\approx N_t^b=132.19\text{kN}$，承载力满足。

方法 3　我国轻钢规程 CECS 102：2002 计算方法：

一个高强度螺栓的受拉承载力设计值为：180kN

第 1 排受拉螺栓按伸臂类端板计算的厚度为(不设置加劲肋)

$$t\geqslant\sqrt{\frac{6e_fN_t^b}{bf}}=\sqrt{\frac{6\times50\times180\times1000}{300\times295}}=24.7\text{mm}，取 25\text{mm}。$$

第 1 排受拉螺栓按两边支承类计算的厚度为(设置加劲肋)

$$t'\geqslant\sqrt{\frac{6e_fe_wN_t^b}{[e_wb+2e_f(e_f+e_w)]\ f}}=\sqrt{\frac{6\times50\times47\times180\times1000}{[47\times300+2\times50\times(50+47)]\ \times295}}=19.0\text{mm}$$

方法 4　我国钢结构设计规范 GB 50017—2003 计算方法：

不计入撬力作用，仅验算高强螺栓抗拉承载力，$N_t=135.7\text{kN}<N_t^b=180\text{kN}$，高强螺栓满足强度要求，不进行端板厚度的计算。

算例中方法 1、方法 2、方法 3 的计算结果汇总见表 3-5。

三种设计方法计算结果汇总表　　**表 3-5**

计算方法	t_c(mm)	t_p(mm)	t(mm)	t'(mm)	Q (kN)	N_t+Q(kN)	N_t^b(kN)
1	32	20	—	—	47.8	183.5	225
2	26.7	16	—	—	32.2	167.9	225
3	—	—	27.6	22.5	—	—	225

注：t_c 为设计中不计入撬力影响端板计算厚度，t_p 为考虑撬力影响时端板计算厚度。

t 为伸臂类端板厚度，t' 为两边支承类端板当端板外伸时的计算厚度。

计算结果分析

（1）我国《钢结构高强度螺栓连接技术规程》（JGJ 82—2008）报批稿中第一次引入了考虑撬力作用的设计概念，在端板和受拉连接接头中允许端板或T形连接板件产生一定的塑性变形，将撬力作用计入后可以减小节点连接板件的厚度，提高节点受拉变形能力。

（2）计算结果表明，我国JGJ 82—2010与美国AISC计算结果较为一致，两种方法中均明确了连接板考虑橇力作用时端板厚度应通过计算确定，并应对高强螺栓在附加撬力作用下进行抗拉承载力的验算，其计算结果明确，设计人员可根据计算得到明确的结论而采取相应的措施。两种方法相比较，前者方法的计算公式较为简化，并且具有较好的设计适用性。

（3）我国轻钢规程中端板计算厚度按不设加劲类的计算结果与我国JGJ 82—2010中不考虑撬力计算公式相似，系数有所差别，体现出有无撬力对端板厚度的影响；按两边设支承加劲肋和三边支承加劲肋计算的外伸端板厚度与征求意见稿中考虑撬力影响的端板计算厚度接近。两种方法相比较，前者没有明确撬力的概念和计算，对于伸臂类和带加劲肋端板的计算结果相差较大。

（4）我国《钢结构设计规范》（GB 50017—2003）计算步骤简单，但没有明确当连接板刚度较小时产生的附加撬力作用。虽然参考文献［3.6］指出："高强螺栓抗拉承载力取0.8P保留了高强螺栓名义拉力的20%作为撬力的份额"，但在实际连接中撬力的大小与高强螺栓的设计强度和连接板的相对刚度有关，当连接板件较弱撬力较大时连接可能会不安全，而当连接板件厚度较大撬力较小时，可能设计过于保守。

3.3 参考文献

［3.1］ 王燕. 钢结构半刚性梁柱节点连接的杠杆力分析与计算［J］. 工业建筑，2004，34(7)：70-72.

［3.2］ 郑杰. 钢结构外伸端板T形连接的撬力分析与研究［D］. 青岛：青岛理工大学，2006.

［3.3］ 王燕，侯兆欣，郑杰. 高强螺栓连接考虑杠杆力作用的设计方法［J］. 建筑钢结构进展，2007，9(2)：27-33.

［3.4］ 王燕，郑杰. 高强螺栓端板连接的撬力分析与研究［J］. 工业建筑，2008，38(9)：99-103.

［3.5］ GB 50017—2003 钢结构设计规范［S］.

［3.6］ 陈绍蕃. 钢结构设计原理［M］. 北京：科学出版社，2001.

［3.7］ JGJ 82—91 钢结构高强度螺栓连接的设计、施工及验收规程［S］.

［3.8］ British Standards Institution(BSI)：BS5950-1：2000，Structural Use of Steelwork in Building，Part 1：Code of Practice for Design：Rolled and Welded Sectings［S］，2000.

［3.9］ Faella C，Piluso V，Rizzano G. Reliability of Eurocode 3 procedures for predicting beam to column joint behavior［C］//Proceeding of 3rd International Conference on Steel and Aluminum Structures，MAS Printing Co.，1995，441-448.

［3.10］ Kulak G L，Fisher J W，Struik J H A. Guide to design criteria for bolted and riveted joints［M］. 2nd edition，John Wiley and Sons，New York，NY.，1987.

［3.11］ CECS 102：2002 门式刚架轻型房屋钢结构技术规程［S］. 北京：中国计划出版社，2003.

［3.12］ 钢结构高强度螺栓连接技术规程 JGJ 82—2010［S］. JGJ82 规程编制组，2010：10-13.

［3.13］ Second Edition. MANUAL OF STEEL CONSTRUCTION LRFD. VOLUMN Ⅱ［Z］. AISC，2000：11-5～11-16.

第 4 章　半刚性连接背板加强型节点研究

在梁柱外伸端板连接中，由于柱翼缘厚度相对端板厚度要薄很多且柱翼缘受拉区螺栓开孔处局部刚度的减小，导致柱翼缘抗弯能力较低且柱翼缘螺栓开孔处可能发生冲切弯曲破坏(图 4-1)。为防止这一现象的发生，我国门式刚架设计中的通行做法是将端板高度范围内的柱翼缘改为与端板同厚。这种做法使用钢材较多，柱翼缘需在节点区断开，影响工厂制作速度，柱翼缘与节点域加厚翼缘之间的焊缝为二级对接焊缝，要求较高。欧洲规范 EC3 对柱翼缘采取了局部增加背板(backing plates)的连接方式[4.1]，对于受弯柱翼缘采用背板进行加强，如图 4-2 所示。EC3 对背板的高度和宽度作出了说明：高度方向应至少伸延出受拉最外排螺栓以外，宽度方向规定背板应延伸至柱翼缘边缘，且应伸延至距角焊缝或圆角起点不足 3mm 处，但对背板的加强厚度如何设计未给出说明。为了研究背板厚度对节点局部变形的影响，采用有限元数值模拟分析方法进行了研究工作[4.2][4.3]。

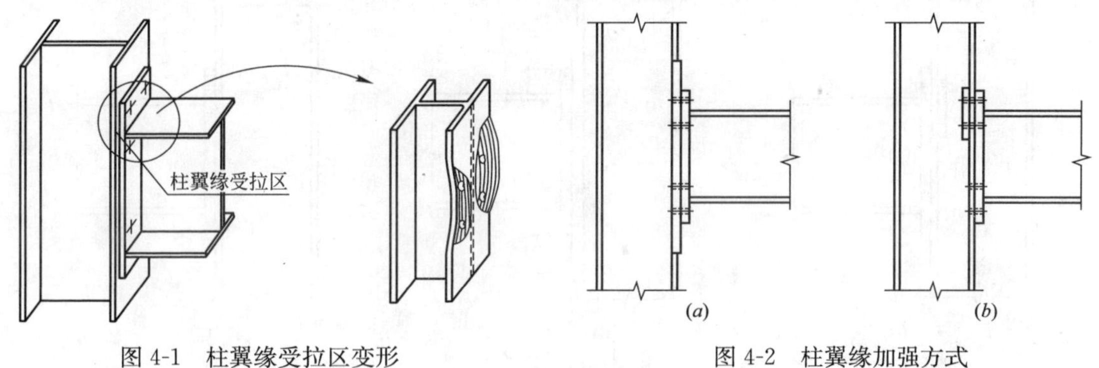

图 4-1　柱翼缘受拉区变形

图 4-2　柱翼缘加强方式

4.1　外伸端板连接背板加强型节点的有限元数值模拟结果

4.1.1　有限元数值模型

为考察背板加强型节点在柱腹板不同加强方式下的承载力和刚度变化，并与柱翼缘无加强措施和我国传统的柱翼缘局部加厚的端板连接节点进行比较，研究并提出一种受力性能好、更为经济适用的端板连接节点形式，设计了 EPA、EPB、EPC 和 EPD 系列十个有限元分析模型，如表 4-1 和图 4-3～图 4-6 所示。EPA 系列模型柱腹板无加强措施；EPB 系列模型柱腹板设置横向加劲肋；EPC 系列模型柱腹板设横向、斜向加劲肋；EPD 模型柱腹板设有 Morris 加劲肋[4.4][4.5]。Morris 加劲肋是横向加劲肋和纵向加劲肋的组合，如图 4-3 所示，与设置柱腹板横向加劲肋或斜向加劲肋相比较，具有加工制作及安装简单的优点。文献 [4.6] 对 Morris 加劲肋的尺寸和设计方法进行了研究，但在节点性能方面没有与传统的横向、斜向加劲肋进行对比。

各模型试件参数　　表 4-1

试件编号		柱翼缘加强措施			柱腹板加强方式
		加强措施	加厚到与端板同厚	加设背板	
	EPA-1	否	否	是	无加强措施
EPA	EPA-2	否	是	否	无加强措施
	EPA-3	是	否	否	无加强措施
	EPB-1	否	否	是	只设置横向加劲肋
EPB	EPB-2	否	是	否	只设置横向加劲肋
	EPB-3	是	否	否	只设置横向加劲肋
	EPC-1	否	否	是	设横向、斜向加劲肋
EPC	EPC-2	否	是	否	设横向、斜向加劲肋
	EPC-3	是	否	否	设横向、斜向加劲肋
EPD	EPD	否	否	是	设横向、斜向加劲肋

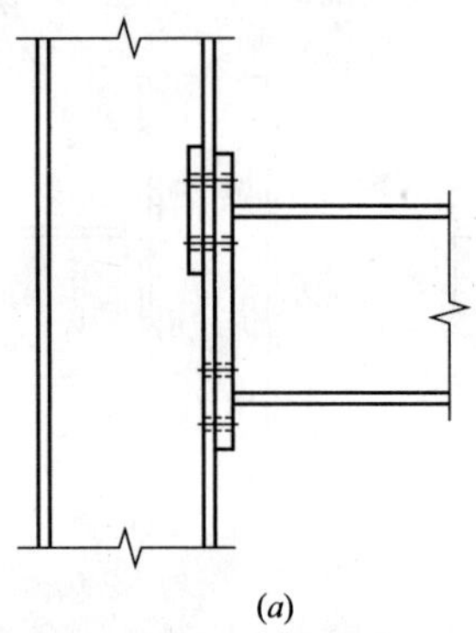

(a)

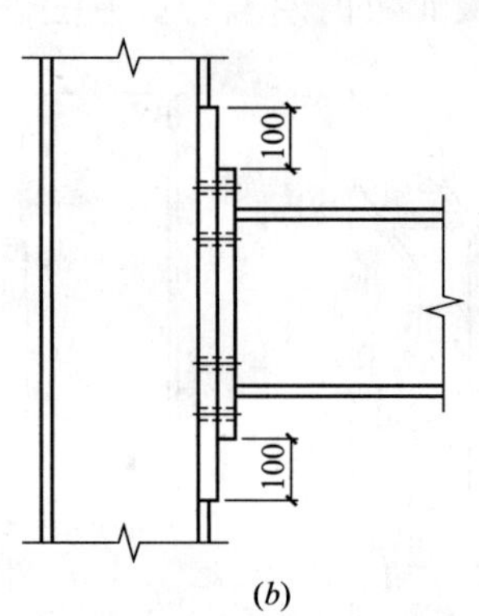

(b)

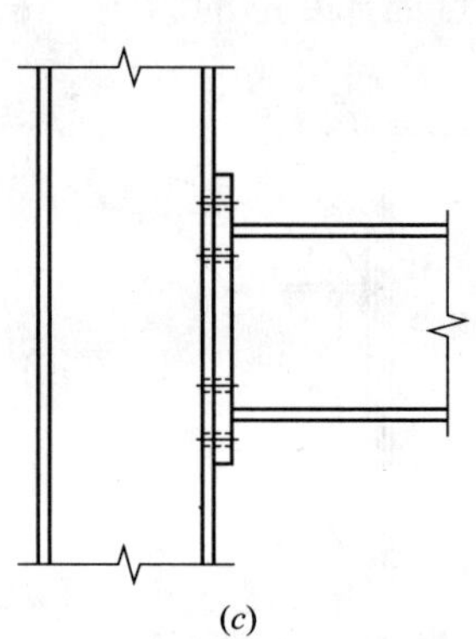

(c)

图 4-3　EPA 系列节点模型

(a)EPA-1；(b)EPA-2；(c)EPA-3

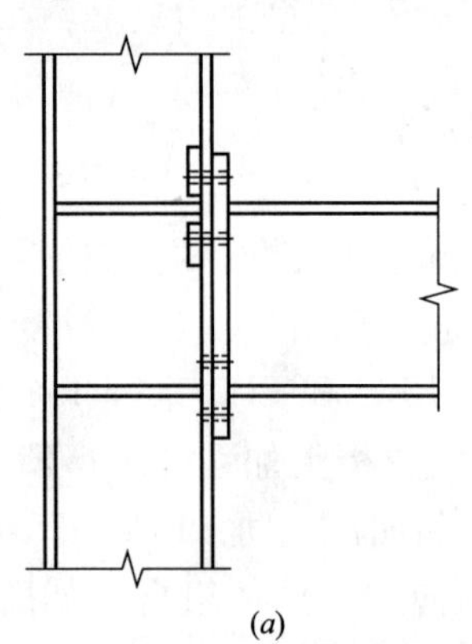

(a)

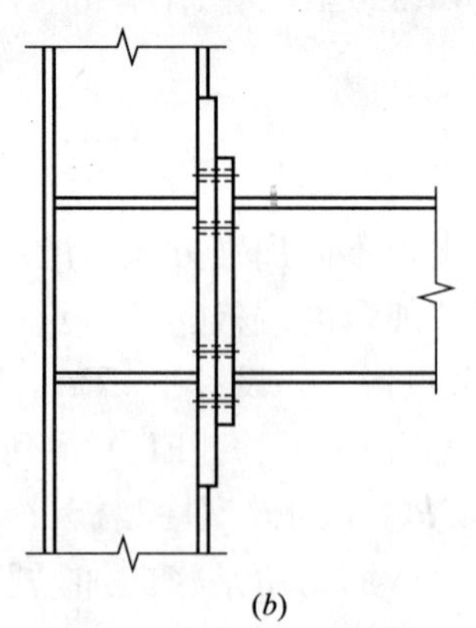

(b)

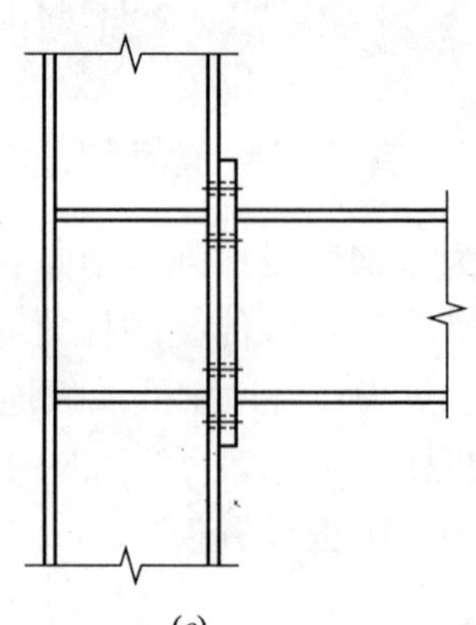

(c)

图 4-4　EPB 系列节点模型

(a)EPB-1；(b)EPB-2；(c)EPB-3

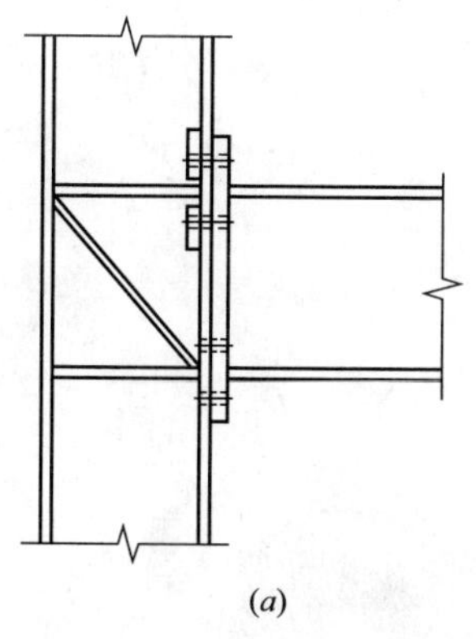
(a)

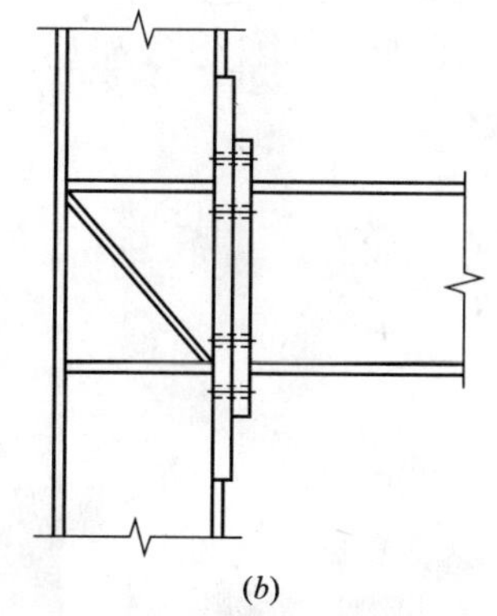
(b)

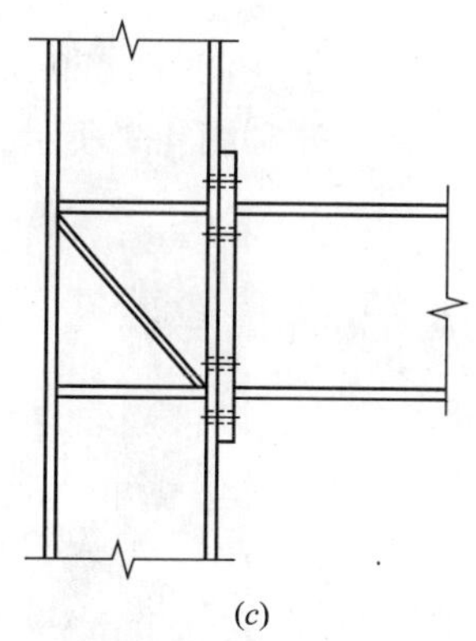
(c)

图 4-5 EPC 系列节点模型
(a)EPC-1；(b)EPC-2；(c)EPC-3

4.1.2 模型材料参数的选取

模型材料依据试件材性试验数据，模型中钢材的弹性模量为 2.06×10^5N/mm^2，密度为 7850kg/m^3，所有材料均为各向同性，泊松比均取 0.3。模型中所用的钢材材质为 Q345 钢，应力-应变采用 ANSYS 中的双线型随动强化模型来模拟，材料应力-应变曲线如图 4-7 所示。应变关系为理想弹塑性模型，屈服后弹性模量均为零，对厚度＞16mm 的钢板，屈服强度为 363.3MPa，弹性模量为 204227MPa；对厚度≤16mm 的钢板，屈服强度为 391.1MPa，弹性模量为 190707MPa。螺栓材料为 10.9 级 M20 高强度螺栓，其中栓杆、螺栓头和螺母，采用了三线型应力-应变曲线，几个转折点数据见表 4-2。

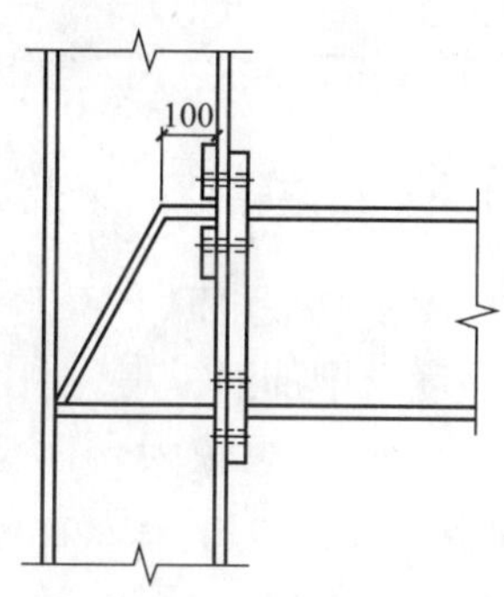

图 4-6 EPD 系列节点模型（Morris 加劲肋）

高强度螺栓的材料性质　　表 4-2

应力(MPa)	995	1160	1160
应变	0.00483	0.136	0.15

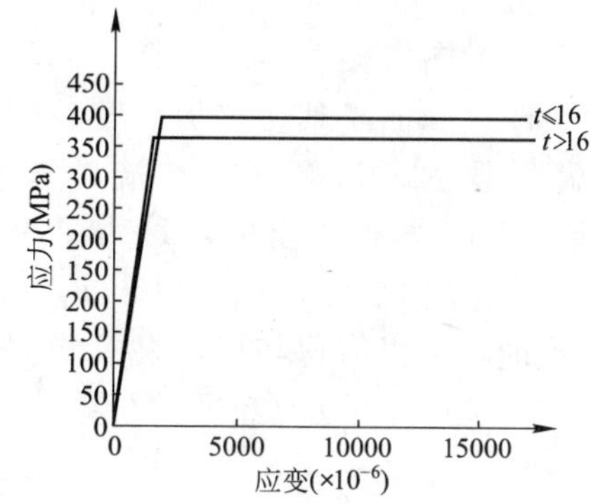

图 4-7 材料双线性模型

4.1.3 单元选取及网格划分

在试件模型建立过程中，选用 10 节点四面体单元 SOLID92 实体单元进行自由网格划分。柱翼缘和端板之间的摩擦通过在接触面上创建三维接触对来模拟，接触对由目标单元

TARGE170 和接触单元 CONTA 174 定义。高强螺栓的预拉力的施加通过 PSMESH 生成三维预拉单元 PRETS179 来实现。典型节点柱翼缘无加强模型 EP-2 划分网格后的有限元模型如图 4-8 和图 4-9 所示。

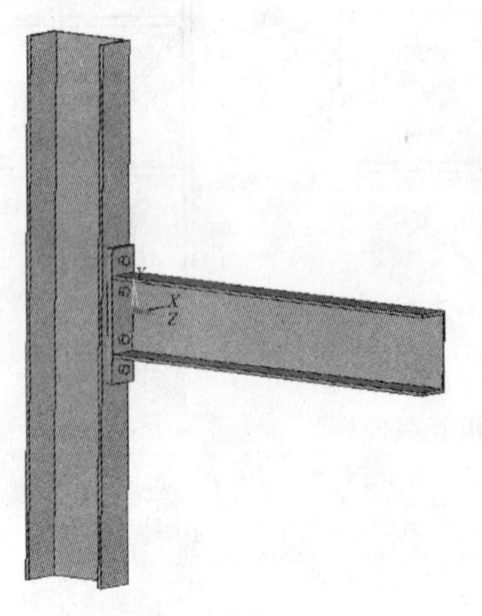

图 4-8 有限元模型图

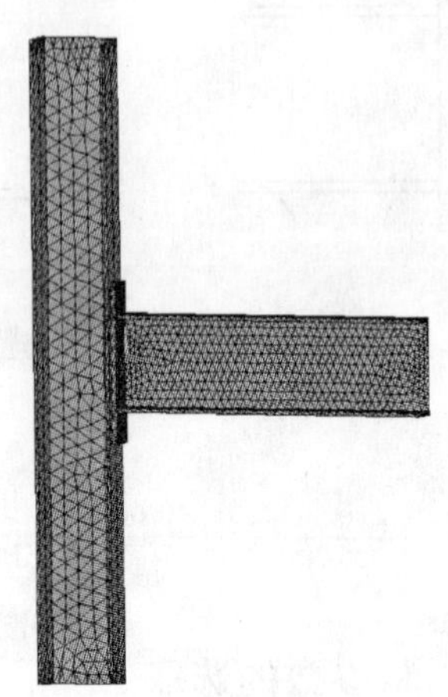

图 4-9 单元网格及划分

4.1.4 数值模拟结果及分析

图 4-10 为 EP-1～EP-8 模型的弯矩-转角曲线。从曲线中可以看出，节点弯矩随着背板厚度的增加而提高。由图 4-10 和表 4-3 可知，当背板厚度大于等于 14mm 时，节点承载力和弯矩增幅较大。模型 EP-6、EP-7、EP-8，其柱翼缘加强背板厚度为 14mm、16mm、18mm，弯矩-转角曲线与柱翼缘加厚到同端板等厚模型 EP-1 相比，梁端承载力和弯矩相近。其中模型 EP-8 的背板厚度为 18mm，其梁端承载力为 222.2kN，梁端弯矩为 304.4kN·m；模型 EP-1 柱翼缘加厚到与端板同厚，模型的梁端荷载为 223.2kN，梁端弯矩为 307.6kN·m，两种模型的承载力最为接近。这表明采用由式 $t_{bp}=2.25(t_{ep}-t_{cf})$ 确定背板厚度时，可以取得与加厚柱翼缘同样的作用，并且这种方法更经济、方便。

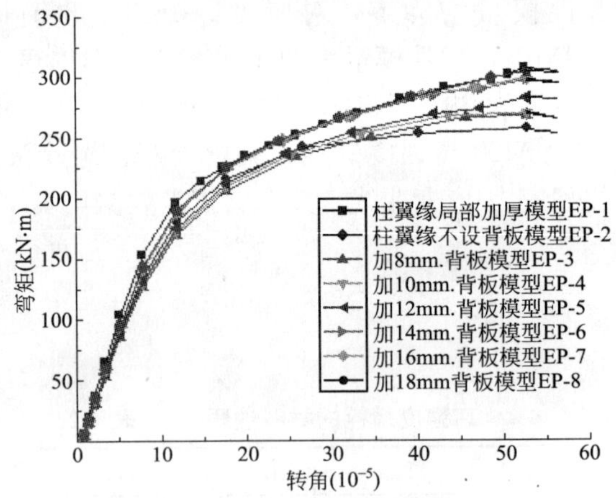

图 4-10 EP1 组模型的弯矩转角曲线

梁端承载力计算结果表 表 4-3

模型	EP1-1	EP1-2	EP1-3	EP1-4	EP1-5	EP1-6	EP1-7	EP1-8
梁端荷载(kN)	223.2	185.2	196.7	197.8	207.0	218.0	218.6	222.2
节点弯矩(kN·m)	307.6	253.7	269.5	270.9	283.6	298.6	299.5	304.4

图 4-11 为 EP 系列模型节点区柱翼缘受拉区变形图，图中黑色网格线代表柱翼缘未变形时的形状。柱翼缘受拉区的最大变形值见表 4-4。由图表可知，柱翼缘加厚到与端板同厚模型 EP-1 受拉螺栓孔周围受拉轻微突出，有局部的冲切弯曲变形，柱翼缘受拉区其他位置弯曲变形较小。EP-2～EP-8 柱翼缘受拉区局部变形随着背板厚度的增加而逐渐减小。模型 EP-6、EP-7、EP-8，其柱翼缘加强背板厚度为 14mm、16mm、18mm，柱翼缘变形与柱翼缘加厚到同端板等厚模型 EP-1 相近。其中模型 EP-7 和 EP-8 的受拉柱翼缘最大变形为 8.232mm 和 8.04mm，小于柱翼缘加厚模型的最大变形 8.407mm，且受拉螺栓孔周围无明显的冲切弯曲变形，按式 $t_{bp}=2.00(t_{ep}-t_{cf})$ 和 $t_{bp}=2.25(t_{ep}-t_{cf})$ 计算出的背板厚度可以有效防止柱翼缘面的弯曲变形和受拉柱翼缘螺栓孔周围的冲切变形，达到防止柱翼缘面弯曲和柱翼缘受拉区螺栓孔周围发生冲切弯曲破坏、产生过大局部应力的作用。

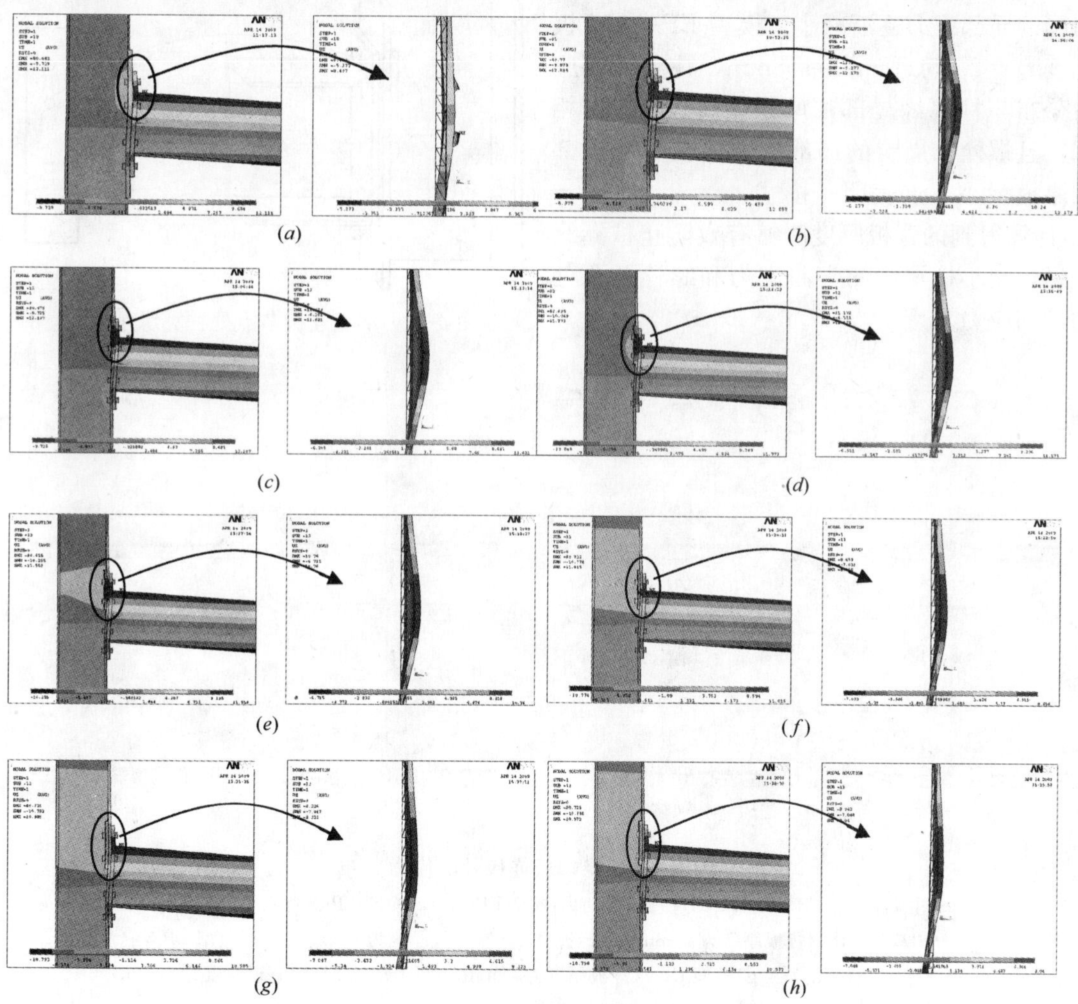

图 4-11 模型柱翼缘变形

(a)柱翼缘局部加厚模型 EP-1；(b)柱翼缘不设背板模型 EP-2；(c)背板厚度为 8mm 模型 EP-3；(d)背板厚度为 10mm 模型 EP-4；(e)背板厚度为 12mm 模型 EP-5；(f)背板厚度为 14mm 模型 EP-6；(g)背板厚度为 16mm 模型 EP-7；(h)背板厚度为 18mm 模型 EP-8

柱翼缘面变形计算结果表(梁端位移为80mm) 表4-4

模型	EP1-1	EP1-2	EP1-3	EP1-4	EP1-5	EP1-6	EP1-7	EP1-8
最大变形(mm)	8.407	12.179	11.621	11.171	10.76	8.656	8.232	8.04

图4-12为端板连接节点的柱翼缘示意图，其应力分布见图4-13，柱翼缘无任何加强的模型EP-2，柱翼缘受拉区的应力较大，最大应力出现在柱翼缘的边缘处，这主要是由于柱翼缘边缘受拉变形较大造成的。由于存在应力集中，在柱腹板和柱翼缘的连接处也存在局部屈服现象。柱翼缘加厚到与端板同厚的模型EP-1，由于柱翼缘刚度的增大，柱翼缘变形减小，受拉区柱翼缘的应力也明显减小。柱翼缘设置背板后，随着背板厚度的增加，柱翼缘受拉区应力、屈服面积和螺栓孔周围的局部应力逐渐减小。模型EP-8，背板厚度$t_{tp}=2.25(t_p-t_f)=18$mm，柱翼缘面应力分布与柱翼缘局部加厚模型EP-1基本相同，且螺栓孔周围的局部应力比柱翼缘局部加厚模型小。这表明，按式$t_{bp}=2.25(t_{ep}-t_{cf})$计算得到的背板厚度能够有效防止柱翼缘变形，减小柱翼缘的弯曲应力和螺栓开孔处的冲切应力。

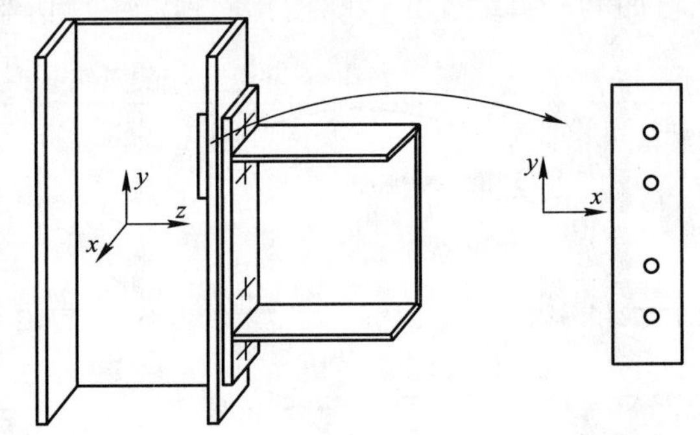

图4-12 端板连接节点处柱翼缘示意图

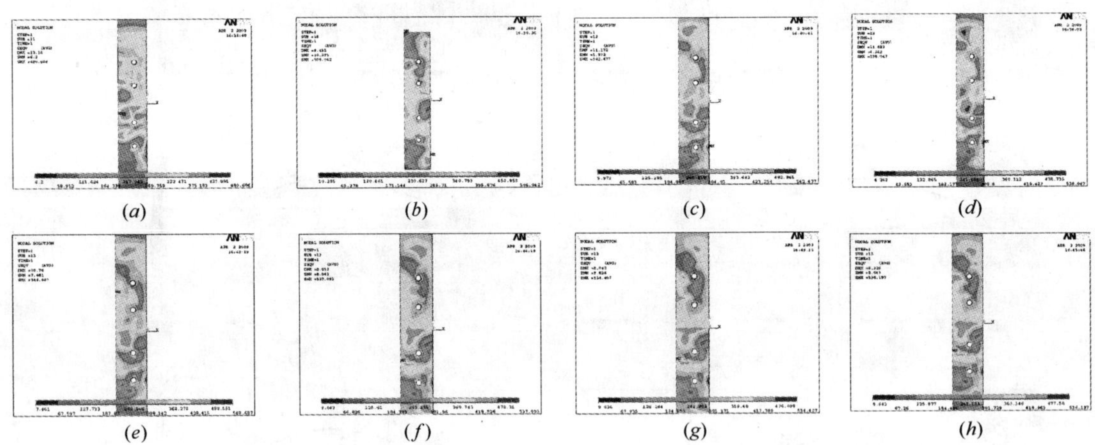

图4-13 柱翼缘端板连接处的应力分布

(*a*)柱翼缘加厚模型EP-1；(*b*)柱翼缘无加强模型EP-2；(*c*)模型EP-3(背板厚度为8mm)；(*d*)模型EP-4(背板厚度为10mm)；(*e*)模型EP-5(背板厚度为12mm)；(*f*)模型EP-6(背板厚度为14mm)；(*g*)模型EP-7(背板厚度为16mm)；(*h*)模型EP-8(背板厚度为18mm)

4.1.5 节点承载力和刚度分析

图4-14(*a*)～(*d*)分别为有限元计算所得EPA～EPD系列模型节点弯矩-转角曲线图，节点承载力和初始转动刚度见表4-5。从中可以得出以下结论：

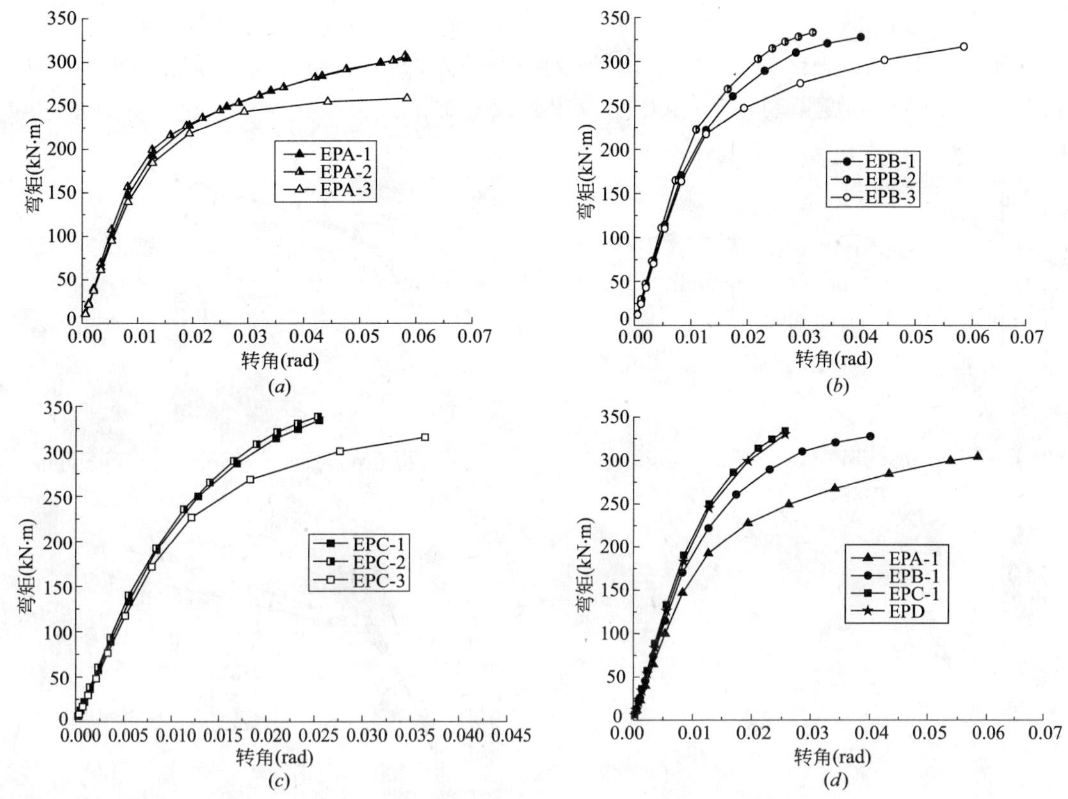

图 4-14 模型弯矩-转角曲线

(a)普通节点 EPA 系列模型；(b)背板加强节点 EPB 系列模型

(c)柱翼缘加厚 EPC 系列模型；(d)模型 EPA-1、EPB-1、EPC-1 和 EPD

节点承载力和初始转动刚度有限元计算结果 **表 4-5**

模型编号	节点初始转动刚度（×10⁴kN·m·rad⁻¹）	承载力（kN·m）	腹板水平位移（mm）	腹板剪切转角(rad)	剪切初始转动刚度（×10⁴kN·m·rad⁻¹）
EPA-1	2.02	304.4	3.98	0.0138	7.28
EPA-2	2.11	307.6	4.45	0.0155	6.77
EPA-3	1.81	253.7	4.45	0.0155	6.32
EPB-1	2.32	334.6	3.74	0.0130	7.37
EPB-2	2.38	333.0	3.80	0.0132	7.10
EPB-3	2.11	317.1	4.06	0.0141	6.94
EPC-1	2.55	334.0	1.08	0.0038	8.50
EPC-2	2.59	338.2	1.01	0.0035	8.96
EPC-3	2.31	315.4	1.10	0.0038	8.45
EPD	2.32	330.2	2.07	0.0072	7.78

柱腹板不设加劲肋、只设横向加劲肋、设横向和斜向加劲肋系列模型中柱翼缘加设背板模型的承载力能够达到柱翼缘局部加厚模型的承载力水平，其初始刚度比柱翼缘局部加厚模型降低不多。可见，柱翼缘加设背板模型的承载力和初始刚度基本能够达到柱翼缘局部加厚模型的水平。设置 Morris 加劲肋模型的承载力可以达到柱翼缘局部加厚模型的承载力，

但初始刚度较其下降，可以用于承受荷载较小、要求施工工期较短的中小型工程中。

图 4-15(*a*)～(*d*)分别为 EPA～EPD 系列模型节点弯矩-剪切转角曲线图，节点剪切变形及剪切初始转动刚度见表 4-6。从中可以得到以下结论：

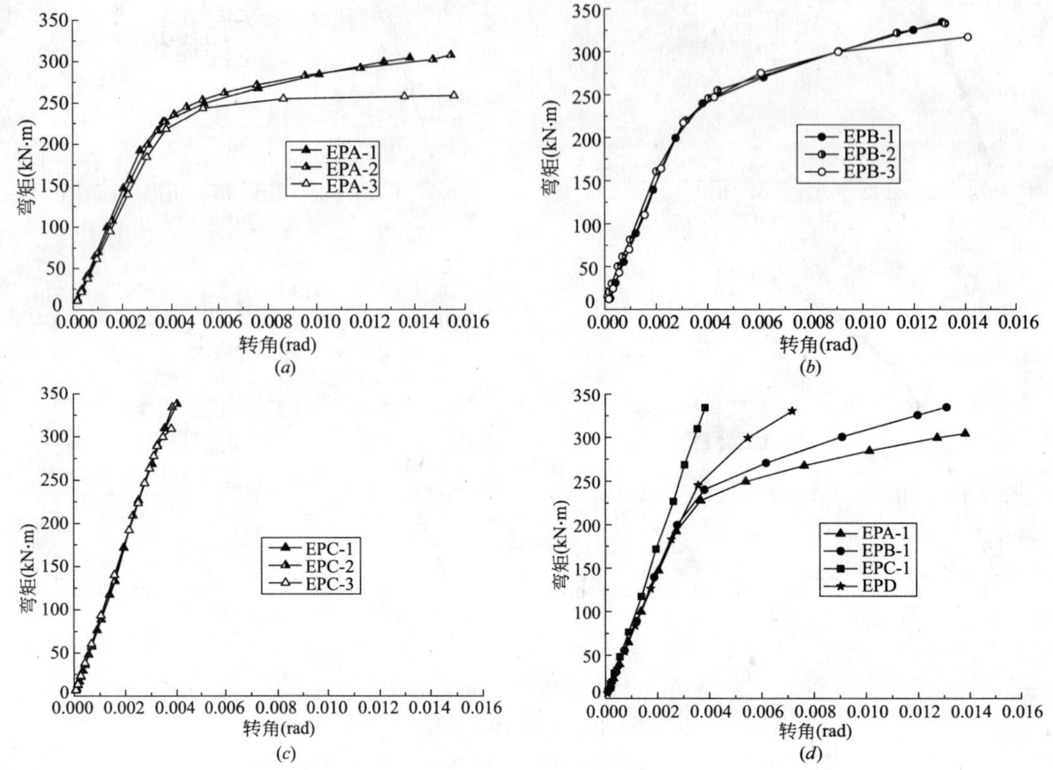

图 4-15　模型弯矩-剪切转角曲线

(*a*)普通节点 EPA 系列模型；(*b*)背板加强节点 EPB 系列模型

(*c*)柱翼缘加厚节点 EPC 系列模型；(*d*)模型 EPA-3、EPB-3、EPC-3 和 EPD

节点剪切变形及剪切初始转动刚度有限元计算结果　　表 4-6

模型编号	腹板水平位移(mm)	腹板剪切转角(rad)	剪切初始转动刚度($\times 10^4$kN·m·rad^{-1})
EPA-1	3.98	0.0138	7.28
EPA-2	4.45	0.0155	6.77
EPA-3	4.45	0.0155	6.32
EPB-1	3.74	0.0130	7.37
EPB-2	3.80	0.0132	7.10
EPB-3	4.06	0.0141	6.94
EPC-1	1.08	0.0038	8.50
EPC-2	1.01	0.0035	8.96
EPC-3	1.10	0.0038	8.45
EPD	2.07	0.0072	7.78

在不同的柱腹板加强方式下，柱翼缘加设背板模型和柱翼缘局部加厚模型的剪切转角曲线基本重合，这说明两种节点形式的柱剪切初始刚度相近。由表 4-6 可知，在柱腹板不同的加强

方式下，柱翼缘局部加厚模型和柱翼缘加设背板模型的柱腹板水平位移和剪切转角也都相近。

由图 4-15(d)和表 4-6 可知，横向加劲肋不能有效防止柱的剪切变形，设置斜向加劲肋后，柱的剪切初始刚度、加载后期刚度都大大提高，斜向加劲肋能够有效防止柱节点域的剪切变形。设置 Morris 加劲肋模型的腹板水平位移和剪切转角均较小，加载后期的剪切刚度也较大，但是剪切初始刚度比柱翼缘局部加厚模型 EPC-2 和柱翼缘加设背板模型 EPC-1 有所下降，可见，Morris 加劲肋可以约束柱腹板剪切变形，但约束作用小于斜向加劲肋。

4.1.6 节点域应力分析

图 4-16 分别为 EPA～EPD 系列模型柱节点域应力分布图。从中可以得到以下结论：

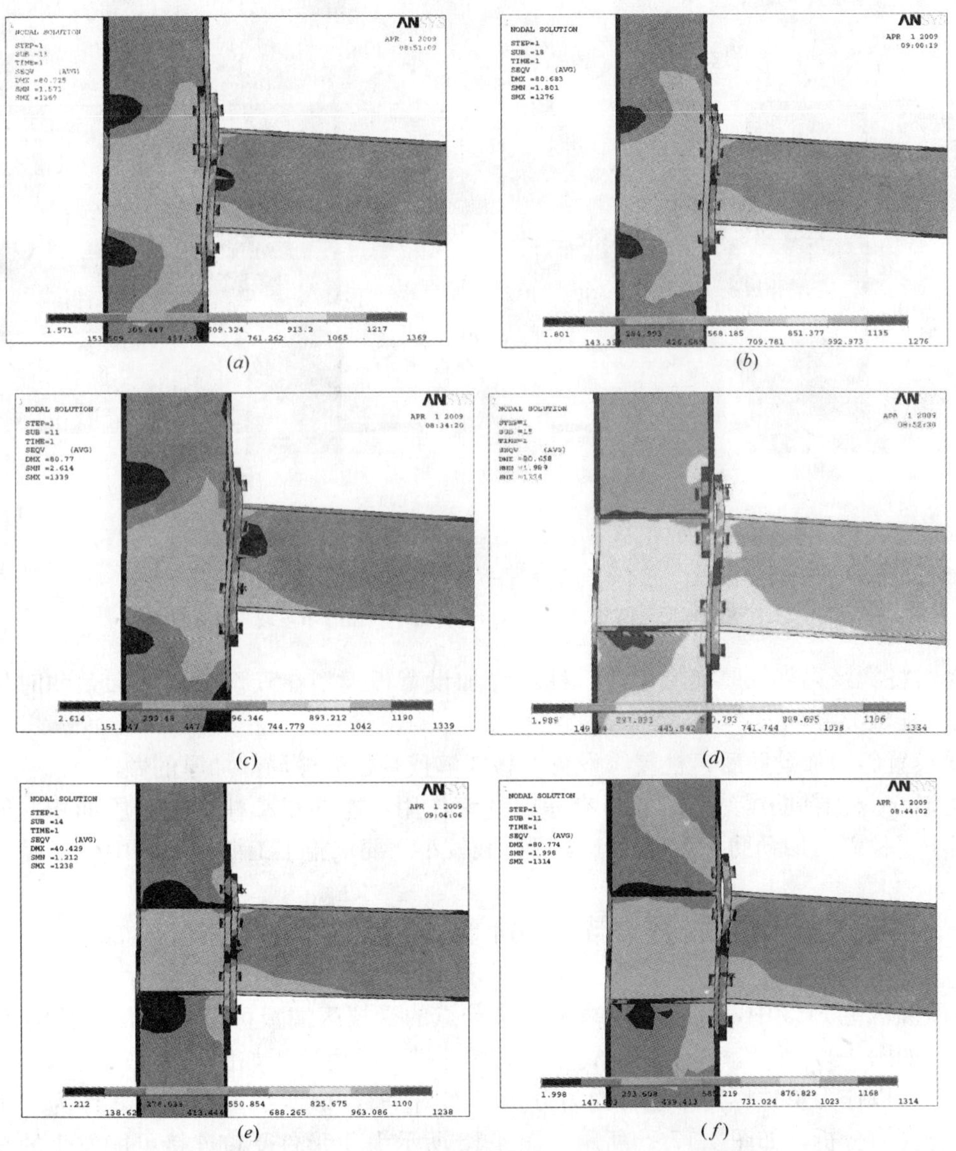

图 4-16 EPA～EPD 系列模型柱节点域应力分布图(一)

(a)柱翼缘加背板模型 EPA-1；(b)柱翼缘局部加厚模型 EPA-2；(c)柱翼缘不加强模型 EPA-3；
(d)柱翼缘加背板模型 EPB；(e)柱翼缘局部加厚模型 EPB-2；(f)柱翼缘不加强模型 EPB-3；

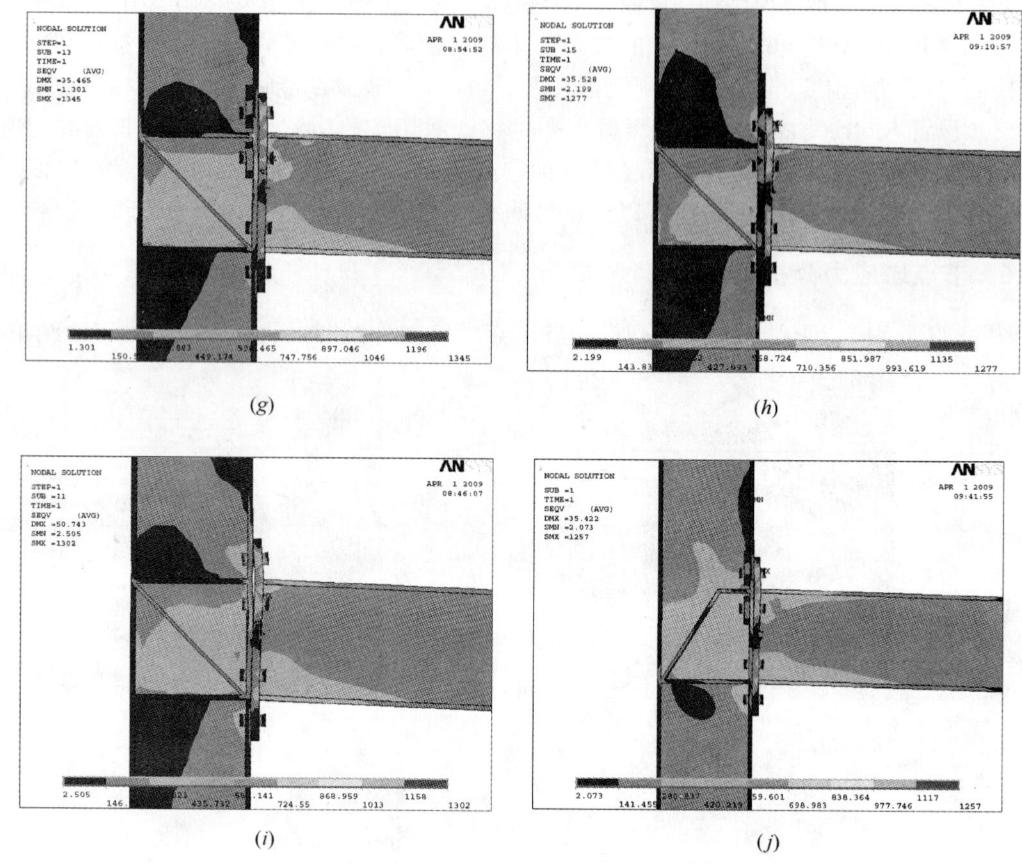

图 4-16　EPA～EPD 系列模型柱节点域应力分布图(二)

(*g*)柱翼缘加背板模型 EPC-1；(*h*)柱翼缘局部加厚模型 EPC-2；
(*i*)柱翼缘不加强模型 EPC-3；(*j*)模型 EPA～EPD 节点域应力分布

1）与柱翼缘局部加厚模型相比，柱翼缘加设背板模型在只设置横向加劲肋时柱腹板的受力性能较差。

2）设置斜向加劲肋后，柱翼缘设置背板能够代替柱翼缘局部加厚的做法。

3）Morris 加劲肋虽然对柱腹板有一定约束作用，能够减小柱腹板屈服面积，但其约束作用小于柱斜向加劲肋，可以用于承受荷载较小、要求施工工期较短的中小工程。

4.2　端板连接背板加强型节点的受拉承载力分析

在欧洲规范 EC3 中，高强螺栓端板连接节点的受拉区端板可以被简化为拉力为 F 的 T 形件，如图 4-17 所示。对于受拉翼缘处的螺栓排，受力分析如图 4-17(*a*)所示；其他的内排螺栓可以作为单独螺栓排进行受力分析，如图 4-17(*b*)所示；也可将其作为一个螺栓排群进行受力分析，如图 4-17(*c*)所示。图 4-18 所示为 T 形件受拉连接可能发生的三种破坏模式[4.7]~[4.9]。

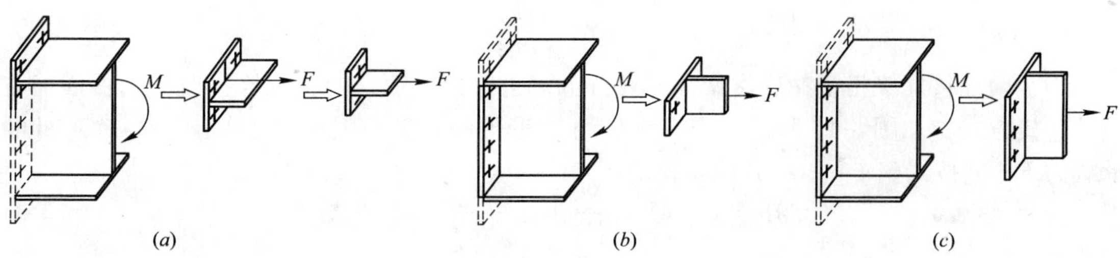

图 4-17 T形件受拉连接

(a)外排螺栓简化模型；(b)内排螺栓简化模型 1；(c)内排螺栓简化模型 2

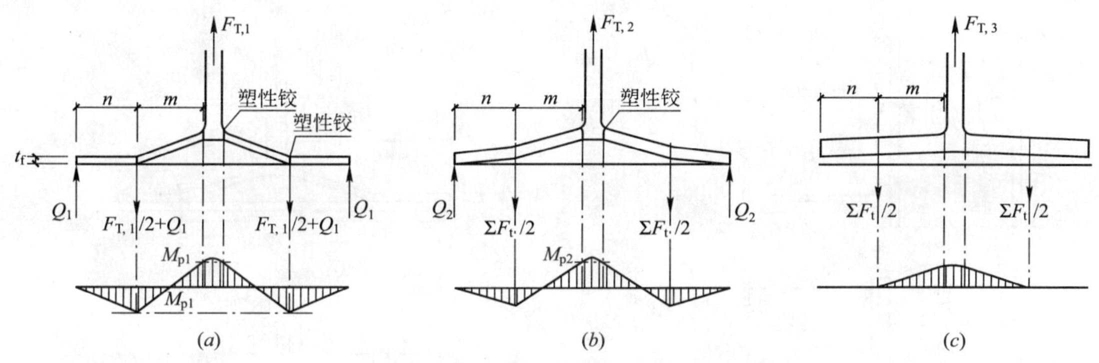

图 4-18 T形件受拉连接的三种破坏机制

(a)破坏 1；(b)破坏 2；(c)破坏 3

4.2.1 T形件翼缘的根部和螺栓位置处屈服

第 1 种破坏模式为 T 形件翼缘的根部和螺栓位置处屈服。当连接的螺栓刚度大于 T 形件翼缘板或柱翼缘板的刚度时，T 形件翼缘的变形大于高强螺栓伸长量，板边缘较早地形成撬力，破坏时塑性铰的位置和分布如图 4-18(a)所示。这时，T 形件翼缘的抗拉承载力 $F_{\mathrm{T,1}}$可由式(4-1)～(4-2)得到：

$$(0.5F_{\mathrm{T,1}}+Q_1)m-Q_1(n+m)=M_{\mathrm{p1}} \tag{4-1}$$

$$F_{\mathrm{T,1}}=\frac{2M_{\mathrm{p1}}+2Q_1 n}{m} \tag{4-2}$$

$$M_{\mathrm{p1}}=\frac{1}{4}\Sigma l_{\mathrm{ef,1}}t_{\mathrm{f}}^2 f_{\mathrm{y}}/\gamma_{\mathrm{M0}} \tag{4-3}$$

其中：Q_1 为破坏模式 1 中产生的撬力；M_{p1}为 T 形件在第 1 种破坏模式下翼缘的塑性弯矩；$\Sigma l_{\mathrm{ef,1}}$为破坏模式 1 中等效 T 形件塑性铰线的总有效长度；f_{y} 为钢材的屈服强度；γ_{M0}为材料的抗力分项系数；n 取 T 形件翼缘边缘到螺栓的距离和柱翼缘边缘到螺栓距离的较小值；m 取螺栓到 T 形件翼缘与 T 形件腹板焊缝边缘之间的距离，且应满足 $n\leqslant 1.25m$。当翼缘完全屈服时，得：

$$Q_1 n=M_{\mathrm{p1}} \tag{4-4}$$

将式(4-4)代入式(4-2)得到 T 形件连接翼缘的抗拉承载力为：

$$F_{\mathrm{T},1}=\frac{4M_{\mathrm{pl}}}{m} \tag{4-5}$$

为了增加柱翼缘板受拉区在螺栓开孔处的局部刚度，EC3 对柱翼缘采取了局部增加背板的连接方式，如图 4-19 所示。带有背板的 T 形件的计算简图如图 4-20 所示，T 形件的承载力 $F_{\mathrm{T,1,bp}}$ 按式(4-6)～(4-8)计算确定。

$$(0.5F_{\mathrm{T,1,bp}}+Q_1)m-Q_1(n+m)=M_{\mathrm{pl}}+M_{\mathrm{bp}} \tag{4-6}$$

$$F_{\mathrm{T,1,bp}}=\frac{4M_{\mathrm{pl}}+2M_{\mathrm{bp}}}{m} \tag{4-7}$$

$$M_{\mathrm{bp}}=\frac{1}{4}\Sigma l_{\mathrm{ef},1}t_{\mathrm{bp}}^{2}f_{\mathrm{y,bp}}/\gamma_{\mathrm{M0}} \tag{4-8}$$

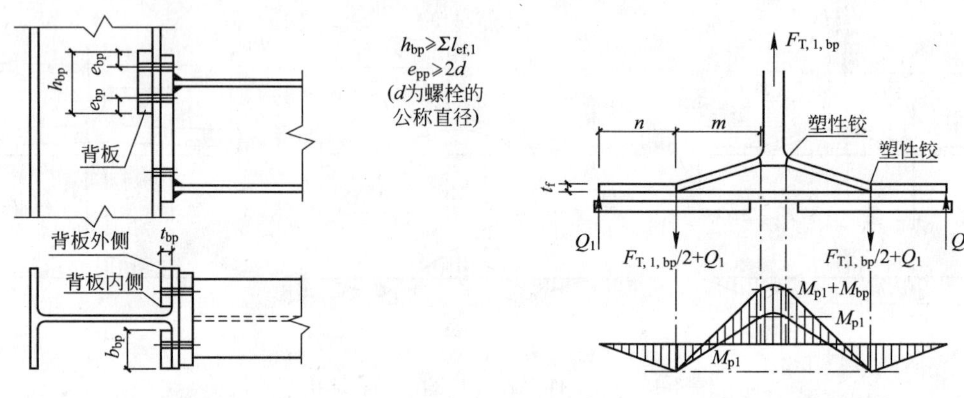

图 4-19 有背板的柱翼缘

图 4-20 使用背板处的 T 形件计算简图

其中：M_{bp} 为背板的塑性弯矩；$f_{\mathrm{y,bp}}$ 为背板的屈服强度；t_{bp} 为背板的厚度。通过上述公式可以看出，柱翼缘采用背板加强后，T 形件翼缘的抗拉承载力增大了 $2M_{\mathrm{bp}}/m$，T 形件的极限弯矩由 M_{P1} 增大至 $M_{\mathrm{pl}}+M_{\mathrm{bp}}$，这说明背板能够提高 T 形件翼缘的抗拉承载能力，即增大了端板和柱翼缘的抗弯能力。

设置背板时，背板的外侧应延伸至柱翼缘边缘，背板内侧应延伸至距角焊缝或圆角起点位置处，背板沿长度 h_{bp} 方向应延伸至受拉最外排螺栓以外。

4.2.2 T 形件翼缘根部屈服且螺栓破坏失效

第 2 种破坏模式为 T 形件翼缘在根部形成塑性铰且螺栓破坏失效。这种破坏模式出现在 T 形件的翼缘刚度和高强螺栓相近时，在外加拉力的作用下，T 形件翼缘的变形与高强螺栓受拉后伸长量相近，翼缘和螺栓几乎都能达到极限承载力状态，最终螺栓被拉断，翼缘根部形成塑性铰，如图 4-18(*b*)所示。这种破坏机制下 T 形件翼缘的抗拉承载力 $F_{\mathrm{T},2}$ 可由式(4-9)～(4-11)得到：

$$(0.5F_{\mathrm{T},2}+Q_2)m-Q_2(n+m)=M_{\mathrm{p2}} \tag{4-9}$$

螺栓极限承载力：

$$\Sigma F_{\mathrm{t}}=F_{\mathrm{T},2}+2Q_2 \tag{4-10}$$

$$M_{\mathrm{p2}}=\frac{1}{4}\Sigma l_{\mathrm{ef},2}t_{\mathrm{f}}^{2}f_{\mathrm{y}}/\gamma_{\mathrm{M0}} \tag{4-11}$$

其中：Q_2 为破坏模式 2 中产生的撬力；M_{p2} 为破坏模式 2 中端板的塑性弯矩；$\Sigma l_{\mathrm{ef},2}$ 为

破坏模式 2 中等效 T 形件塑性铰线的总有效长度；ΣF_t 为 T 形件中所有螺栓的 F_t 之和；F_t 为一个螺栓的抗拉承载力。将式(4-10)代入式(4-9)，得：

$$F_{T,2}=(2M_{p2}+n\Sigma F_t)/(m+n) \tag{4-12}$$

4.2.3 螺栓破坏失效

第 3 种破坏模式为当 T 形件翼缘较厚时，在外加拉力的作用下，T 形件翼缘几乎不发生变形，而高强螺栓受到较大的拉力，出现较大伸长量后，达到高强螺栓抗拉极限承载力，最终螺栓拉断，而 T 形件翼缘仍处于弹性阶段，如图 4-18(*c*)所示。节点设计时一般不考虑这种破坏模式，原因是不仅端板要厚，和它接触的柱翼缘也要加厚，用料太多。在第三种破坏模式中，T 形件翼缘几乎不发生弯曲变形，所以不产生撬力，连接 T 形件翼缘的抗拉承载力 $F_{T,3}$ 为：

$$F_{T,3}=\Sigma F_t \tag{4-13}$$

通过式(4-1)和(4-9)可以看出，破坏模式 1 和破坏模式 2 都考虑了撬力对抗拉承载力的影响。如果不计撬力对承载力的影响，即令 Q_1、Q_2 都为 0，由式(4-1)和(4-9)可以得出：

$$F_{T,i}=2M_{pi}/m \tag{4-14}$$

4.3 背板等效 T 形件的有效长度分析研究

4.3.1 背板简化为等效 T 形件的方法

外伸型端板连接中，端板外伸部分应作为单一的螺栓排考虑，即在确定其受拉承载力时，将单一的螺栓排模拟成一个等效 T 形件单独分析，有效长度如图 4-21 中的 $l_{ef,a}$。其他的内排螺栓可以作为单一的螺栓排考虑，这时应确定每一等效 T 形件的有效长度 l_{ef}，如图 4-21 所示，需分别确定 $l_{ef,b}$、$l_{ef,c}$和 $l_{ef,d}$；也可将其用一个螺栓排群来考虑，这时需确定螺栓排群的总有效长度 Σl_{ef}。

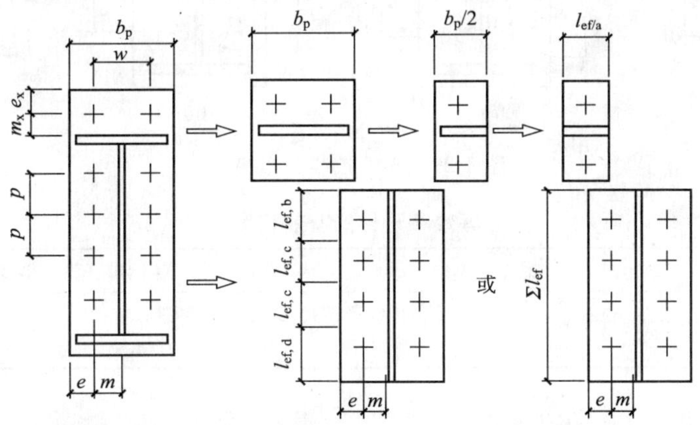

图 4-21 不带加劲肋的外伸型端板等效为 T 形件图

当端板设置加劲肋时，外伸型端板简化为 T 形件的方法与端板不带加劲肋时简化为 T 形件方法的不同之处是：与端板相连加劲肋的两侧的螺栓排应分别处理成等效 T 形件，如

图 4-22 所示。

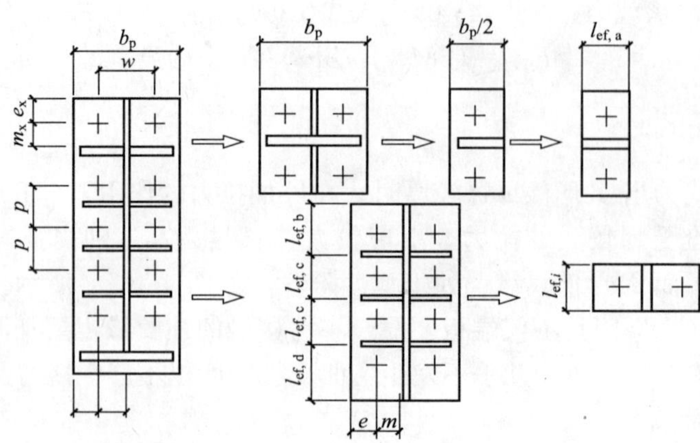

图 4-22　带加劲肋外伸型端板等效为 T 形件图

4.3.2　塑性铰线分布模式

当 T 形件连接节点达到极限承载力状态时，端板上将有特定形式的塑性铰线形成[4.10]~[4.13]，如图 4-23 所示。端板内塑性铰线有圆形和折线形两种分布模式。当螺栓的间距 a 较大时为图 4-23(a)和图 4-23(b)所示的分布模式，当螺栓的间距 a 较小时为图 4-23(c)和图 4-23(d)所示的分布模式[4.14]。表 4-7 中等效 T 形件的有效长度就是根据端板内圆形和折线形两种不同的屈服线分布模式分别确定的。

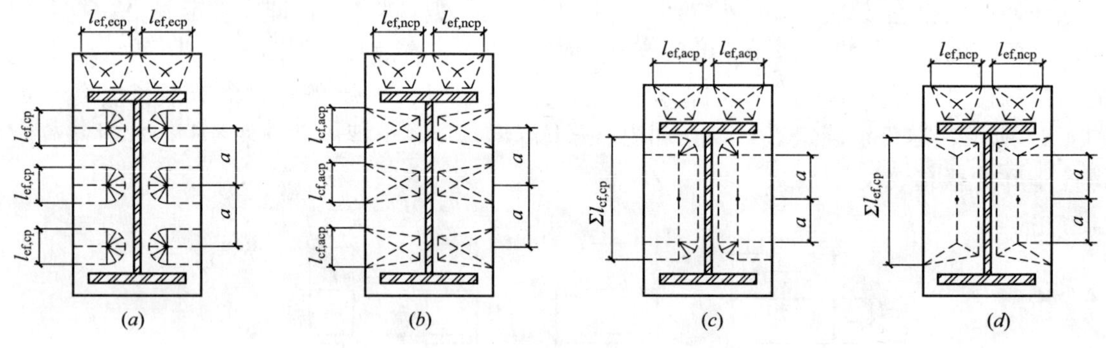

图 4-23　塑性铰线分布模式

等效 T 形件的有效长度　　**表 4-7**

项次	螺栓排位置	螺栓排单独考虑		螺栓排视为一群螺栓排的一部分	
		圆形模式 $l_{ef,cp}$	折线形模式 $l_{ef,ncp}$	圆形模式 $l_{ef,cp}$	折线形模式 $l_{ef,ncp}$
1	受拉翼缘外的螺栓排 $l_{ef,a}$	下面的最小者 $2\pi m_x$ $\pi m_x + w$ $\pi m_x + 2e$	下面的最小者 $4m_x + 1.25e_x$ $e + 2m_x + 0.625e_x$ $0.5b_p$ $0.5w + 2m_x + 0.625e_x$	无此情况	无此情况

续表

项次	螺栓排位置	螺栓排单独考虑		螺栓排视为一群螺栓排的一部分	
		圆形模式 $l_{ef,cp}$	折线形模式 $l_{ef,ncp}$	圆形模式 $l_{ef,cp}$	折线形模式 $l_{ef,ncp}$
2	受拉翼缘下的第一排 $l_{ef,b}$	$2\pi m$	αm	$\pi m+p$	$0.5p+\alpha m-(2m+0.625e)$
3	其他内排 $l_{ef,c}$	$2\pi m$	$4m+1.25e$	$2p$	p
4	其他外排 $l_{ef,d}$	$2\pi m$	$4m+1.25e$	$\pi m+p$	$2m+0.625e+0.5p$

4.3.3 等效T形件的有效长度

等效T形件的有效长度按螺栓排的具体位置和塑性铰线分布模式确定，取值方法如表4-7所示。对端板外伸部分，确定等效T形件的有效长度时，用e_x和m_x代替e和m。T形件发生图4-18(*a*)所示的第1种破坏模式时，作为单一的螺栓排进行考虑时，有效长度取值：

$$l_{ef,1}=l_{ef,ncp} \quad (4\text{-}15)$$
$$l_{ef,1}\leqslant l_{ef,cp}$$

作为螺栓排群考虑时，有效长度取值：

$$\Sigma l_{ef,1}=\Sigma l_{ef,ncp}$$
$$\Sigma l_{ef,1}\leqslant \Sigma l_{ef,cp} \quad (4\text{-}16)$$

等效T形件发生图4-18(*b*)所示的第2种破坏模式时，作为单一的螺栓排进行考虑时，有效长度取值：

$$l_{ef,2}=l_{ef,ncp} \quad (4\text{-}17)$$

作为螺栓排群考虑时，总有效长度取值：

$$\Sigma l_{ef,2}=\Sigma l_{ef,ncp} \quad (4\text{-}18)$$

当柱子设置横向加劲肋时，如图4-24所示，加劲肋下的第一排螺栓可以简化为等效T形件，其有效长度的计算需用到系数α，如表中项次2中确定$l_{ef,b}$值时需用到系数α。根据图4-22所示的e、m_1、m_2，由式(4-19)、式(4-20)计算λ_1和λ_2值，再由图4-25确定α值。

$$\lambda_1=\frac{m_1}{m_1+e} \quad (4\text{-}19)$$

$$\lambda_2=\frac{m_2}{m_1+e} \quad (4\text{-}20)$$

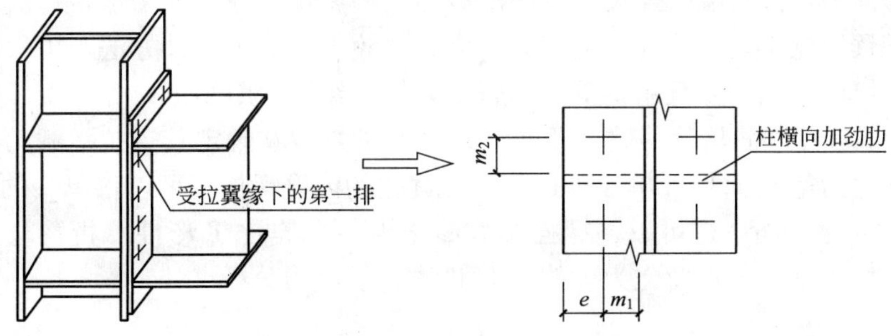

图4-24 柱子带加劲肋梁端板计算参数的取值方法

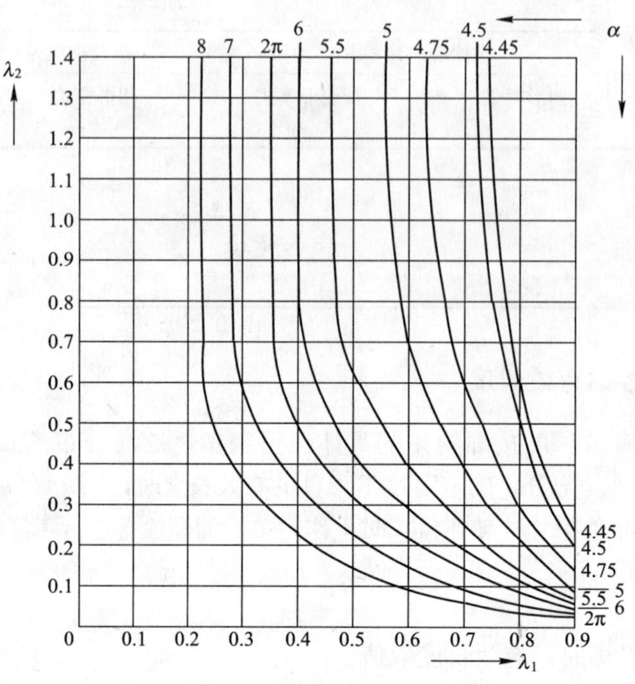

图4-25　加劲端板的 α 值

系数 α、λ_1 和 λ_2 都是基于屈服线理论确定的[4.15]。由图4-25可以看出，当 λ_1 和 λ_2 越大时，表示螺栓距离加劲肋 m_1、m_2 的值越大，α 值越小。当 α 值减小到约4.75时，屈服线的分布模式由圆形模式趋向为折线模式，由表查得T形件的有效长度 $l_{ef,b}$ 也就越小。由式(4-3)、(4-8)、(4-11)可以看出，当T形件的有效长度减小时，T形件的塑性弯矩就随之减小，T形件的极限承载力也就随之降低。由式(4-4)可以看出，减小螺栓中心到端板边缘的距离 n 时，即减小了撬力作用的内力臂，将增大撬力，从而由式(4-10)可以看出，T形件的极限抗拉承载力将降低。

从以上计算结果可以看出：

(1) 在梁柱外伸端板连接中，由于柱翼缘厚度相对外伸端板的厚度要薄，很多柱翼缘受拉区螺栓开孔处局部刚度较小，导致柱翼缘抗弯能力较低且柱翼缘螺栓开孔处可能发生冲切弯曲破坏，对柱翼缘采取局部增加背板的连接方式可以避免其弊端。

(2) 设置背板能够显著提高柱翼缘的抗拉承载力和节点的初始抗弯刚度，增大端板和柱翼缘的抗弯能力，提高端板连接节点的承载力，随着背板厚度的增加，柱翼缘受拉区应力和屈服面积逐渐减小，螺栓孔周围的局部应力也较小。采用这种方法，可以代替我国传统的柱翼缘加厚的做法，并且用钢量少、施工方便，经济适用。

(3) 外伸端板可以简化为等效T形件，端板外伸部分在确定其受拉承载力时，应将单一的螺栓排简化为等效T形件单独进行分析，其他的内排螺栓，可以将单一的螺栓排简化为等效T形件单独分析，也可以将螺栓排群简化为一个等效T形件分析，与端板相连加劲肋两侧的螺栓排则应分别简化为等效T形件进行承载力分析。

4.4 参考文献

[4.1] European Committee for Standardization(CEN). Eurocode 3, Design of Steel Structures, Part 1.8: Design of joints [S]. prEN1993-1-8, 2002.

[4.2] 王萌. 背板加强型梁柱外伸端板连接节点的研究 [D]. 青岛: 青岛理工大学, 2009.

[4.3] 王萌, 王燕, 柴昶. 欧洲规范 EC3 高强螺栓等效 T 形件的有效长度及承载力研究 [J]. 建筑钢结构进展, 2009, 11(3): 58-62.

[4.4] L. J. Morris. Design rules of for connections in the united kingdom [J]. Journal of Constructional Steel Research, 1988, 10: 375-413.

[4.5] Mann A P, Morris L J. Limit design of extended end-plate connections [J]. Journal of Structural Engineering, 1979, 105(3): 511 - 526.

[4.6] 赵伟. 梁柱外伸端板螺栓连接中若干问题研究 [D]. 杭州: 浙江大学, 2006.

[4.7] European Committee for Standardization(CEN). Eurocode 3, Design of Steel Structures, Part 1.8: Design of Joints [S]. prEN 1993-1-8, 2003.

[4.8] Grundy P, Thomas I R, Bennetts I D. Beam-to column moment connections [J]. Journal of Structural Division, ASCE, 1980, 106(1), 313-330.

[4.9] Chasten C P, Lu L W, Driscoll G C. Prying and shear in end-plate connections design [J]. Journal of Structural Engineering, ASCE, 1992, 118(5), 1295-1311.

[4.10] Australian Steel Institute. Design of pinned column base plates [J]. Journal of The Australian Steel Institute, 2002, 36(2): 19-21.

[4.11] Tagawa H, Gurel S. Application of steel channels as stiffeners in bolted moment connections [J]. Journal of Constructional Steel Research, 2005, 61(12): 1650-1671.

[4.12] Summer E A, Mays T W, Murray T M. End-plate moment connections: test results and finite element method validation [R]. Research Report, Department of Civil and Environmental Engineering, Virginia Polytechnic Institute.

[4.13] Ryan, J. C. Evaluation of Extended End-plate Moment Connections under SeismicLoading [D]. Virginia Polytechnic Institute and State University, 1999.

[4.14] 楼国彪, 李国强, 雷青. 钢结构高强度螺栓端板连接研究现状(I) [J]. 建筑钢结构进展, 2006 年, 8(2): 8-21.

[4.15] Zoetemeijer P. Summary of the research on bolted beam-to-column connections [R]. Report 25-6-90-2. Delft University of Technology, Faculty of Civil Engineering, Stevin Laboratory-Steel Strctures, 1990.

第 5 章　半刚性连接高强度螺栓承受拉力性能研究

梁柱高强度螺栓受拉连接计算方法一直是钢结构连接节点研究的热点问题，关于高强度螺栓受拉连接的计算方法，各国的钢结构设计规范都有各自不同的规定，计算理论和方法不尽相同。我国现行钢结构设计规范对高强度螺栓受拉连接计算采用端板刚性分析方法[5.1]，分析时将端板视为刚体不发生弯曲变形，对于摩擦型高强度螺栓计算时假定端板接触面保持紧密贴合不被拉开，转动中心位于螺栓群形心处；对于承压型高强度螺栓计算时端板接触面允许被拉开，转动中心移至最下排螺栓处。研究结果表明，高强度螺栓外伸端板连接中，端板厚度、螺栓直径、节点域加劲肋、端板加劲肋、背板等对高强度螺栓的拉力分布和承载力均产生一定影响[5.2]~[5.5]。

为深入研究外伸端板高强度螺栓在拉力作用下的受力性能，采用 ANSYS 数值分析方法，通过建立有限元计算模型[5.6]~[5.8]，结合高强度螺栓在屈服荷载和极限荷载作用下实际拉应力分布形式，给出了外伸端板连接当考虑撬力影响时高强度螺栓在拉力作用下的计算模型，研究结果可为高强度螺栓外伸端板连接工程应用提供参考。

5.1　高强度螺栓外伸端板连接的计算方法

关于高强度螺栓受拉连接的计算方法，各国的钢结构设计规范都有各自不同的规定，计算理论和方法不尽相同[5.1][5.9]~[5.12]，可以归纳为以下四种计算模型：(1)端板刚性分析，如图 5-1(*a*)所示；(2)端板弹塑性分析，如图 5-1(*b*)所示；(3)端板塑性分析，如图 5-1(*c*)所示；T 形件计算模型，如图 5-1(*d*)所示。

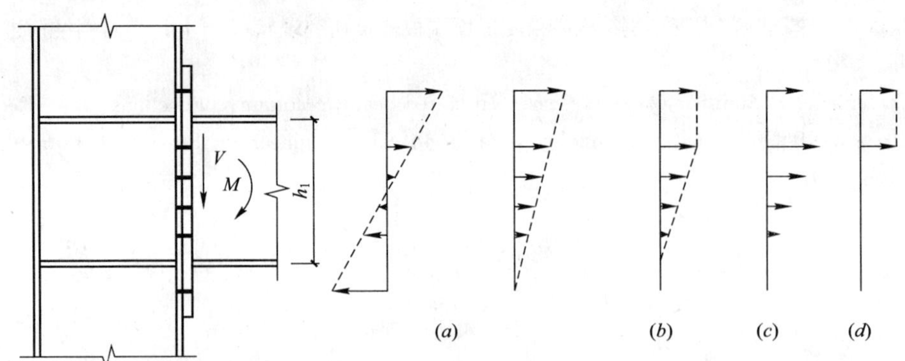

图 5-1　高强度螺栓外伸端板计算模型

5.1.1　端板刚性分析

端板刚性分析中将端板视为刚体不发生弯曲变形。我国现行钢结构设计规范采用的这种计算模型[5.1]。对于摩擦型高强螺栓计算时假定端板接触面保持紧密贴合不被拉开，转动中心在螺栓群形心处，拉力呈线性分布，如图 5-2(*a*)所示。对于承压型高强螺栓，计算时端板接触面允许被拉开，螺栓拉力呈线性分布，转动中心移至最下排螺栓处，如图 5-2(*b*)所示。

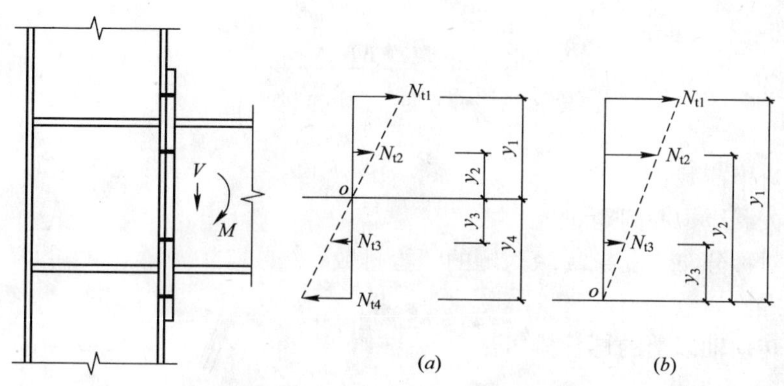

图 5-2　外伸端板刚性计算模型

在弯矩 M 作用下最外排螺栓承载力按下式计算：

$$N_{t1}=\frac{My_1}{m\Sigma y_i^2}\leqslant N_t^b \tag{5-1}$$

式中　M——端板连接处的弯矩；

m——螺栓列数；

y_1、y_i——第一排和第 i 排螺栓到螺栓群转动中心的距离；

N_t^b——高强螺栓抗拉极限承载力。

5.1.2　端板弹塑性分析

如图 5-3 所示，在 M 作用下，受拉翼缘两侧的两排螺栓承担相同拉力，模型假定连接的转动轴位于钢梁受压翼缘中心 o 处，英国规范采用的这种计算方法[5.9][5.10]，各排螺栓对 o 点取弯矩平衡有：

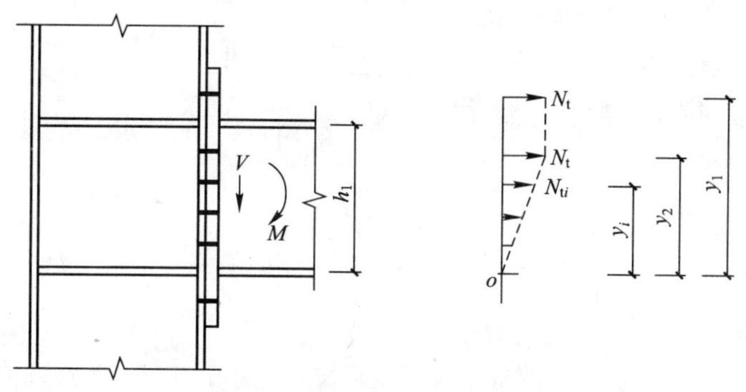

图 5-3　外伸端板弹塑性计算模型

$$M = m\left(N_{\mathrm{t}} \sum_{i=1}^{n_{\mathrm{t}}} y_i + \sum_{i=n_{\mathrm{t}}+1}^{n} N_i y_i\right) \tag{5-2}$$

其中从第 $n_{\mathrm{t}}+1$ 排到第 n 排螺栓的拉力，$N_i = \frac{y_i}{y_{n_{\mathrm{t}}}} N_{\mathrm{t}}$，可得在 M 作用下最外排螺栓受拉承载力 N_{t}：

$$N_{\mathrm{t}} = \frac{M}{m\left(\sum_{i=1}^{n_{\mathrm{t}}} y_i + \sum_{i=n_{\mathrm{t}}+1}^{n} \frac{y_i^2}{y_{n_{\mathrm{t}}}}\right)} \tag{5-3}$$

式中　M——弯矩荷载；

h_1——梁翼缘中心间距；

n_{t}——对称分布于受拉翼缘两侧的螺栓排数；

m——螺栓列数；

n——转动轴以上的螺栓排数。

5.1.3　端板塑性分析

如图 5-4(c)所示，端板在 M 作用下，从受拉翼缘外侧第一排螺栓开始，每排螺栓的拉力独立发展至最大，多余拉力重新分配到下一排螺栓，形成塑性分布，各部位的螺栓拉力均达到端板屈服状态的极限值，每个螺栓受力依赖于其本身的承载力。当端板外伸部分没有加劲肋时，通常会出现由于第二排螺栓附近有梁腹板和翼缘的支承，因而承受最大拉力，即受拉翼缘内侧的拉力明显大于外侧螺栓的拉力，而且这种螺栓的拉力分布状态在一定范围内不受端板厚度的影响。端板外伸部分有加劲肋作用则两排受拉螺栓的拉力差别减小。各螺栓的极限拉力可由屈服线理论按极限平衡原理求出。欧洲规范 EC3 采用了这种计算方法[5.11]，当各排螺栓极限承载力相同且不考虑加劲肋和端板厚度影响，自上而下各排螺栓内力随着弯矩增大依次屈服。螺栓所受的拉力依次由弹性、弹塑性和塑性三个阶段发展，如图 5-4(a)～(c)所示。计算时假定转动轴位于钢梁受压翼缘中心处，在 M 作用下，螺栓最大拉力的计算步骤如下：

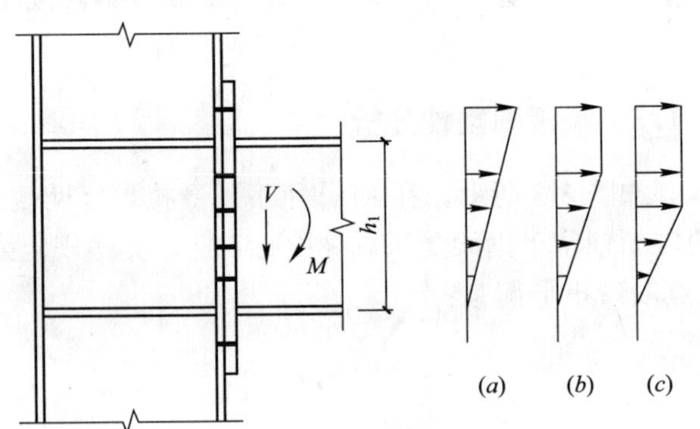

图 5-4　外伸端板弹塑性计算模型

1）弹性阶段

$$N_{\mathrm{t1}} = \frac{M}{m(y_1 + y_2^2/y_1 + y_3^2/y_1 + \cdots + y_{n-1}^2/y_1)} \leqslant N_{\mathrm{t}}^{\mathrm{b}} \tag{5-4}$$

2）弹塑性阶段

当 $N_{\mathrm{t1}} \geqslant N_{\mathrm{t}}^{\mathrm{b}}$时，认为第一排螺栓屈服，令 $N_{\mathrm{t1}} = N_{\mathrm{t}}^{\mathrm{b}}$，剩余拉力重新分配至下一排螺栓，第二排以下的螺栓所承受的弯矩及第二排螺栓的拉力按下式计算：

$$M' = M - N_{\mathrm{t}}^{\mathrm{b}} y_1$$

$$N_{t2}=\frac{M'}{m(y_2+y_3^2/y_2+y_4^2/y_2+r_5^2/y_2)}\leqslant N_t^b \tag{5-5}$$

3）塑性阶段

当 $N_{t2}\geqslant N_t^b$时，认为第二排螺栓屈服，令 $N_{t2}=N_t^b$，按以上步骤继续对第三排螺栓进行内力计算，直至各排螺栓全部达到屈服。

5.1.4 T形件模型

如图 5-5 所示，将弯矩 M 简化为作用于梁上下翼缘的一对力偶，拉力 P 仅由受拉翼缘两侧的高强螺栓承担，将受拉翼缘和这两排螺栓简化为 T 形连接件，按 T 形件的弹塑性分析考虑撬力 Q 作用，确定节点承载力进行节点的分析和设计，我国 JGJ 82—2008 报批稿[5.12]和美国规范[5.13]均采用了这种计算模型。文献［5.14］通过有限元分析，证明了外伸端板连接中撬力的存在以及螺栓拉力的分布是以受压翼缘位置为转动中心的梯形分布，提出了外伸端板连接中 T 形件简化计算模型。受拉螺栓按 T 形件对称于梁受拉翼缘两排螺栓均匀受拉计算，如图 5-1(d)所示。在 M 和 N 的共同作用下每个高强螺栓的最大拉力按以下公式计算：

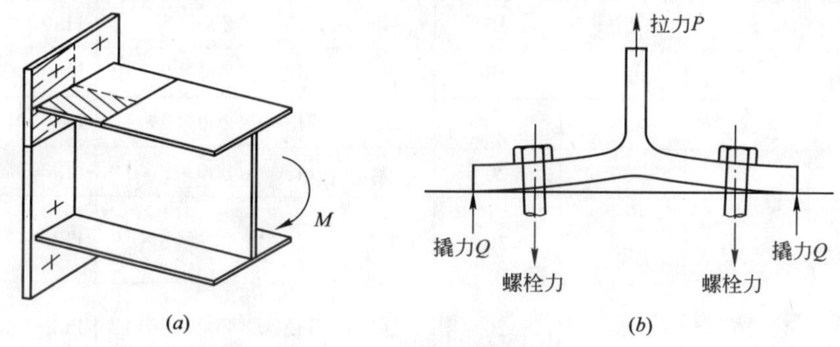

图 5-5 T形件计算模型

(1) 不考虑撬力作用：

$$N_t=\frac{M}{n_t h_1}+\frac{N}{n}\leqslant N_t \tag{5-6}$$

(2) 考虑撬力作用：

$$N_t=\frac{M}{n_t h_1}+\frac{N}{n}+Q\leqslant 1.25N_t^b \tag{5-7}$$

式中 n_t——对称布置于受拉翼缘两侧的螺栓总数(图 5-5(a)中 $n_t=4$)；

h_1——端板连接接头处，H 形钢上下翼缘中心间距离；

Q——作用于端板的撬力(参见第 3 章)。

5.2 高强度螺栓承受拉力作用的有限元分析

5.2.1 有限元建模及加载

采用有限元数值模拟方法研究高强度螺栓端板连接中外伸端板的厚度、螺栓直径、柱节点域以及端板加劲肋对高强度螺栓受力性能影响，分别设计了EP、BD、CJR、EP-SF、CT五种类型13个节点试件。有限元模型中的试件编号、外伸端板厚度、高强度螺栓直径、柱节点域加劲肋以及梁柱截面尺寸等详见表5-1。模型试件采用10.9级摩擦型高强度螺栓，摩擦系数取0.45。螺栓和螺母几何尺寸按文献［5.15］和［5.16］技术规定。建模时螺栓杆采用圆柱体模拟，图5-6所示，取螺栓有效直径，螺栓杆位于螺栓孔几何中心。螺母与端板表面、螺栓头与柱翼缘表面以及端板与柱翼缘表面均考虑接触问题。

试件编号和计算参数 **表5-1**

试件名称	端板厚度(mm)	高强度螺栓直径(mm)	柱翼缘厚度(mm)	加劲肋	梁截面	柱截面
EP-1	16	20	12	有	H300×200×8×12	H300×250×8×12
EP-2	20	20	12	有	H300×200×8×12	H300×250×8×12
EP-3	24	20	12	有	H300×200×8×12	H300×250×8×12
BD-1	20	16	16	有	H300×200×8×12	H300×250×10×16
BD-2	20	20	16	有	H300×200×8×12	H300×250×10×16
BD-3	20	24	16	有	H300×200×8×12	H300×250×10×16
CJR-1	20	20	20	有	H300×200×8×12	H300×250×12×20
CJR-2	20	20	20	无	H300×200×8×12	H300×250×12×20
CJR-3 柱翼缘带背板	20	20	20	无	H300×200×8×12	H300×250×12×20
EP-SF 端板有加劲肋	20	20	20	有	H300×200×8×12	H300×250×12×20
CT-1	20	20	16	有	H300×200×8×12	H400×400×10×16
CT-2	20	20	20	有	H300×200×8×12	H400×400×12×20
CT-3	20	20	25	有	H300×200×8×12	H400×400×16×25

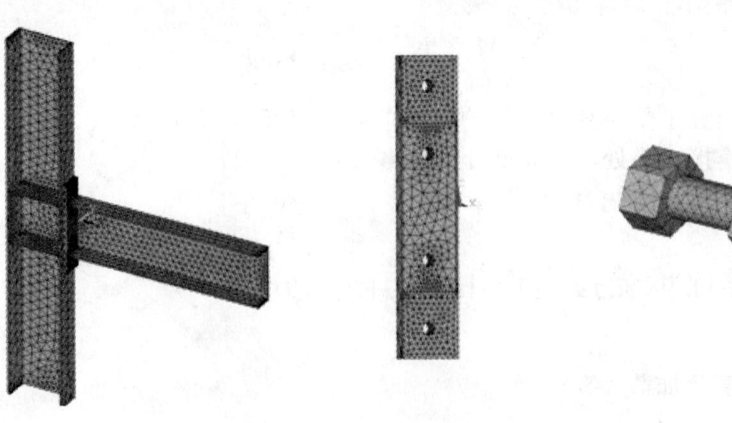

图5-6 模型单元划分

采用直接加载对高强度螺栓施加预紧力，使用 ANSYS 自带的预紧单元 PRETS179，采用平动自由度代表在预紧区沿预紧方向的相对位移或力。在已划分单元实体中的任何一个垂直于预拉力的面上定义一个预拉力作用面，由于实体单元的离散，该作用面通过节点在预拉力面上主节点施加集中力形成预拉力，图 5-7 所示，通过允许预拉力面两侧的实体互相侵入一段距离，螺栓杆产生轴向拉力使栓杆径向变细达到施加预拉力目的。在第一荷载步中对螺栓群施加预拉力，得到各螺栓中的应力平均值，在第二荷载步中锁定预拉力结果，继续在梁端施加图 5-8 所示的位移荷载 Δ，分别计算各试件在梁端位移为 5mm、15mm、30mm、50mm、70mm、90mm、100mm 对应的各高强螺栓拉应力值。

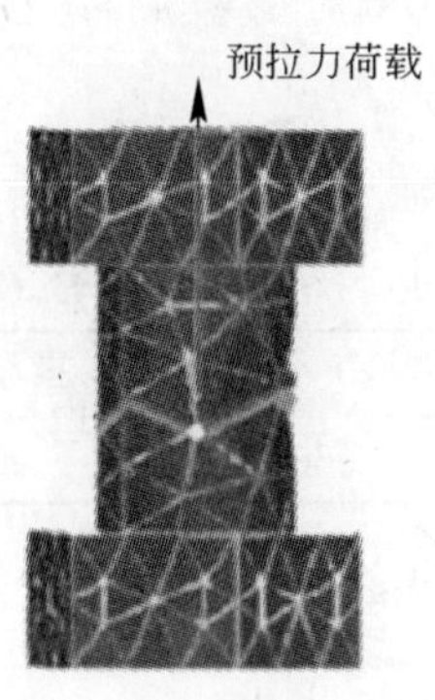

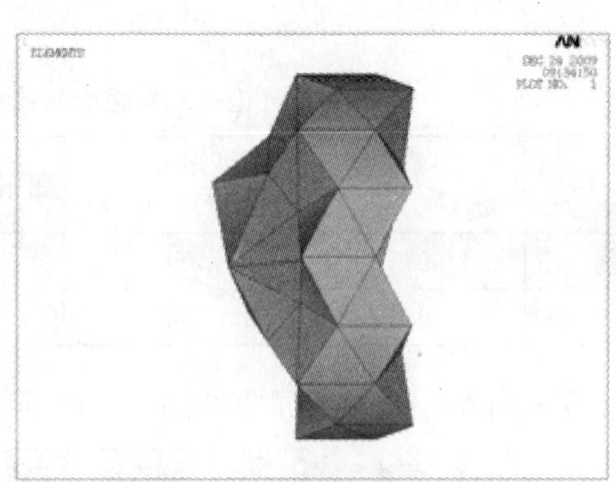

图 5-7 螺栓预拉力面划分及预拉力单元

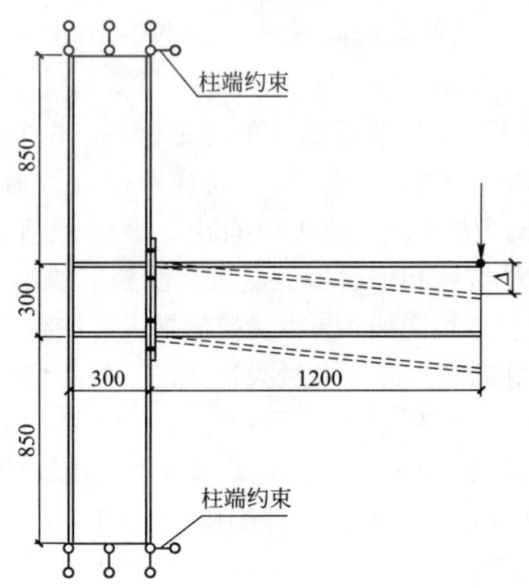

图 5-8 试件加载简图

5.2.2 材料特性

钢板和高强螺栓应力-应变本构关系分别采用 5-9(*a*)、(*b*)所示关系曲线，力学性能见表 5-2。

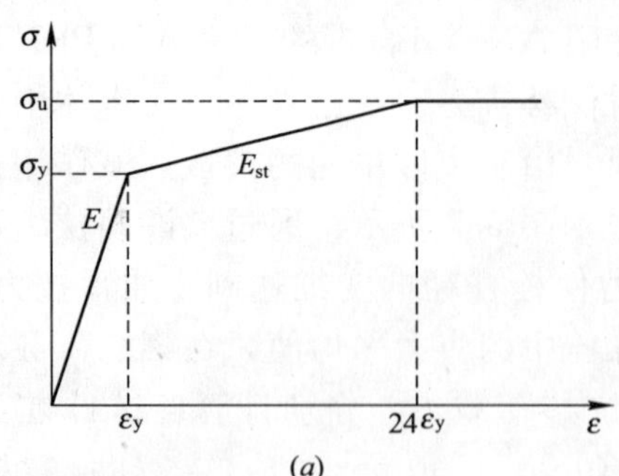

(a)

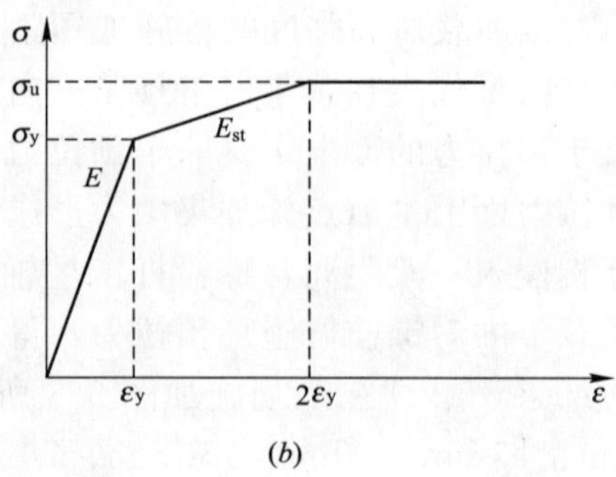

(b)

图 5-9 应力-应变关系

(a)钢板；(b)高强度螺栓

钢板和高强度螺栓材料性能 表 5-2

名称	屈服强度 σ_y(N/mm^2)	极限强度 σ_u(N/mm^2)	屈服应变 ε_y(%)	弹性模量 E(N/mm^2)	塑性模量 E_{st}(N/mm^2)
Q235 钢	235	450	0.114	206000	0.02E
高强螺栓(10.9S)	940	1040	0.456	206000	0.1E

数值计算采用 Von Mises 屈服准则，单值等效应力表达式为：

$$\sigma_{eq}=\sigma_i=\sqrt{0.5\times[(\sigma_1-\sigma_2)^2+(\sigma_2-\sigma_3)^2+(\sigma_3-\sigma_1)^2]} \tag{5-8}$$

5.2.3 有限元计算结果

图 5-10(a)～(b)所示为各试件在极限承载力状态下，转角为 0.083rad 时，对应的梁端位移为 100mm 时各试件的 Von Mises 应力云图。

图 5-10(a)～(c)所示为 EP 系列节点试件的应力云图，3 个试件的梁柱截面尺寸分别为：H300×200×8×12、H300×250×8×12，高强螺栓直径为 20mm，外伸端板厚度分别为 16mm，20mm，24mm。从应力云图可以看出，在极限荷载作用下，节点最大 Von Mises 应力出现在外伸端板受拉区和柱腹板节点域，受拉翼缘两侧的高强螺栓达到极限应力，栓杆出现明显塑性变形被拉长变细，导致受拉侧端板与柱翼缘之间被拉开并有明显塑性变形，试件破坏是由端板和柱翼缘局部变形过大造成的。柱翼缘厚度为 12mm，端板厚度为 16mm 的 EP-1 试件的塑性变形始终明显大于 EP-2、EP-3 试件，说明随着柱翼缘和端板厚度的减小，节点刚度减弱，使得板件抗弯能力降低，破坏类型由螺栓屈服转向端板屈服。

图 5-10(d)～(f)所示为 BD 系列节点试件的应力云图，3 个试件的梁柱截面尺寸分别为：H300×200×8×12、H300×250×10×16，高强螺栓直径分别为 16mm，20mm，24mm，外伸端板厚度均为 20mm。从应力云图来看，3 个试件在极限荷载作用下，节点最大 Von Mises 应力均出现在柱腹板节点域、外伸端板受拉区附近，但与 EP 试件相比，受拉区端板塑性变形较小，柱腹板节点域应力降低，说明柱截面尺寸的增大特别是柱翼缘厚度的增加，使得节点刚度得到提高，对端板提供了较强约束。3 个试件的应力云图分布规律表现一致，受拉侧端板和柱翼缘均有塑性变形和缝隙，试件破坏是由端板和柱翼缘局部变形过大造成的，说明高强度螺栓直径的变化对节点刚度和变形能力影响不明显。高强度

螺栓最大 Von Mises 应力出现在梁受拉翼缘两侧螺栓，受压侧螺栓受端板和柱翼缘变形限制，应力分布不均匀。

图 5-10(*g*)～(*k*)所示为 CJR 系列节点试件的应力云图，3 个试件的梁柱截面尺寸分别为：H300×200×8×12、H300×250×12×20，高强度螺栓直径均为 20mm、外伸端板厚度均为 20mm。CJR-2、CJR-3 试件均没有设加劲肋，CJR-3 试件与外伸端板对应位置的柱翼缘内则设置了加强背板。在梁端极限荷载作用下，3 个试件的柱翼缘和端板几乎没有出现塑性变形和缝隙，CJR-1 试件的最大 Von Mises 应力出现在柱节点域、靠近梁端的上下翼缘和腹板区域，与 BD 试件基本相同。CJR-2 试件在柱腹板的最大 Von Mises 应力沿外伸端板呈 T 形分布，说明除去柱腹板加劲肋后，降低了节点抗弯刚度能力，节点破坏由节点域向端板外侧延伸。CJR-3 试件在柱腹板的最大 Von Mises 应力分布比 CJR-2 范围减小，但没有得到显著改变，说明在柱翼缘设置背板后节点刚度有所增加，但其作用并不十分明显。高强度螺栓最大 Von Mises 应力出现在梁受拉翼缘两侧螺栓，受压侧螺栓受端板和柱翼缘变形限制，应力分布不均匀。

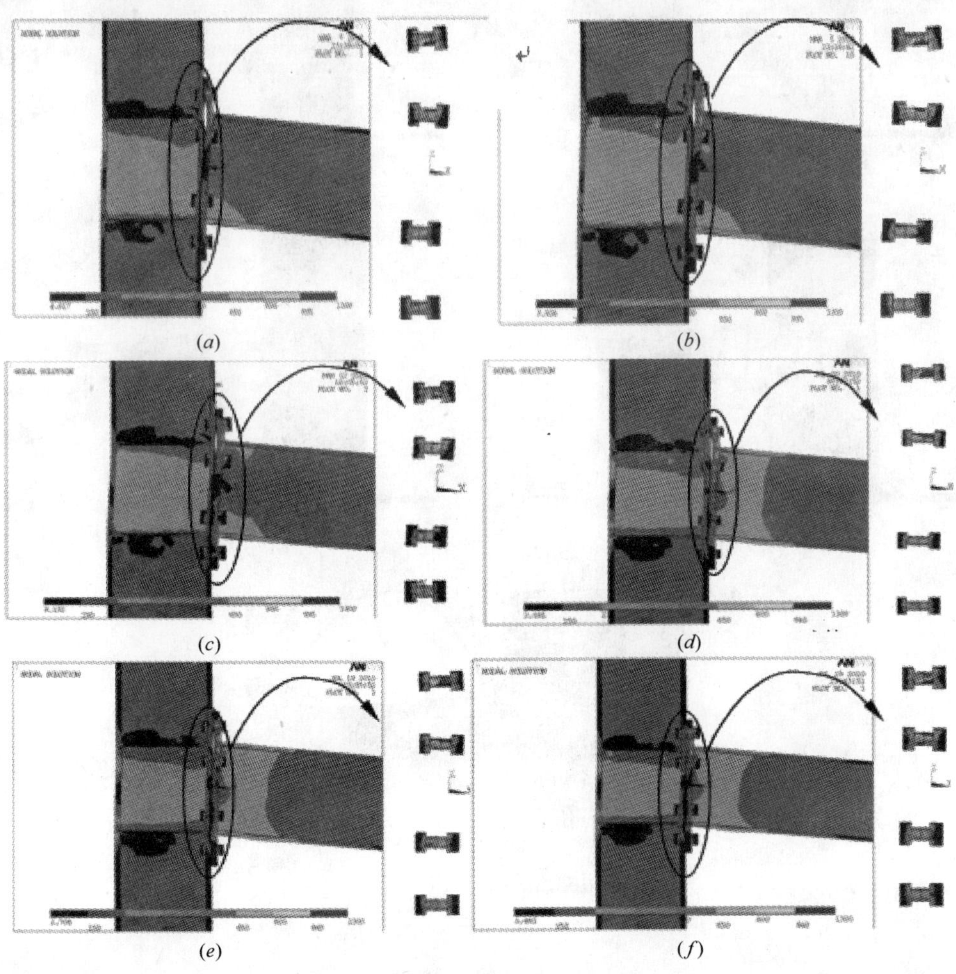

图 5-10 试件的应力云图(一)

(*a*)EP-1 试件；(*b*)EP-2 试件；(*c*)EP-3 试件；(*d*)BD-1 试件；(*e*)BD-2 试件；(*f*)BD-3 试件

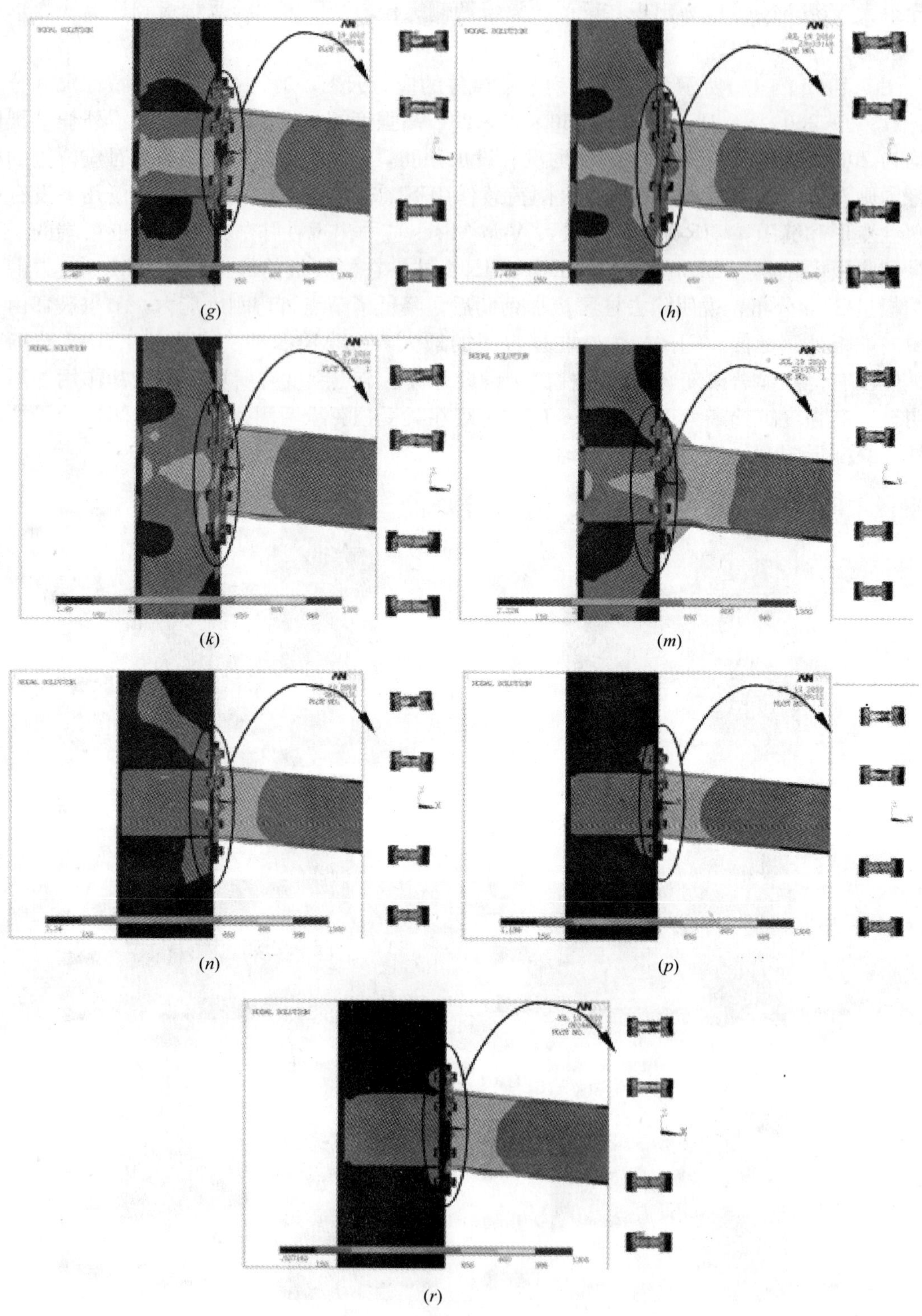

图 5-10　试件的应力云图(二)

(g)CJR-1 试件；(h)CJR-2 试件；(k)CJR-3 试件；(m)EPSF 试件；(n)CT-1 试件；(p)CT-2 试件；(r)CT-3 试件

图 5-10(m)所示为 EP-SF 节点试件，梁柱截面尺寸、高强度螺栓直径、外伸端板厚度与 CJR 系列试件相同，不同之处是在外伸端板上下两侧设置了斜角加劲肋。在极限荷载作用下，板件最大 Von Mises 应力分别出现在节点域、端板斜向加劲肋并沿加劲肋向梁翼缘和腹板发展，试件破坏是由梁下翼缘局部失稳屈曲造成的。从应力云图可以看出，与 CJR 试件相比，节点域、梁端腹板、外伸端板的应力分布均得到改善，说明端板设置加劲肋后提高了梁柱连接节点刚度，节点最大 Von Mises 应力由柱端向梁柱连接外侧的梁上转移，可以较好地避免梁与端板之间的连接焊缝出现脆性破坏。高强度螺栓最大 Von Mises 应力出现在梁受拉翼缘两侧螺栓，受压侧螺栓受端板和柱翼缘变形限制，应力分布不均匀。

图 5-10(n)～(r)所示为 CT 系列试件，3 个试件的梁截面尺寸均为 H300×200×8×12，CT-1 柱截面 H400×400×10×16、CT-2 柱截面 H40×400×12×20、CT-3 柱截面 H40×400×16×25，3 个试件高强度螺栓直径均为 20mm，外伸端板厚度均为 20mm。在梁端极限荷载作用下，3 个试件的柱翼缘和外伸端板均没有发生塑性变形，但有细小缝隙。随柱翼缘厚度增加，板件最大 Von Mises 应力由柱腹板向梁端翼缘转移和发展，节点域应力有所降低，试件 CT-3 对端板约束作用最强，说明柱截面尺寸对节点刚度有显著影响。随柱截面刚度增大，对端板约束作用增大，端板塑性变形减小，节点最大 Von Mises 应力由柱端向梁柱连接外侧的梁上转移，可以较好地避免梁与端板之间的连接焊缝出现脆性破坏，试件破坏是由梁下翼缘局部失稳屈曲造成的。受拉翼缘两侧的高强螺栓最大 Von Mises 应力基本相等，说明柱截面刚度的增加使高强螺栓拉力分布趋向均匀。

5.2.4 高强度螺栓承受拉力作用计算模型

图 5-11～图 5-14 所示各图中的(a)图均表示在荷载作用下的高强度螺栓拉应力分布，纵轴表示 4 排螺栓在端板的位置，每条曲线的四个点从上到下分别表示按受拉区到受压区顺序排列的 4 排螺栓；图 5-11～图 5-14 各图中(b)图中的曲线①表示屈服荷载，曲线②表示极限荷载。表 5-3 所示为各试件按受拉区到受压区顺序排列的 4 排螺栓的极限荷载值。

各试件高强螺栓在屈服荷载和极限荷载作用下的拉应力(MPa) **表 5-3**

试件	EP-1	EP-2	EP-3	BD-1	BD-2	BD-3	CJR-1	CJR-2	CJR-3	EPSF	CT-1	CT-2	CT-3
第 1 排	880 (680)	860 (640)	800 (580)	940 (800)	780 (640)	650 (550)	800 (700)	790 (690)	790 (690)	750 (670)	790 (660)	795 (720)	790 (700)
第 2 排	860 (680)	840 (590)	770 (560)	920 (800)	790 (660)	680 (560)	750 (670)	740 (670)	720 (690)	670 (320)	820 (660)	800 (710)	840 (740)
第 3 排	300	290	280	400	370	400	440	390	410	460	450	500	500
第 4 排	460	450	460	480	470	480	480	430	440	490	500	500	500

注：高强螺栓施加的预拉应力值均为 500MPa，括号内为屈服荷载作用下的拉应力。

图 5-11 所示为 EP 系列试件高强螺栓的拉应力分布，3 个试件高强度螺栓直径均为 20mm，端板厚度分别为 16mm、20mm 和 24mm，柱翼缘厚度为 12mm。在屈服荷载作用下，EP-1 试件受拉翼缘两侧第一排和第二排高强度螺栓屈服拉应力均为 680MPa，转动中心基本位于螺栓群形心，符合我国钢结构规范对摩擦型高强度螺栓的计算假定。在极限荷载作用下，受拉翼缘两侧第一排和第二排高强度螺栓最大拉应力分别为 880MPa 和 860MPa，转动中心的位置与屈服荷载相比变化不大，仍保持在螺栓群形心附近，受压翼

缘两排螺栓的拉应力有所减小，第三排和第四排高强度螺栓拉应力分别为300MPa和460MPa。EP-2试件在屈服荷载和极限荷载作用下各排高强度螺栓的拉应力值与EP-1相比有所降低。端板厚度为24mm的EP-3试件的屈服拉应力和极限拉应力均小于端板厚度分别为16mm和20mm的EP-1和EP-2试件，分别为580MPa和800MPa，说明随着端板厚度的增加，端板的局部变形减小，降低了由于端板变形对高强度螺栓产生的撬力影响。反之，当端板厚度减小，端板刚度降低，增加了端板局部变形对高强度螺栓产生的撬力影响。

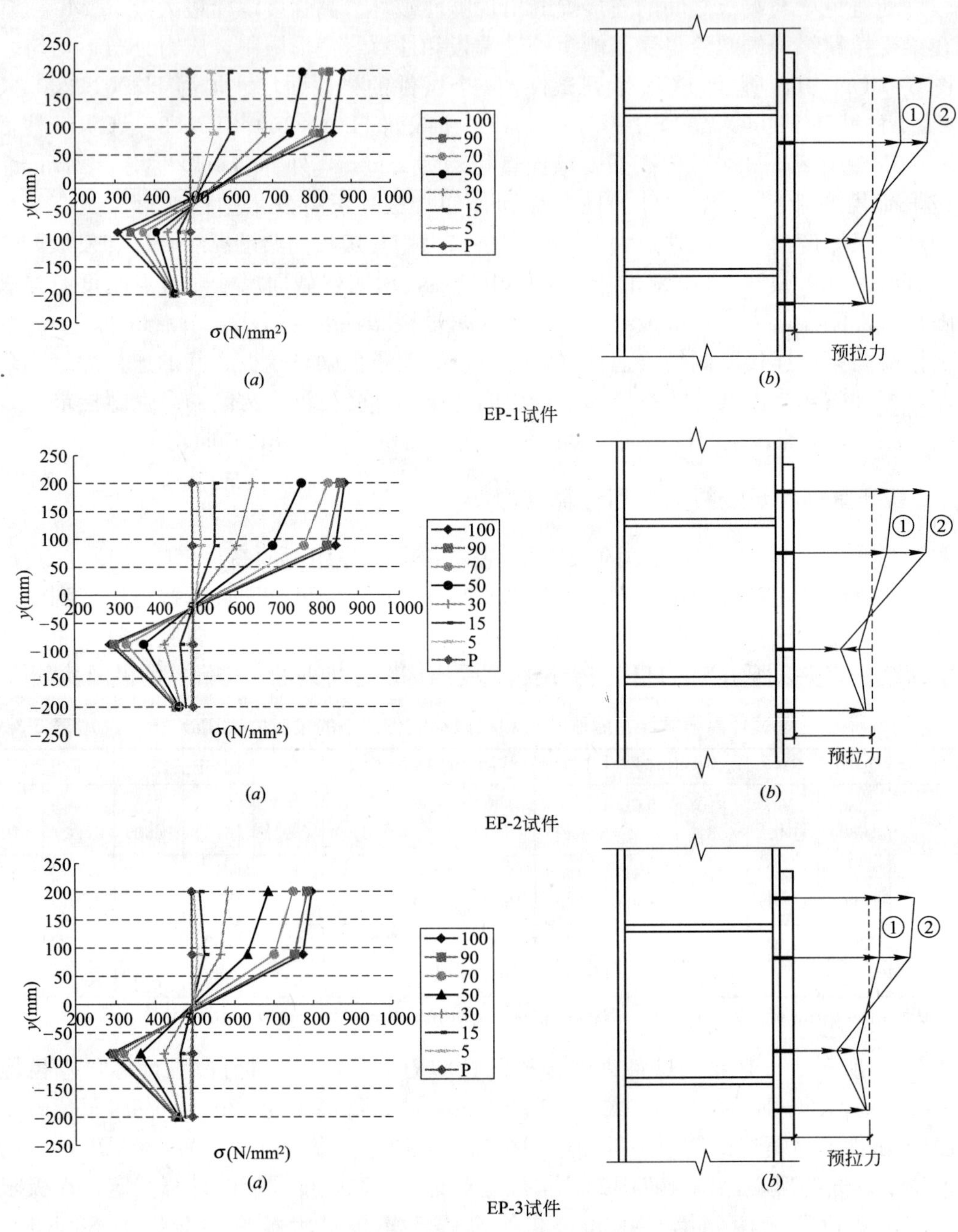

图5-11　EPS系列试件高强度螺栓拉应力分布

图 5-12 所示为 BD 系列试件高强度螺栓的拉应力分布，3 个试件高强度螺栓直径分别为 16mm，20mm，24mm，外伸端板厚度均为 20mm，柱翼缘厚度为 16mm。在屈服荷载作用下，3 个试件的受拉翼缘两侧第一排和第二排高强度螺栓的拉应力值接近。极限荷载作用下，螺栓直径为 16mm 的 BD-1 试件第一排螺栓的拉应力为 940MPa，螺栓直径为 20mm 的 BD-2 试件第一排螺栓的拉应力为 780MPa，螺栓直径为 24mm 的 BD-3 试件第一排螺栓的拉应力为 650MPa。与 EP 试件相比，螺栓群的转动中心下移，BD-2 试件与 EP-2 试件相比，第一排和第二排高强螺栓拉应力分别减小了 10.3% 和 6.3%，说明柱翼缘厚度增加使节点刚度增加，减小板件局部变形，降低了撬力对高强度螺栓的影响。

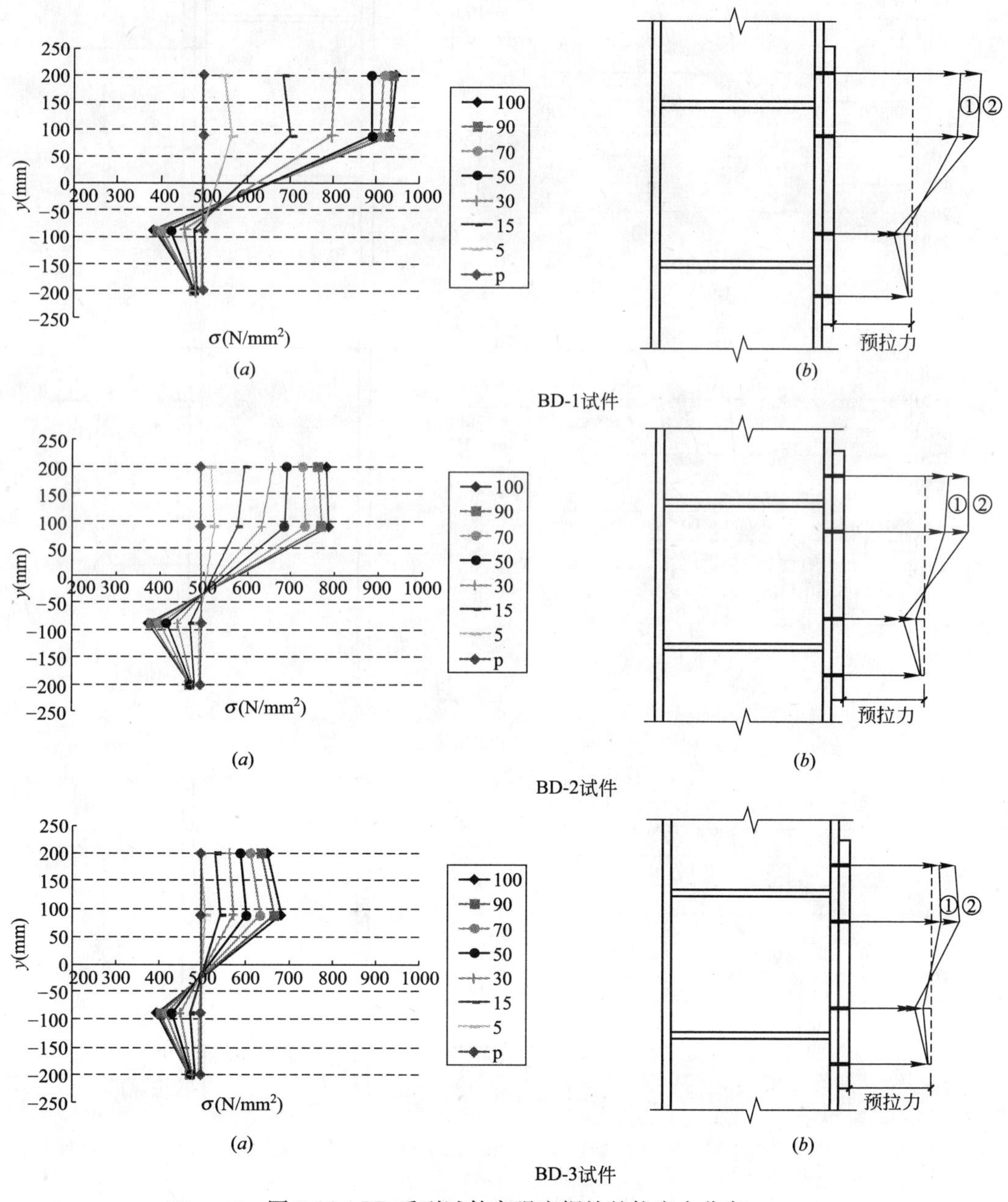

图 5-12 BD 系列试件高强度螺栓的拉应力分布

图 5-13 所示为 CJR 系列试件高强度螺栓的拉应力分布，3 个试件高强度螺栓直径、外伸端板厚度均为 20mm，柱翼缘厚度为 20mm。在屈服荷载作用下 3 个试件的受拉翼缘第一排强螺栓的拉应力值分别为 700MPa、690MPa、690MPa，屈服荷载比其他试件有较大提高，转动中心位置出现下移。在极限荷载作用下，3 个试件第一排螺栓拉应力分别为 800MPa、790MPa、790MPa，屈服荷载与极限荷载比值增大，说明随着柱翼缘厚度增加，提高了节点板件变形能力，减小了撬力对栓杆的不利影响，高强度螺栓屈服荷载得到提

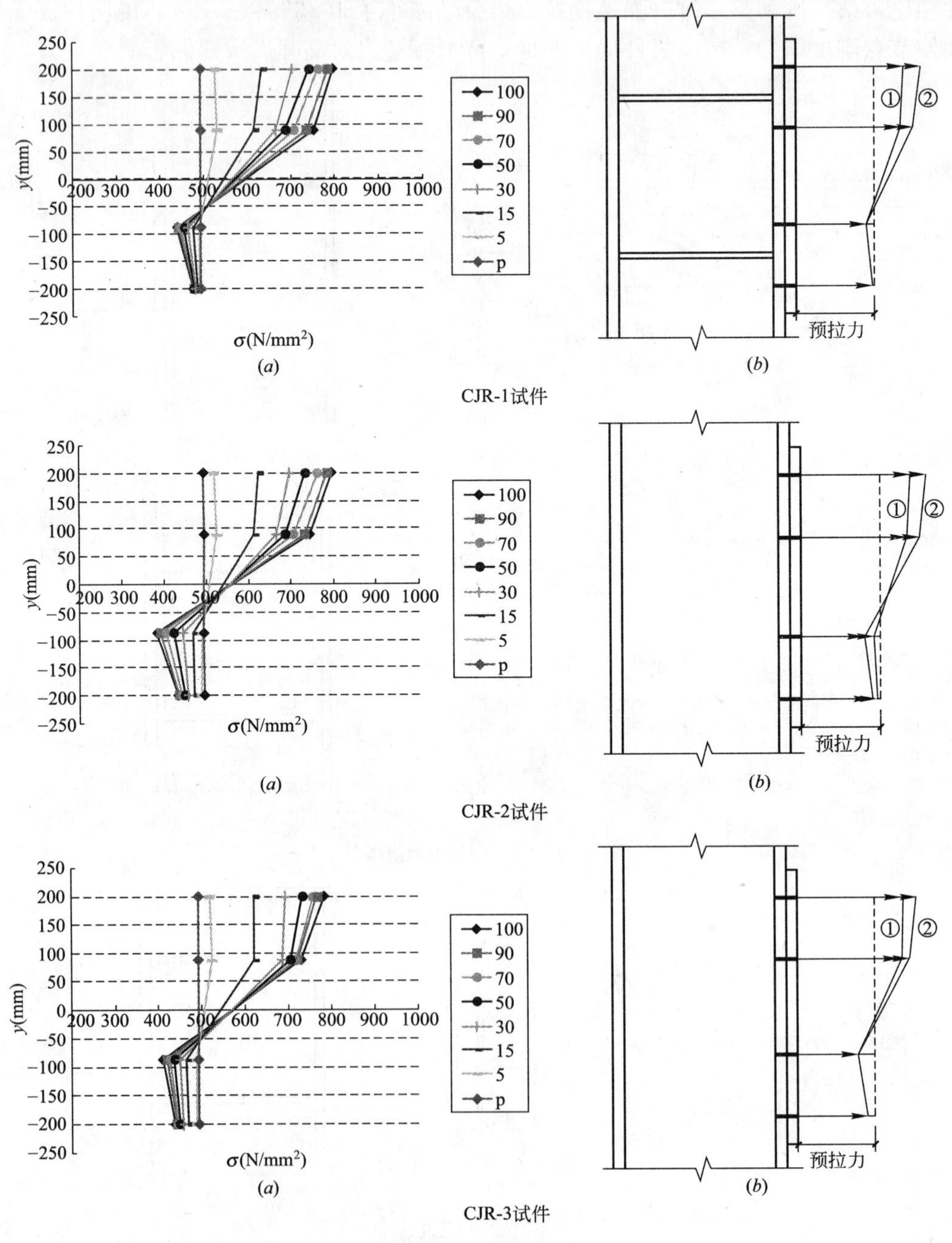

图 5-13　CJR 系列试件高强度螺栓拉应力分布

高。试件 CJR-1 设有加劲肋，受压翼缘两排螺栓的拉应力基本维持在预拉力左右，分别为 440MPa 和 480MPa，压应力几乎全部通过端板和柱翼缘传递。而试件 CJR-2 没有设加劲肋，受压翼缘两排螺栓的拉应力分别为 390MPa 和 430MPa，与 CJR-1 相比需要通过螺栓传递部分压应力，说明加劲肋可以有效提高节点刚度，改善螺栓受力性能。CJR-3 对柱翼缘通过设置背板进行局部加强后，效果不够明显，对改善高强度螺栓受力性能不明显。

图 5-14 所示为 EPSF、CT 系列试件高强度螺栓的拉应力分布，4 个试件高强度螺栓直径均为 20mm，外伸端板厚度均为 20mm，柱翼缘厚度分别为 20mm、16mm、20mm、25mm。在屈服荷载作用下 4 个试件的受拉翼缘第一排强螺栓的拉应力分别为 670MPa、660MPa、720MPa、700MPa。在极限荷载作用下，4 个试件第一排螺栓拉应力分别为 750MPa、790MPa、795MPa、790MPa，CT-1、CT-2 试件的受压翼缘两排螺栓的拉应力

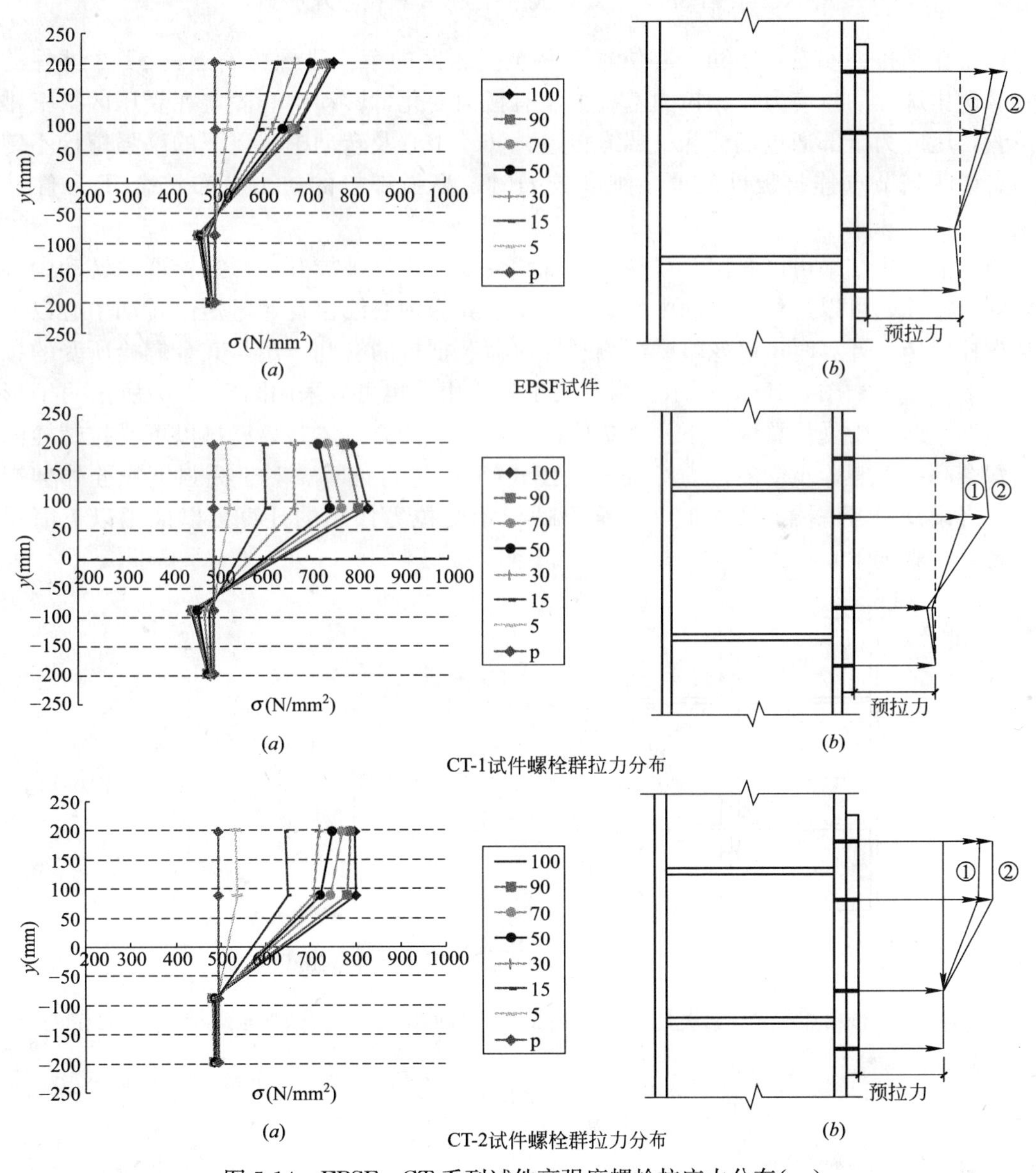

图 5-14 EPSF、CT 系列试件高强度螺栓拉应力分布(一)

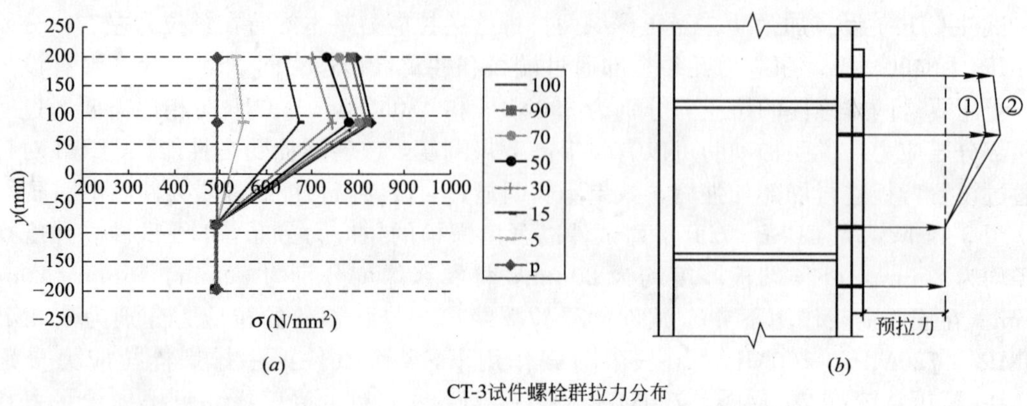

CT-3试件螺栓群拉力分布

图 5-14 EPSF、CT 系列试件高强度螺栓拉应力分布(二)

基本保持在预拉力左右，转动中心位置下移至受压区的第三排螺栓附近，CT-3 试件的受压翼缘两排螺栓的拉应力在预拉力基础上没有任何变化，转动中心固定在受压区第三排螺栓位置，压应力全部通过端板和柱翼缘传递，转动中心及转动中心以下的高强螺栓不传递外力。说明当节点连接板件较厚、刚度较大时，高强螺栓的拉力分布符合 T 形件计算模型。

由以上分析结果可以看出，当端板出现塑性变形板件被拉开后，螺栓群的转动中心下移至受压螺栓，可以近似将转动中心确定在受压翼缘中心线位置，弯矩由转动中心以上的高强螺栓分担，计算时可以忽略受压侧螺栓对荷载抵抗的有利作用，其余螺栓所受的拉力按三角形分布，如图 5-15(*a*)所示。为方便工程应用，也可以采用图 5-15(*b*)所示的 T 形件计算模型，即认为受拉翼缘上下两排螺栓拉力相等，计算时忽略第三排以下受拉螺栓的贡献，每个高强度螺栓承受的拉力可按简化公式(5-9)进行计算。对于高强度螺栓外伸端板连接，当设计中考虑撬力影响时，高强度螺栓承受拉力作用的计算可以采用以下简化方法，计算步骤如下：

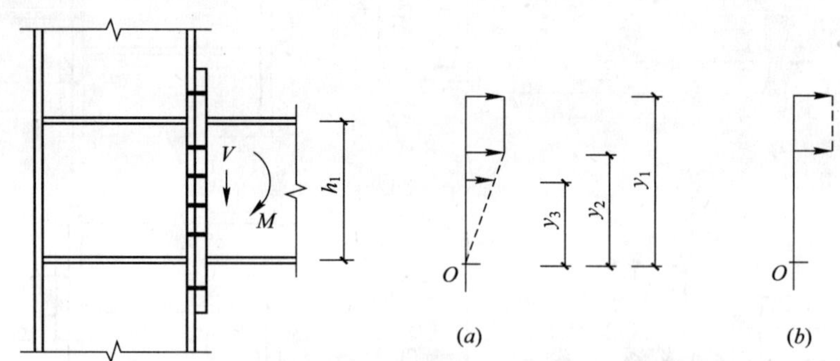

图 5-15 高强度螺栓受拉力作用计算模型

(1) 弯矩全部由梁受拉翼缘上、下两排高强螺栓承担，每个高强螺栓的最大拉力 N_t 按下式计算：

$$N_t = \frac{M}{2mh_1} \leqslant N_t^b \tag{5-9}$$

式中 M——梁端弯矩；

m——高强度螺栓列数；

h_1——梁上下翼缘中心间距；

N_t^b——高强度螺栓抗拉承载力设计值。

（2）当受拉翼缘上、下两排螺栓承载力不能满足式(5-9)要求时，可计入布置于受拉区第三排螺栓共同工作，如图 5-15(a)所示，则：

$$M=m(2N_t h_1+N_3 y_3) \tag{5-10}$$

其中：$N_3=N_t y_3/y_2$，此时最大受拉螺栓的拉力 N_t应符合下式要求：

$$N_t=\frac{M}{m\left(2h_1+\frac{y_3^2}{y_2}\right)}\leqslant N_t^b \tag{5-11}$$

式中 y_2、y_3——分别为第二排和第三排螺栓至受压翼缘中心距离。

从以上计算结果可以看出：

（1）外伸端板连接中，端板厚度、螺栓直径、柱翼缘厚度、端板加劲肋设置等对高强度螺栓的拉力均产生一定影响。

（2）随着外伸端板厚度增加，高强度螺栓受到的拉应力有所减小，说明增加外伸端板厚度使节点刚度得到加强，板件变形减小，而较薄的端板由于板件变形产生的附加撬力使高强螺栓的拉力增加，进一步证明了节点受拉连接中撬力的存在以及对高强度螺栓的不利影响。

（3）外伸端板受拉翼缘两侧螺栓受到的拉力基本相等，当节点连接板件的刚度满足设计要求时，高强度螺栓转动中心位于受压翼缘附近，压应力由端板和柱翼缘共同传递，螺栓拉力分布符合 T 形件计算模型，栓杆抗拉计算应计入撬力影响。

（4）随螺栓直径减小，排螺栓拉应力增大，当螺栓直径较细，其厚度小于端板时，梁受拉翼缘两侧的螺栓将分担更多拉力，高强度螺栓直径应不小于端板厚度。

（5）外伸端板设置斜向加劲肋，可以增加外伸端板刚度，减小撬力影响。当节点域不设置加劲肋时，对柱翼缘设置背板进行局部加强，背板的加强作用不明显。

5.3 参考文献

[5.1] GB 50017—2003 钢结构设计规范 [S].

[5.2] 王燕. 钢结构半刚性梁柱节点连接的杠杆力分析与计算 [J]. 建筑钢结构进展，2004，6(2)：43-46.

[5.3] 王燕，郑杰，侯兆欣. 高强螺栓外伸端板撬力作用的有限元分析与设计方法 [J]. 建筑结构，2009，39(5)：68-75.

[5.4] 王萌，背板加强型梁柱外伸端板连接节点的研究 [D]. 青岛：青岛理工大学，2009.

[5.5] 王萌，王燕，柴昶. 欧洲规范 EC3 高强螺栓等效 T 形件的有效长度及承载力研究 [J]. 建筑钢结构进展，2009，11(3)：58-62.

[5.6] 孙颖，外伸端板连接高强螺栓受力特性研究 [D]. 青岛：青岛理工大学，2010.

[5.7] 任艳然，王燕. 外伸端板高强螺栓受拉连接的计算分析 [J]. 钢结构，2010，25(3)：47-50.

[5.8] 王燕，孙颖. 高强螺栓外伸端板连接受力性能分析 [J]. 钢结构，2011，Vol 26(1)：1-11.

[5.9] BSI，Steel，Concrete and Composite Bridges，Part 3. Code of Practice for Design of Steel Bridges [S]. BS5400，Part 3. 1982：89.

[5.10] British Standards Institution (BSI): BS5950-1: 2000, Structural Use of Steelwork in Building, Part [2] BCSA. Joints in Steel Construction Moment Connections [S]. The Steel Construction Institute, 1999.

[5.11] European Committee for Standardization (CEN). Eurocode 3, Design of Steel Structures, Part 1.8: Design of Joints [S]. PREN 1993-1-8, 2003.

[5.12] JGJ 82—2010 钢结构高强度螺栓连接技术规程 [S].

[5.13] AISC (2002), Specification for Structural Steel Buildings—Load and Resistance Factor Design [S]. 2002, American Institute of Steel Construction, Inc., Chicago, IL.: 11-6-11-16.

[5.14] 郑杰. 钢结构外伸端板T形连接的撬力分析与研究 [D]. 青岛: 青岛理工大学, 2006.

[5.15] GB/T 1228—91 钢结构用高强度大六角头螺栓 [S].

[5.16] GB/T 1229—91 钢结构用高强度大六角头螺母 [S].

第 6 章　半刚性连接钢框架稳定性能研究

6.1　考虑二阶效应的半刚接钢框架结构内力分析

目前，在钢框架设计中，一般多采用弹性理论分析求解结构的内力和变形，而用极限状态设计理论进行框架构件的截面验算显然是不合理的。事实上，钢框架结构在荷载作用下由于工程材料本构关系的非线性、节点连接的非线性以及框架结构本身变形引起的几何非线性效应(主要是 P-Δ 效应)等，使得结构整体、结构构件、结构连接区域和构件截面对荷载的反应呈现既是材料非线性，又是几何非线性状态，特别是一些截面材料屈服后，外荷载与变形的增长逐步脱离线性关系，并由此引起结构的塑性变形和内力重分布现象。本节采用结构弹塑性(非线性)理论对考虑二阶效应的半刚性钢框架结构内力进行了深入的研究和分析。

6.1.1　半刚性连接钢框架梁柱单元非线性刚度方程

所有连接在荷载作用下都会展现出一定程度的柔性，因而所有的钢框架在其本质上都属于半刚性的。钢框架的连接柔性既影响梁柱内力的分布，又对其变形产生影响。因此，在对钢框架进行分析时，应考虑几何非线性和连接柔性所产生的二阶效应，一方面对连接的实际特性应有了解；另一方面则着重于半刚性钢框架的分析，特别是计算机分析，将为以后得出实用性较强的设计方法起到非常重要的作用。

(1) 连接模型

采用变刚度螺旋弹簧模拟钢框架的半刚性梁柱连接，采用结构分析刚度法建立该类梁柱的单元刚度方程。半刚性连接三参数计算模型为[6.1]：

$$M=\frac{R_{ki}\theta}{[1+(\theta/\theta_0)^n]} \tag{6-1}$$

式中　R_{ki}——初始连接刚度，与连接的类型和几何尺寸有关；

θ_0——参考塑性转角，$\theta_0=M_u/R_{ki}$；

n——为形状参数，与连接刚度有关，采用对试验曲线进行统计回归分析的方法，即可求得曲线拟合参数 n，如表 6-1 所示；

M_u——连接的极限弯矩。

不同连接形式的形状参数取值　　表 6-1

类型号	连接形式	形状参数 n 取值
1	外伸端板连接	$\lg\theta_0>-2.00$ 时，$n=1.832\lg\theta_0+5.021$ $\lg\theta_0\leqslant-2.00$ 时，$n=1.357$
2	单腹板角钢连接	$\lg\theta_0>-3.073$ 时，$n=1.322\lg\theta_0+3.952$ $\lg\theta_0\leqslant-3.073$ 时，$n=0.695$

续表

类型号	连接形式	形状参数 n 取值
3	双腹板角钢连接	$\lg\theta_0 > -2.582$ 时，$n = 1.322\lg\theta_0 + 3.952$ $\lg\theta_0 \leqslant -2.582$ 时，$n = 0.573$
4	顶底角钢连接	$\lg\theta_0 > -2.721$ 时，$n = 1.398\lg\theta_0 + 4.631$ $\lg\theta_0 \leqslant -2.721$ 时，$n = 0.827$
5	顶底腹板角钢连接	$\lg\theta_0 > -2.880$ 时，$n = 2.003\lg\theta_0 + 6.070$ $\lg\theta_0 \leqslant -2.880$ 时，$n = 0.302$

(2) 半刚性连接的单元刚度矩阵

通常采用两端带有螺旋弹簧刚度的梁(图 6-1)考虑梁柱连接节点的半刚性。弹簧刚度 R_k 可按不同的节点分析模型得到[6.2]。设梁左右两端弹簧刚度分别为及 R_i、R_j，则梁柱相对转角 θ_{ri}、θ_{rj} 可表示成：

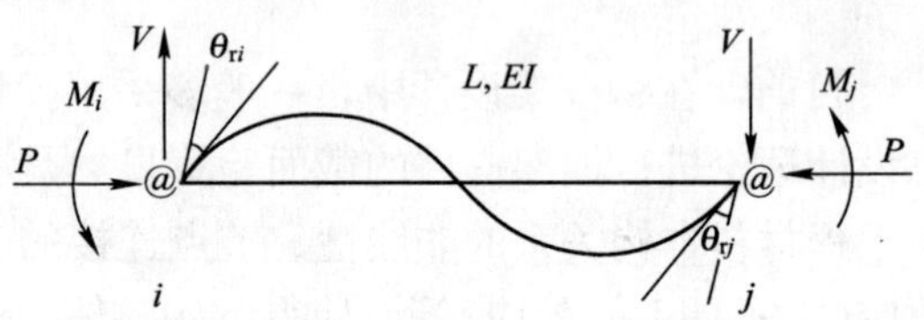

图 6-1 半刚性连接杆件单元

$$\theta_{ri} = \frac{M_i}{R_i}, \quad \theta_{rj} = \frac{M_j}{R_j} \tag{6-2}$$

由一般结构力学方法得：

$$\left.\begin{aligned} M_i &= \frac{EI}{L}[4(\theta_i - \theta_{ri}) + 2(\theta_j - \theta_{rj})] \\ M_j &= \frac{EI}{L}[2(\theta_i - \theta_{ri}) + 4(\theta_j - \theta_{rj})] \end{aligned}\right\} \tag{6-3}$$

将式(6-2)代入式(6-3)整理得

$$\left.\begin{aligned} M_i &= \frac{EI}{L}(S_{ii}\theta_i + S_{ij}\theta_j) \\ M_j &= \frac{EI}{L}(S_{ij}\theta_i + S_{jj}\theta_j) \end{aligned}\right\} \tag{6-4}$$

式中

$$S_{ii} = \left(4 + \frac{12EI}{LR_j}\right)/R, \quad S_{jj} = \left(4 + \frac{12EI}{LR_i}\right)/R, \quad S_{ij} = S_{ji} = 2/R \tag{6-5}$$

$$R = \left(1 + \frac{4EI}{LR_i}\right)\left(1 + \frac{4EI}{LR_j}\right) - \left(\frac{RI}{L}\right)^2 \frac{4}{R_i R_j}$$

当两端有相对竖向位移 V_i、V_j 时：

$$\left.\begin{aligned} M_i &= \frac{EI}{L}(S_{ii}\theta_i + S_{ij}\theta_j) + \frac{EI}{L^2}(S_{ii} + S_{ij})(v_i - v_j) \\ M_j &= \frac{EI}{L}(S_{ij}\theta_i + S_{jj}\theta_j) + \frac{EI}{L^2}(S_{ii} + S_{ij})(v_i - v_j) \end{aligned}\right\} \tag{6-6}$$

当两端有轴向位移 U_i、U_j 时，则杆端轴向力：

$$\left.\begin{aligned} X_i &= \frac{EA}{L}(u_i - u_j) \\ X_j &= \frac{EA}{L}(u_j - u_i) \end{aligned}\right\} \tag{6-7}$$

杆端剪力可以表示为：

$$\left.\begin{aligned}V_i&=\frac{EI}{L^2}[(S_{ii}+S_{ij})\theta_i+(S_{jj}+S_{ij})\theta_j]+\frac{EI}{L^3}(S_{ii}+2S_{ij}+S_{jj})(v_i-v_j)\\V_j&=\frac{EI}{L^2}[(S_{ii}+S_{ij})\theta_i+(S_{jj}+S_{ij})\theta_j]_i-\frac{EI}{L^3}(S_{ii}+2S_{ij}+S_{ij})(v_i-v_j)\end{aligned}\right\}\tag{6-8}$$

将以上各式写成矩阵形式，进而可得半刚性梁单元的刚度矩阵 $[\overline{K}]^{e}_{sr}$ 为：

$$[\overline{K}]^{e}_{sr}=\frac{EI}{L}\begin{bmatrix}\frac{A}{I} & 0 & 0 & -\frac{A}{I} & 0 & 0\\ & \frac{(S_{ii}+2S_{ij}+S_{jj})}{L^2} & \frac{S_{ii}+S_{ij}}{L} & 0 & \frac{-(S_{ii}+2S_{ij}+S_{jj})}{L^2} & \frac{(S_{ij}+S_{jj})}{L}\\ & & S_{ii} & 0 & \frac{-(S_{ii}+S_{ij})}{L} & S_{ij}\\ & & & \frac{A}{I} & 0 & 0\\ & & & & \frac{(S_{ii}+2S_{ij}+S_{jj})}{L^2} & \frac{-(S_{ii}+S_{ij})}{L}\\ \text{SYM} & & & & & S_{jj}\end{bmatrix}\tag{6-9}$$

(3) 考虑二阶效应的半刚性连接的单元刚度矩阵

在结构的稳定分析中，针对未变形的结构分析它的平衡，当不考虑变形对外力效应的影响时，称为一阶分析；而针对已变形的结构来分析它的平衡，则是二阶分析。在分枝稳定理论分析中，临界荷载根据结构变形的位置通过求解微分方程特征方程的特征值来进行计算。二阶分析包括了结构变形后的位形和变形对外力效应(即二阶效应)的影响，二阶效应分析包括由各单根构件轴力引起的 $P\text{-}\delta$ 非线性效应和整个框架侧移的 $P\text{-}\Delta$ 非线性效应。

如图 6-2 所示，在钢结构框架中，$P\text{-}\delta$ 非线性效应可能导致单个构件屈曲或破坏，$P\text{-}\Delta$ 非线性效应则可能导致整个结构失稳。

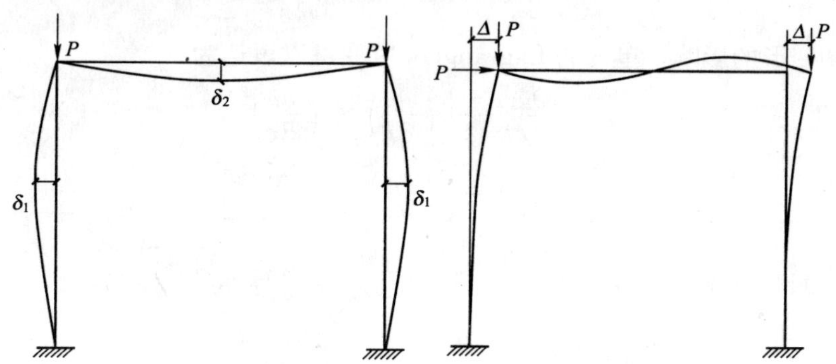

图 6-2　构件与结构的二阶效应

在进行线弹性分析时，通常假定变形相对很小，平衡方程与结构的初始几何条件有关。当荷载不断增加时，结构的几何条件将发生显著变化，此时的平衡与相容方程是非线性的，并且单元刚度矩阵必须包含有几何非线性的影响。此外由于连接柔性的影响，单元刚度矩阵还应进行修改。通常，钢框架中的柱是连续的，而梁两端则为半刚性连接的一部分，并且还有可忽略的很小的轴力。为了清楚地说明刚度矩阵的建立，提出以下类型单元来进行分析[6.3]（图6-3）：

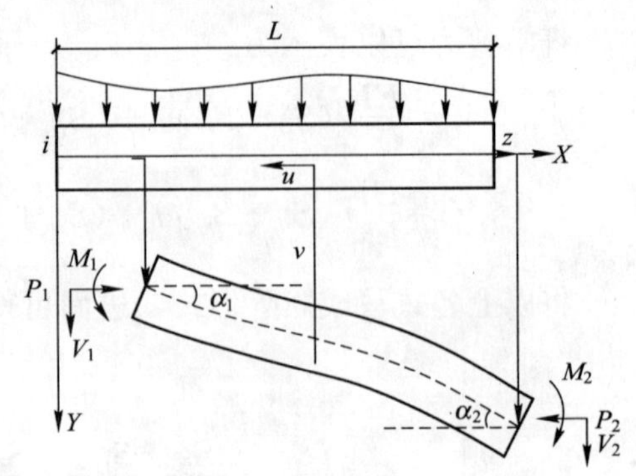

图6-3　杆件变形后计算简图

1）广义梁单元刚度方程

对于一个给定的单元，其总势能函数Ⅱ可表达为：

$$\Pi=U+V \tag{6-10}$$

式中　U——单元的应变能，由下式得到：

$$U=\iint\sigma\mathrm{d}\varepsilon\mathrm{d}V_{\mathrm{e}}=\iiint\sigma\mathrm{d}\varepsilon\mathrm{d}A\mathrm{d}x \tag{6-11}$$

式中　σ——轴向应力；

ε——轴向应变；

V_{e}——单元体积；

A——截面积。

V 为势能，按下式计算：

$$V=-\sum_{i=1}^{n}p_i d_i=-d^{\mathrm{T}}p \tag{6-12}$$

式中　p_i——单元结点力 d_i 为单元结点位移，对于二维框架单元 $i=1\sim6$，即含有六个自由度。假定材料为线弹性特征，按虎克定律，轴向应力与轴向应变的关系为：

$$\sigma=E\varepsilon \tag{6-13}$$

式中　E——材料弹性模量；

$\varepsilon=\varepsilon_0+\varepsilon_{\mathrm{a}}$，$\varepsilon_0$ 表示某位形 C^i 时的单元总应变 ε_{a} 为从位形 C^i 到过程中的单元增量应变；将式(6-13)代入式(6-11)并积分：

$$U=\frac{E}{2}\int_0^L\int_A\varepsilon_{\mathrm{a}}^2\mathrm{d}A\mathrm{d}x+E\varepsilon_0\int_0^L\int_A\varepsilon_{\mathrm{a}}\mathrm{d}A\mathrm{d}x \tag{6-14}$$

忽略剪切变形的影响，单元的Lagrangian应变可以表达为：

$$\varepsilon_{\mathrm{xx}}=\frac{\partial u}{\partial x}+\frac{1}{2}\left[\left(\frac{\partial u}{\partial x}\right)^2+\left(\frac{\partial v}{\partial x}\right)^2\right] \tag{6-15}$$

$$\varepsilon_{\mathrm{yy}}=\frac{\partial u}{\partial y}+\frac{1}{2}\left[\left(\frac{\partial u}{\partial y}\right)^2+\left(\frac{\partial v}{\partial y}\right)^2\right] \tag{6-16}$$

$$\varepsilon_{\mathrm{xy}}=\frac{1}{2}\left[\frac{\partial v}{\partial x}+\frac{\partial u}{\partial y}+\frac{\partial u}{\partial x}\frac{\partial v}{\partial y}+\frac{\partial v}{\partial x}\frac{\partial u}{\partial y}\right] \tag{6-17}$$

式中　u——单元的轴向位移；

v——单元的横向位移。

根据虚功原理：

$$\delta\pi=\int_0^L\int_A\sigma_{\mathrm{xx}}\delta\varepsilon_{\mathrm{xx}}\mathrm{d}A\mathrm{d}x-\int_0^L q_{\mathrm{y}}\delta v_0-[n_{\mathrm{x}}(N_i\delta u_{0i}+V_i\delta v_{0i}+M_i\delta v'_{0i})]_i^j=0 \tag{6-18}$$

式中　σ_{xx}——与应变张量 $\varepsilon_{\mathrm{xx}}$ 对应的应力张量；

n_{x}——在 i 端和 j 端分别取 -1 和 1。

其中虚应变 δe_{xx} 可写为：

$$\delta e_{xx}=\delta u_0'-y\delta v_0''+v_0'\delta v_0' \tag{6-19}$$

把式(6-18)代入式(6-19)可得：

$$\begin{aligned}\delta\pi = &\left[(N-n_x N_i)\delta u_{0i}+(Nv'_0+M'-n_x V_i)\delta v_{0i}-(M+n_x M_i)\delta v'_{0i}\right]_1^2\\ &-\int_0^1\{N'\delta u_0+[(Nv'_0+M')'+q_y]\delta v_0\}\mathrm{d}x\end{aligned} \tag{6-20}$$

式中：

$$N=\int_A \sigma_{xx}\mathrm{d}A,\quad M=\int_A \sigma_{xx} y\mathrm{d}A \tag{6-21}$$

根据边界条件：

$$N'=0 \tag{6-22}$$

$$(Nv_0'+M')'+q_y=0 \tag{6-23}$$

杆件的平衡方程可写为：

$$N=EA\left[u_0'+\frac{1}{2}(v_0')^2\right] \tag{6-24}$$

$$M=-EIv_0'' \tag{6-25}$$

根据边界条件解方程 (6-20)得：

$$\frac{v_0}{l}=\frac{v_{01}}{l}+\frac{\alpha_1}{\gamma l}+\frac{\overline{V}_1}{(\gamma l)^3}(\gamma x-\sin\gamma x)-\frac{\overline{M}_1}{(\gamma l)^2}(1-\cos\gamma x)+\bar{q}_y\left[\frac{(\gamma x)^2}{2(\gamma l)^4}+\frac{1}{(\gamma l)^4}(\cos\gamma x-1)\right] \tag{6-26}$$

式中

$$\gamma=\sqrt{\frac{|N_1|}{EI}};\quad \overline{N}_1=\frac{N_1 l^2}{EI};\quad \overline{V}_i=\frac{V_i l^2}{EI};\quad \overline{M}_i=\frac{M_i l}{EI};\quad \bar{q}_y=\frac{q_y l^3}{EI} \tag{6-27}$$

任一点的水平位移为：

$$u_0=u_{01}+\frac{N_1}{EA}x-\frac{1}{2}\int_0^x v_0'^2\mathrm{d}x \tag{6-28}$$

由式(6-24)、式(6-25)得：

$$\begin{Bmatrix}\overline{N}_1\\ \overline{V}_1\\ \overline{M}_1\\ \overline{N}_2\\ \overline{V}_2\\ \overline{M}_2\end{Bmatrix}=\begin{bmatrix}\frac{Al^2}{I} & 0 & 0 & -\frac{Al^2}{I} & 0 & 0\\ & 12\phi_1 & 6\phi_2 & 0 & -12\phi_1 & 6\phi_2\\ & & 4\phi_3 & 0 & -6\phi_2 & 2\phi_4\\ & & & \frac{Al^2}{I} & 0 & 0\\ & & & & 12\phi_1 & -6\phi_2\\ \text{SYM} & & & & & 4\phi_3\end{bmatrix}\begin{Bmatrix}\bar{u}_1\\ \bar{v}_1\\ \bar{\alpha}_1\\ \bar{u}_2\\ \vec{V}_2\\ \bar{\alpha}_2\end{Bmatrix}+\begin{Bmatrix}0\\ \frac{-\bar{q}_y}{2}\\ \frac{-\bar{q}_y}{12}\left(\frac{3}{2\phi_3+\phi_4}\right)\\ 0\\ \frac{-\bar{q}_y}{2}\\ \frac{\bar{q}_y}{12}\left(\frac{3}{2\phi_3+\phi_4}\right)\end{Bmatrix} \tag{6-29}$$

其中 ϕ_1，ϕ_2，ϕ_3，ϕ_4 为泰勒级数，取泰勒级数的前两项，将式 (6-29)化为：

$$\begin{Bmatrix}\overline{N}_1\\ \overline{V}_1\\ \overline{M}_1\\ \overline{N}_2\\ \overline{V}_2\\ \overline{M}_2\end{Bmatrix}=\begin{bmatrix}\frac{Al^2}{I} & 0 & 0 & -\frac{Al^2}{I} & 0 & 0\\ & 12 & 6 & 0 & -12 & 6\\ & & 4 & 0 & -6 & 2\\ & & & \frac{Al^2}{I} & 0 & 0\\ & & & & 12 & -6\\ \text{SYM} & & & & & 4\end{bmatrix}-\overline{N}_1\begin{bmatrix}0 & 0 & 0 & 0 & 0 & 0\\ & \frac{6}{5} & \frac{1}{10} & 0 & -\frac{6}{5} & \frac{1}{10}\\ & & \frac{2}{15} & 0 & -\frac{1}{10} & -\frac{1}{30}\\ & & & 0 & 0 & 0\\ & & & & \frac{6}{5} & -\frac{1}{10}\\ \text{SYM} & & & & & \frac{2}{15}\end{bmatrix}\begin{Bmatrix}\overline{u}_1\\ \overline{v}_1\\ \overline{\alpha}_1\\ \overline{u}_2\\ \overline{v}_2\\ \overline{\alpha}_2\end{Bmatrix}+\begin{Bmatrix}0\\ \frac{-\overline{q}_y}{2}\\ \frac{-\overline{q}_y}{12}\\ 0\\ \frac{-\overline{q}_y}{2}\\ \frac{\overline{q}_y}{12}\end{Bmatrix} \tag{6-30}$$

式中　$\overline{u}_i=\frac{u_i}{l}$，$\overline{v}_i=\frac{v_i}{l}$

考虑轴向位移影响的几何刚度矩阵 $[K]_{gu}^{e}$ 和考虑竖向位移影响的几何刚度矩阵 $[K]_{gv}^{e}$ 可以表示为：

$$[\overline{K}]_{gu}^{e}=\frac{E}{I}\begin{bmatrix}1 & 0 & 0 & -1 & 0 & 0\\ & \frac{12I}{AL^2} & \frac{6I}{AL} & 0 & -\frac{12I}{AL^2} & \frac{6I}{AL}\\ & & \frac{4I}{A} & 0 & -\frac{6I}{AL} & \frac{2I}{A}\\ & & & 1 & 0 & 0\\ & & & & \frac{12I}{AL^2} & -\frac{6I}{AL}\\ \text{SYM} & & & & & \frac{4I}{A}\end{bmatrix} \tag{6-31}$$

$$[\overline{K}]_{gv}^{e}=\frac{N}{L}\begin{bmatrix}0 & 0 & 0 & 0 & 0 & 0\\ & \frac{6}{5} & \frac{L}{10} & 0 & -\frac{6}{5} & \frac{L}{10}\\ & & \frac{2L^2}{15} & 0 & -\frac{L}{10} & -\frac{L^2}{30}\\ & & & 0 & 0 & 0\\ & & & & \frac{6}{5} & -\frac{L}{10}\\ \text{SYM} & & & & & \frac{2L^2}{15}\end{bmatrix} \tag{6-32}$$

广义梁单元的刚度矩阵包括三部分：考虑半刚接影响的一阶刚度矩阵 $[\overline{K}]_{sr}^{e}$；考虑轴向位移影响的几何刚度矩阵 $[\overline{K}]_{gu}^{e}$；考虑竖向位移影响的几何刚度矩阵$[\overline{K}]_{gv}^{e}$。则广义梁单元刚度矩阵：

$$[\overline{K}]_{b}^{e}=[\overline{K}]_{sr}^{e}+[\overline{K}]_{gu}^{e}+[\overline{K}]_{gv}^{e} \tag{6-33}$$

2）广义柱单元刚度矩阵

研究图6-4所示杆件，该杆承受轴力 P，承受杆端弯矩 M_A 及 M_B 作用，端部转角为 θ_A

及 θ_B。假定杆端无侧移，现在推导它的转角一位移方程，可得：

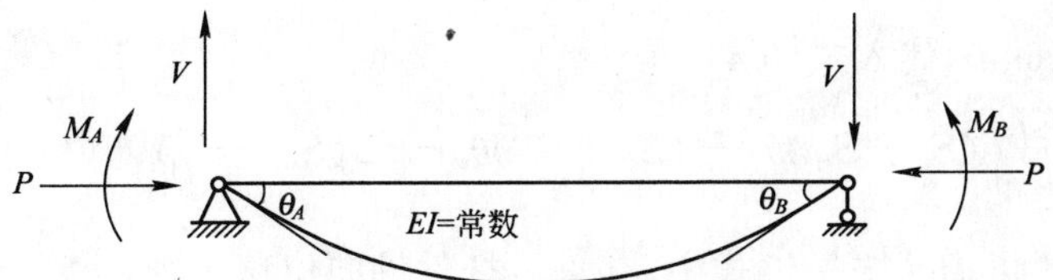

图 6-4 杆端无侧移柱单元

$$EI\frac{\mathrm{d}^4v}{\mathrm{d}x^4}+P\frac{\mathrm{d}^2v}{\mathrm{d}x^2}=0$$

解之得：
$$v=A\sin kx+B\cos kx+Cx+D$$

式中
$$k=\sqrt{P/EI}$$

由边界条件：

$$v|_{x=0}=0,\quad EIv''|_{x=0}=M_A\quad v|_{x=L}=0\quad M_B=-EIv''|_{x=L}$$

可得：

$$A=\frac{M_A\cos kL+M_B}{EIk^2\sin kL},\quad B=-\frac{M_A}{EIk^2},\quad C=-\left(\frac{M_A+M_B}{EIk^2L}\right),\quad D=\frac{M_A}{EIk^2}$$

整理得：

$$v=\frac{1}{EIk^2}\left[\frac{\cos kL}{\sin kL}\sin kx-\cos kx-\frac{x}{L}+1\right]M_A+\frac{1}{EIk^2}\left[\frac{1}{\sin kL}\sin kx-\frac{x}{L}\right]M_B \tag{6-34}$$

在位移很小的情况下，转角可以用侧向位移的一阶导数计算，即：

$$\theta_A=v'|_{x=0}=\frac{L}{EI}\left[\frac{kL\cos KL-\sin kL}{(kL)^2\sin akL}\right]M_A+\frac{L}{EI}\left[\frac{kL-\sin akL}{(kL)^2\sin kL}\right]M_B \tag{6-35}$$

$$\theta_B=v'|_{x=L}=\frac{L}{EI}\left[\frac{KL-\sin kL}{(kL)^2\sin kL}\right]M_A+\frac{L}{EI}\left[\frac{kL\cos kL-\sin kL}{(kL)^2\sin kL}\right]M_B \tag{6-36}$$

则柱端弯矩 M_A、M_B 可以写成：

$$M_A=\frac{EI}{L}(S_{ii}\theta_A+S_{ij}\theta_B) \tag{6-37}$$

$$M_B=\frac{EI}{L}(S_{ji}\theta_A+S_{jj}\theta_B) \tag{6-38}$$

式中

$$S_{ii}=S_{jj}=\frac{kL\sin kL-(kL)^2\cos kL}{2-2\cos kL-kL\sin kL},\quad S_{ij}=S_{ji}=\frac{(kL)^2-kL\sin kL}{2-2\cos kL-kL\sin kL}$$

以上两式为柱的转角位移方程。若柱有侧移，转角位移方程需修正如下：

$$M_A=\frac{EI}{L}\left[S_{ii}\theta_A+S_{ij}\theta_B-(S_{ii}+S_{ij})\frac{\Delta}{L}\right] \tag{6-39}$$

$$M_B=\frac{EI}{L}\left[S_{ji}\theta_A+S_{jj}\theta_B-(S_{ji}+S_{jj})\frac{\Delta}{L}\right] \tag{6-40}$$

杆端产生的剪力 V 为：

$$V=-\left(\frac{M_A+M_B+P\Delta}{L}\right) \tag{6-41}$$

将式(6-39)式(6-40)代入式(6-41)得

$$V=-\frac{EI}{L^2}\left\{(S_{ii}+S_{ij})\theta_A+(S_{ii}+S_{ij})\theta_B-\left[2(S_{ii}+S_{ij})-(kL)^2\right]\frac{\Delta}{L}\right\}$$

轴力位移关系为：$P=\frac{EA}{L}u$，式中，u——杆件轴向位移。则：

$$\begin{bmatrix} P \\ V \\ M_A \\ M_B \end{bmatrix}=\frac{EI}{L}\begin{bmatrix} \frac{A}{L} & 0 & 0 & 0 \\ & \frac{2(S_{ii}+S_{ij})-(kL)^2}{L^2} & -\frac{S_{ii}+S_{ij}}{L} & -\frac{S_{ii}+S_{ij}}{L} \\ & & S_{ii} & S_{ij} \\ \text{SYM} & & & S_{jj} \end{bmatrix}\begin{bmatrix} u \\ \Delta \\ \theta_A \\ \theta_B \end{bmatrix} \tag{6-42}$$

广义柱单元刚度矩阵：

$$[K]_c^e=\frac{EI}{L}\begin{bmatrix} \frac{A}{I} & 0 & 0 & -\frac{A}{I} & 0 & 0 \\ & \frac{12}{L^2}\phi_1 & \frac{6}{L}\phi_2 & 0 & -\frac{12}{L^2}\phi_1 & \frac{6}{L}\phi_2 \\ & & 4\phi_3 & 0 & -\frac{6}{L}\phi_2 & 2\phi_4 \\ & & & \frac{A}{I} & 0 & 0 \\ & & & & \frac{12}{L^2}\phi_1 & -\frac{6}{L}\phi_2 \\ \text{SYM} & & & & & 4\phi_3 \end{bmatrix} \tag{6-43}$$

ϕ_1、ϕ_2、ϕ_3、ϕ_4称为稳定函数。当轴力 P 为压力时：

$$\phi_1=\frac{(kL)^3\sin kL}{12\phi},\quad \phi_2=\frac{(kL)^2(1-\cos kL)}{6\phi},\quad \phi_3=\frac{kL(\sin kL-kL\cos kL)}{4\phi},$$

$$\phi_4=\frac{kL(kL-\sin kL)}{2\phi},\quad \phi=2-2\cos kL-kL\sin kL,\quad (kL)^2=PL^2/EI$$

当轴力 P 为拉力时：

$$\phi_1=\frac{(kL)^3\sinh kL}{12\phi},\quad \phi_2=\frac{(kL)^2(\cosh kL-1)}{6\phi},\quad \phi_3=\frac{kL(kL\cosh kL-\sinh kL)}{4\phi},$$

$$\phi_4=\frac{kL(\sinh kL-kL)}{2\phi},\quad \phi=2-2\cosh kL+kL\sinh kL,\quad (kL)^2=PL^2/EI$$

6.1.2　半刚接框架结构的非线性方程

(1) 结构的整体刚度方程

单元在局部坐标系(单元坐标系)中的刚度矩阵到整体坐标系下的刚度矩阵的转换

式为：

$$K=T^{\mathrm{T}}kT \tag{6-44}$$

式中 K——单元在整体坐标系下的刚度矩阵；

k——单元在局部坐标系下的刚度矩阵；

T——坐标转换矩阵。其形式如下：

$$[T]=\begin{bmatrix} \cos\alpha & \sin\alpha & 0 & 0 & 0 & 0 \\ -\sin\alpha & \cos\alpha & 0 & 0 & 0 & 0 \\ 0 & 0 & 1 & 0 & 0 & 0 \\ 0 & 0 & 0 & \cos\alpha & \sin\alpha & 0 \\ 0 & 0 & 0 & -\sin\alpha & \cos\alpha & 0 \\ 0 & 0 & 0 & 0 & 0 & 1 \end{bmatrix}$$

单元在局部坐标系（单元坐标系）中的刚度矩阵到整体坐标系下的刚度矩阵的转换式为：

$$\{F\}=[K]\{D\} \tag{6-45}$$

式中：$\{D\}$为结构的结点位移列向量，$\{F\}$ 为结构的综合结点荷载列向量，它是由直接作用在结点上的荷载所形成的结点荷载列向量与非结点荷载形成的等效结点荷载列向量叠加而成。

（2）用非线性增量迭代法求解结构非线性方程

非线性分析的目标是求荷载作用下的真实平衡位置。

假设结构在第$(i-1)$荷载增量步的平衡及变形状态已知，要确定结构在第i荷载增量步的结构状态，其增量刚度方程为：

$$[K]_i^{j-1}\{\Delta D\}_i^j=\Delta\{F\}_i^j+\{R\}_i^j \tag{6-46}$$

式中：$[K]_i^{j-1}$是第i荷载增量步内第（$j-1$）次迭代运算后的平衡和变形状态形成的刚度矩阵；$\{\Delta D\}_i^j$是第i荷载增量步内第j次迭代的位移增量列向量；$\Delta\{F\}_i^j$是第i荷载增量步内第j次迭代的荷载增量列向量；$\{R\}_i^j$是第i荷载增量步内第j次迭代运算不平衡力列向量。

假设在经过n次迭代后，方程解收敛，则在第i荷载增量步后的荷载和位移应为：

$$\{F\}_i=\{F\}_{i-1}+\sum_{j=1}^{n}\{\Delta F\}_i^j \tag{6-47}$$

$$\{D\}_i=\{D\}_{i-1}+\sum_{j=1}^{n}\{\Delta D\}_i^j \tag{6-48}$$

（3）软件编制思路

1）计算模型的选择

本研究考虑平面及高度方向都布置规整的结构，采用平面结构计算模型。

2）关于杆件及结构的假定

（a）理想的弹塑性应变硬化材料；

（b）双轴对称等直杆；

（c）不考虑刚架平面内及平面外失稳；

(d) 塑性铰出现在杆端；

(e) 在结构自身平面内不考虑扭转。

3) 编程过程及计算步骤

本文采用非线性增量迭代法(混合法)求解非线性方程，计算步骤如下：

(a) 将施加在结构上的荷载划分为若干荷载等级；

(b) 计算荷载增量 $\{\Delta F\}$；

(c) 计算各杆件单元刚度矩阵 $\{k\}$；

(d) 将单元刚度矩阵集成总刚 $\{K\}$；

(e) 由刚度方程求得位移增量 $\{\Delta D\}$；

(f) 计算杆端力向量；

(g) 检验是否收敛，如果收敛转到第(k)步；

(h) 计算节点的切线刚度；

(i) 用上一步得到的节点刚度对单元刚度矩阵进行修正；

(j) 重复(c—i)步直至收敛；

(k) 在收敛点处，计算累计位移和内力；

(l) 重复以上步骤直至加完所有荷载。

4) 分析计算程序

程序的模块如下：

(a) 输入信息数据，包括模型中的非线性参数以及初始连接刚度 R_{ki} 设置迭代次数 $k=0$ 并将各单元的初始轴力 N_i 设为零。

(b) 计算各个杆件单元的刚度矩阵 $[K]_i^e$，并转换成在整体坐标系下的刚度矩阵。

(c) 将各单元刚度矩阵集合成整体刚度矩阵 $[K]$，然后计算出各个结点的位移 $[D]_k$ (轴向位移、横向位移、转角)。

(d) 利用各单元刚度矩阵和已经求得的结点位移计算出各个单元的杆端力 $[F]$ (轴力、剪力、弯矩)。

(e) 比较各个杆件单元的杆端力，如果本次迭代得出的杆端力与上一次的杆端力之差小于一个足够小的值，则程序计算结束并输出最后的结点位移和各杆件单元的杆端力，否则程序继续进行第六步。

(f) 利用模型计算出模型弯矩，并算出修正的各个结点的刚度，计算迭代次数 $k=k+1$，并返回第二步重新进行迭代。

6.1.3 算例

如图 6-5 所示二层框架，采用 Q235 钢材，梁柱节点为端板连接(图 6-6)。其物理特性如下：弹性模量 $E=206\text{GPa}$，屈服强度 $f_y=215\text{MPa}$，柱 H500×350×6×8，梁 H450×250×6×8。梁的截面面积 $A_b=0.006700\text{m}^2$，梁的截面惯性矩 $I_b=0.0002553$，端板连接初始刚度 $N_{ki}=140654\text{kN}\cdot\text{m/rad}$。

采用平面框架设计软件 PKPM 和本文自编程序 SRSF 分别进行计算，弯矩图如图 6-7 所示。

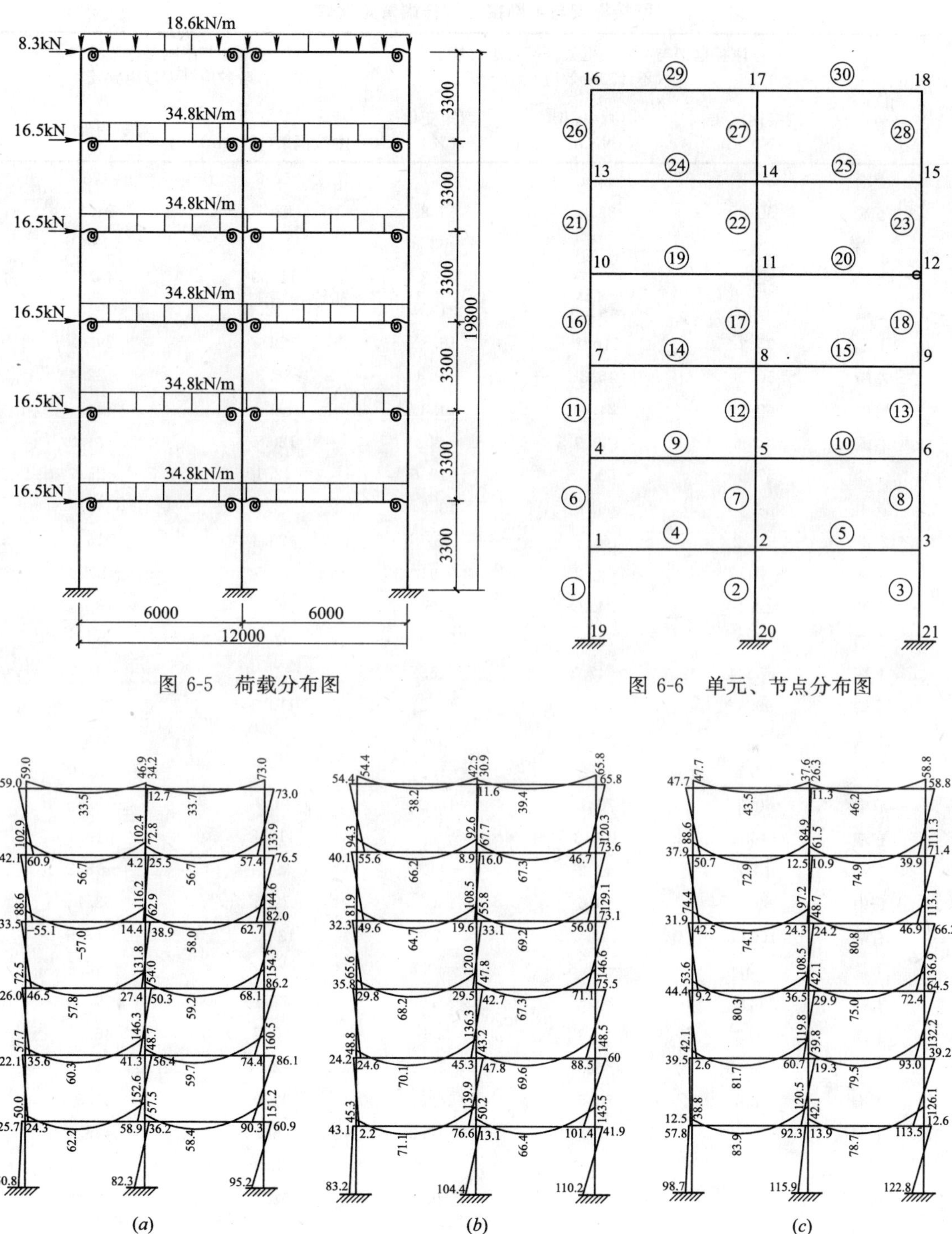

图 6-5 荷载分布图

图 6-6 单元、节点分布图

图 6-7 按不同计算模型所得的弯矩图(kN・m)

(a)按刚接框架计算弯矩图；(b)按半刚接框架计算弯矩图；(c)考虑二阶效应的半刚接框架弯矩图

计算结果列于表 6-2、表 6-3。

刚接框架与半刚接框架杆端弯矩比较 **表 6-2**

单元编号	位置	刚接框架与半刚接框架杆端弯矩比较（不计二阶效应）			刚接框架与半刚接框架考虑二阶效应杆端弯矩比较	
		刚接钢框架（kN·m）	半刚接框架（kN·m）	弯矩变化（%）	考虑二阶效应的半刚接框架（kN·m）	弯矩变化（%）
1	上端	25.7	43.1	67.7	57.8	125
	下端	50.8	83.2	63.8	98.7	94.3
2	上端	−36.2	−13.1	−63.8	13.9	138
	下端	82.3	104.74	27.3	115.9	40.8
3	上端	−60.9	−41.9	31.2	−12.6	79.3
	下端	95.2	110.2	15.8	122.8	29.0
4	左端	50.0	45.3	−9.4	38.8	−22.4
	跨中	62.2	71.1	14.3	83.9	34.8
	右端	152.6	139.9	−8.3	120.5	−21.0
5	左端	57.5	50.2	−12.6	42.1	−26.7
	跨中	58.4	66.4	13.6	78.7	34.7
	右端	151.2	143.5	−5.0	126.1	−16.6
6	下端	−24.3	−2.2	−91	12.5	151
	上端	22.1	24.2	9.5	39.5	78.7
7	下端	58.9	76.6	30.0	92.3	56.7
	上端	−56.4	−47.8	−15.2	−19.3	−65.7
8	下端	90.3	101.4	12.2	113.5	25.6
	上端	−86.1	−60	−30.3	−39.2	−54.4
9	左端	57.7	48.8	−15.4	42.1	−27.0
	跨中	60.3	70.1	16.2	81.7	35.4
	右端	146.3	136.3	−6.8	119.8	−18.1
10	左端	48.7	43.2	−11.2	39.8	−18.2
	跨中	59.7	69.6	16.5	79.5	33.1
	右端	160.5	148.5	−7.4	132.2	−17.6
11	下端	−35.6	−24.6	−30.8	−2.6	−92.6
	上端	26.0	35.8	37.6	44.1	69.6
12	下端	41.3	45.3	9.6	60.7	46.9
	上端	−50.3	−42.7	−15.1	−29.3	−41.7
13	下端	74.8	88.5	18.3	93.0	24.3
	上端	−86.2	−77.5	−10.0	−64.5	−25.1
	下端	154.3	146.6	−4.9	136.9	−11.2
14	左端	72.5	65.6	−9.5	53.6	−26.0
	跨中	57.8	68.2	17.9	80.3	38.9
	右端	131.8	120.0	−8.9	108.5	−17.6
15	左端	54.0	47.8	−11.4	42.1	−22.0
	跨中	59.2	67.3	13.6	75.0	26.6
	右端	154.3	146.6	−4.9	136.9	−11.2

续表

单元编号	位置	刚接框架与半刚接框架杆端弯矩比较（不计二阶效应）			刚接框架与半刚接框架考虑二阶效应杆端弯矩比较	
		刚接钢框架（kN·m）	半刚接框架（kN·m）	弯矩变化（%）	考虑二阶效应的半刚接框架(kN·m）	弯矩变化(%)
16	下端	−46.5	−29.8	−35.9	−9.2	−80.2
	上端	33.5	32.3	−3.5	31.9	−4.7
17	下端	27.4	29.5	7.6	36.5	33.2
	上端	−38.9	−33.1	−14.9	−24.2	−37.7
18	下端	68.2	71.1	4.2	64.5	−5.4
	上端	−82.0	−73.1	−10.8	−66.2	−19.2
19	左端	88.6	81.9	−7.5	74.4	−16.0271
	跨中	57.0	64.7	13.5	74.1	30
	右端	116.2	108.5	−6.6	97.2	−16.3
20	左端	62.9	55.8	−11.2	48.7	−22.5
	跨中	58.0	69.2	19.3	80.8	39.3
	右端	114.6	129.1	12.6	113.1	−1.3
21	下端	−55.1	−49.6	−9.9	−42.5	−22.8
	上端	42.1	40.1	−4.7	37.9	−9.9
22	下端	14.4	19.6	36.1	24.3	68.7
	上端	−25.5	−16.0	−37.2	−10.9	−57.2
23	下端	62.7	56.0	−10.6	46.9	−25.1
	上端	−76.5	−73.6	−3.7	−71.4	−6.6
24	左端	102.9	94.3	−8.3	88.6	−13.8
	跨中	56.7	66.2	16.7	72.9	28.5
	右端	102.4	92.6	−9.5	84.9	−17.0
25	左端	72.8	67.7	−7.0	61.5	−15.5
	跨中	56.7	67.3	18.6	74.9	32.0
	右端	133.9	120.3	−10.1	111.3	−16.8
26	下端	−60.9	−55.6	−8.7	−50.7	−16.7
	上端	59.0	54.4	−7.7	47.7	−19.1
27	下端	4.2	8.9	111.9	12.5	197.6
	上端	−12.7	−11.6	−8.6	−11.3	−11.0
28	下端	57.4	46.7	−18.6	39.9	−30.4
	上端	−73.0	−65.8	−9.8	−58.8	−19.4
29	左端	59.0	54.4	−7.7	47.7	−19.1
	跨中	33.5	38.2	14.0	43.5	29.8
	右端	46.9	42.5	−9.3	37.6	−19.8
30	左端	34.2	30.9	−9.6	26.3	−23.0
	跨中	33.7	39.4	16.9	46.2	37.0
	右端	73.0	65.8	−9.8	58.8	−19.4

刚接框架与半刚接框架位移比较　　**表6-3**

编号	位移	刚接框架与半刚接框架位移比较（不计二阶效应）			刚接框架与半刚接框架考虑二阶效应位移比较	
		刚接钢框架（mm）	半刚接钢框架（mm）	位移变化（%）	考虑二阶效应的半刚接钢框架（mm）	位移变化（%）
节点1	水平	2.8	6.3	125	11.4	307
节点4	水平	7.4	13.8	86.4	18.9	155
节点7	水平	11.3	17.5	54.8	23.4	107
节点10	水平	16.3	21.3	30.7	27.6	69.3
节点13	水平	17.4	25.8	48.2	31.9	83.3
节点16	水平	19.6	28.9	47.4	36.3	85.2
4跨中	竖向	3.0	4.6	53.3	8.4	180
5跨中	竖向	2.7	4.2	55.5	7.6	181.4
9跨中	竖向	2.9	4.4	51.7	7.7	165.5
10跨中	竖向	2.7	4.2	55.5	7.7	185.1
14跨中	竖向	2.8	4.2	50.0	6.8	142.8
15跨中	竖向	2.7	4.1	51.8	6.6	144.4
19跨中	竖向	2.7	4.1	51.8	6.6	144.4
20跨中	竖向	2.7	4.1	51.8	6.6	144.4
24跨中	竖向	2.7	4.1	51.8	6.6	144.4
25跨中	竖向	2.7	4.1	51.8	6.6	144.4
29跨中	竖向	1.7	2.2	29.4	2.9	70.5
30跨中	竖向	1.7	2.2	29.4	2.9	70.5

从以上计算结果可以看出：

（1）半刚性连接框架梁的跨中弯矩与刚性连接相比有所增大，变化幅度最大可达17.9%；当考虑二阶效应后的半刚性连接的跨中弯矩则比刚性连接的增大38.9%，顶层梁比底层梁变化幅度有所增大。半刚性连接梁两端的弯矩与刚性连接有所减小，主要原因是由于梁端嵌固约束作用减弱。

（2）半刚接连接底层框架柱的固端弯矩显著增大，变化幅度最大可增加67.7%；当考虑二阶效应后半刚性连接底层柱的弯矩比刚性连接的增大125%，同时考虑二阶效应后半刚性连接框架的位移也显著增大。变化规律为越靠近顶层，半刚性及二阶效应对柱内力的影响随之减弱。虽然框架梁柱连接节点按半刚性进行设计可以使节点的构造简单，施工安装方便，但与刚性连接节点相比，框架梁的跨中弯矩有所增加，柱的固端弯矩位移也有所增加，设计时应考虑到这些不利影响。

（3）将半刚接框架简化为刚接框架进行内力计算不能准确反映结构的受力状态，节点半刚性和二阶效应对框架位移和内力有显著影响，传统设计方法没有考虑节点柔性对结构的不利影响，框架节点连接刚度和连接类型变化，会引起框架刚度的变化，也会使二阶效应的影响增大或减小，从而引起框架内力与位移的较大变化。

6.2　半刚接钢框架柱的计算长度系数取值研究

根据钢框架稳定设计中柱子计算长度的概念，研究了钢框架中梁柱节点半刚接柱的计算长度系数取值问题，采用螺旋弹簧模拟梁柱节点连接的半刚性，考虑了梁柱间的相对转角关系，通过引入梁柱线刚度比修正系数的计算方法，推导了有侧移和无侧移半刚接钢框架柱计算长度系数的修正公式[6.4]~[6.6]。研究结果表明，在钢框架的稳定分析和设计中，应考虑梁柱节点半刚接连接形式对框架柱子稳定性产生的不利影响。

6.2.1　计算模型

半刚接连接多层多跨钢框架计算模型如图 6-8 所示，分析中忽略材料的屈服影响。在结构稳定分析中考虑节点半刚性以及二阶效应的影响，对半刚接平面钢框架进行二阶弹性稳定分析，简化计算模型如图 6-9 所示。

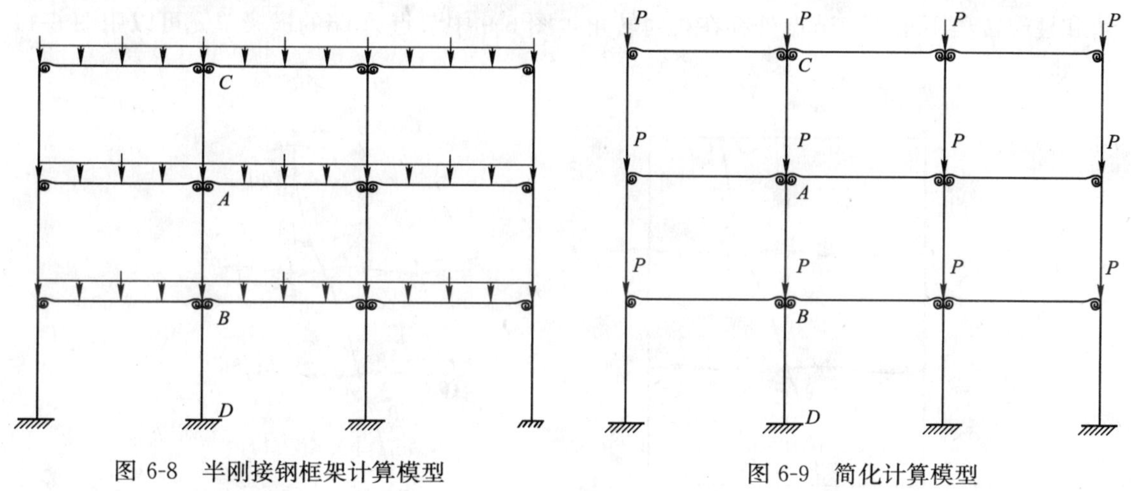

图 6-8　半刚接钢框架计算模型　　图 6-9　简化计算模型

6.2.2　半刚接钢框架梁单元刚度矩阵

半刚接节点的转动刚度与很多因素有关，节点连接特性可以用 M-θ 关系描述：

$$M=f(\theta) \tag{6-49}$$

式中　M——作用于节点的弯矩；

θ——表示构件端部相互之间的角位移。

在弹性阶段可以近似地用节点初始连接刚度模拟节点半刚性，用线性化的模型代替非线性的 M-θ 曲线，即：

$$M=R_{ki}\theta \tag{6-50}$$

为了便于分析，把非线性的半刚性连接模拟成螺旋弹簧[6.7]，节点的初始连接刚度等于弹簧刚度。梁的单元刚度矩阵为：

$$K_b^e=\frac{i_{AB}}{1+4\dfrac{i_{AB}}{R_{KA}}+4\dfrac{i_{AB}}{R_{KB}}+12\dfrac{i_{AB}^2}{R_{KA}R_{KB}}}\begin{vmatrix}4+12\dfrac{i_{AB}}{R_{KB}} & 2\\ 2 & 4+12\dfrac{i_{AB}}{R_{KA}}\end{vmatrix} \tag{6-51}$$

式中：i_{AB}是梁的线刚度比。设 $\alpha_A=2\dfrac{i_{AB}}{R_{KA}}$，$\alpha_B=2\dfrac{i_{AB}}{R_{KB}}$，表示节点的连接刚度系数，它们的取值主要依赖于梁柱节点连接的形式；$B=1+2\alpha_A+2\alpha_B+3\alpha_A\alpha_B$。则单元刚度矩阵可以写为：

$$|K|=\frac{i_{AB}}{B}\begin{vmatrix}4+6\alpha_B & 2\\ 2 & 4+6\alpha_A\end{vmatrix} \tag{6-52}$$

6.2.3 半刚接钢框架柱的计算长度系数修正公式

将梁柱节点按照半刚接考虑，框架的计算简图如图 6-10 所示，图中 θ_A、θ_B分别表示节点 A、B 的柱端转角，设 θ_{ki}表示考虑半刚性影响的梁柱相对转角，那么节点 A 的梁端转角 $\theta_{12}=\theta_A+\theta_{k1}$，$\theta_{34}=\theta_A+\theta_{k3}$，节点 B 的梁端转角 $\theta_{56}=\theta_B+\theta_{k5}$，$\theta_{78}=\theta_B+\theta_{k7}$，即梁端转角和柱端转角不相等，节点处存在相对转角，图 6-9 中节点 A 端的横梁单元可以用图 6-11 表示。

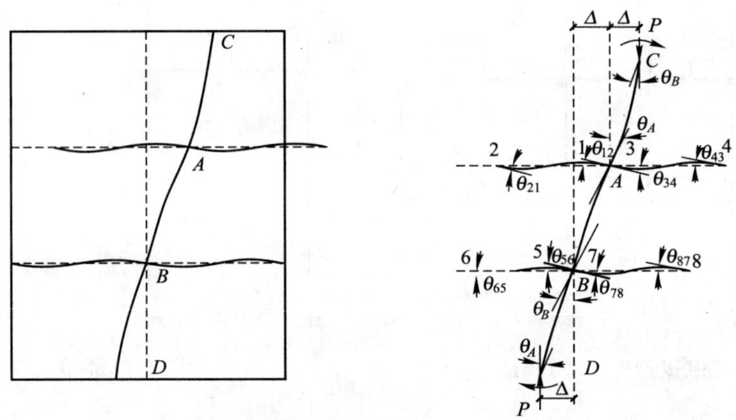

图 6-10 有侧移半刚接钢框架的计算简图

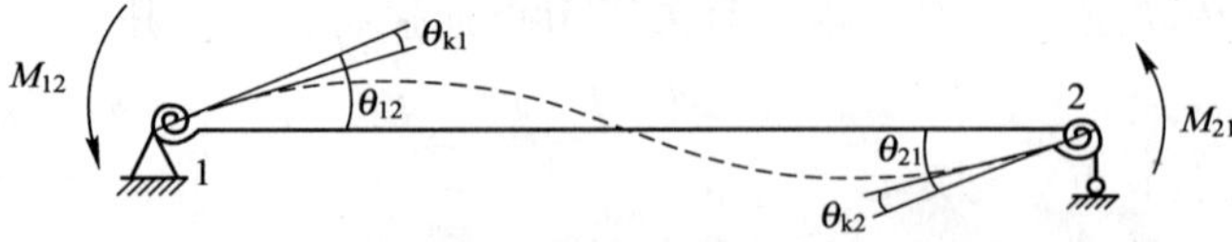

图 6-11 有侧移半刚接钢框架横梁的计算单元

由式(6-52)得到节点 A 的梁端的弯矩方程：

$$M_{12}=\frac{i_{12}}{B_{12}}[(4+6\alpha_{21})+2](\theta_A+\beta_{12}\theta_{k1}) \tag{6-53}$$

$$M_{34}=\frac{i_{34}}{B_{34}}[2+(4+6\alpha_{43})](\theta_A+\beta_{34}\theta_{k3}) \tag{6-54}$$

β_{12}、β_{34}——分别为节点 A 梁与柱相对转角的影响系数；

$$\beta_{12}=\frac{R_{34}}{R_{12}+R_{34}},\quad \beta_{34}=\frac{R_{12}}{R_{12}+R_{34}} \tag{6-55}$$

A 端柱端的弯矩方程可以写为：

$$M_{AB}=i_{AB}[(C\theta_A+S\theta_B)-(C+S)\rho] \tag{6-56}$$

$$M_{AC}=i_{AC}[(C\theta_A+S\theta_B)-(C+S)]=M_{AB}\frac{i_{AC}}{i_{AB}} \tag{6-57}$$

同理可以得到节点 B 有关的梁端和柱端弯矩方程：

$$M_{56}=\frac{i_{56}}{B_{56}}[(4+6\alpha_{65})+2](\theta_B+\beta_{56}\theta_{k5}) \tag{6-58}$$

$$M_{78}=\frac{i_{78}}{B_{78}}[2+(4+6\alpha_{87})](\theta_B+\beta_{78}\theta_{k7}) \tag{6-59}$$

$$\begin{aligned}M_{BA}&=\frac{EI_{AB}}{l_{AB}}[(S\theta_A+C\theta_B)-(C+S)\rho]\\&=i_{AB}[(S\theta_A+C\theta_B)-(C+S)\rho]\end{aligned} \tag{6-60}$$

$$M_{BD}=\frac{EI_{BD}}{l_{BD}}[(S\theta_A+C\theta_B)-(C+S)]=M_{AB}\frac{i_{BD}}{i_{AB}} \tag{6-61}$$

β_{56}、β_{78}——分别为节点 B 梁与柱相对转角影响系数；

$$\beta_{56}=\frac{R_{78}}{R_{56}+R_{78}},\quad \beta_{78}=\frac{R_{56}}{R_{56}+R_{78}} \tag{6-62}$$

由节点 A 的弯矩平衡方程 $M_{AC}+M_{AB}+M_{12}+M_{34}=0$ 得：

$$\left(\Sigma i_{AZ}\cdot C+\frac{6(1+\alpha_{21})}{B_{12}-3\alpha_{12}(1+\alpha_{21})\beta_{12}}i_{12}+\frac{6(1+\alpha_{43})}{B_{34}-3\alpha_{34}(1+\alpha_{43})\beta_{34}}i_{34}\right)\theta+\Sigma i_{AZ}\cdot S\cdot\theta_B-\Sigma i_{AZ}(C+S)\rho=0 \tag{6-63}$$

式中：

$$\alpha_{12}=2\frac{i_{12}}{R_{12}},\quad \alpha_{21}=2\frac{i_{12}}{R_{21}},\quad \alpha_{34}=2\frac{i_{34}}{R_{34}},\quad \alpha_{43}=2\frac{i_{34}}{R_{43}} \tag{6-64}$$

$$\begin{aligned}B_{12}&=1+2\alpha_{12}+2\alpha_{21}+3\alpha_{12}\alpha_{21}\\B_{34}&=1+2\alpha_{34}+2\alpha_{43}+3\alpha_{43}\alpha_{34}\end{aligned} \tag{6-65}$$

式中 Σi_{AZ}——A 节点柱的线刚度之和，$\Sigma i_{AZ}=i_{AC}+i_{AB}$；

ρ——柱的侧移角，$\rho=\Delta\times l_{AB}$；

Δ——柱的侧移值。

同理，得：

$$\left(\Sigma i_{BZ}\cdot C+\frac{6(1+\alpha_{65})}{B_{56}-3\alpha_{56}(1+\alpha_{65})\beta_{56}}i_{56}+\frac{6(1+\alpha_{87})}{B_{78}-3\alpha_{78}(1+\alpha_{87})\beta_{78}}i_{78}\right)\theta_B+\Sigma i_{BZ}\cdot S\cdot\theta_A-\Sigma i_{BZ}(C+S)\rho=0 \tag{6-66}$$

式中：

$$\alpha_{56}=2\frac{i_{56}}{R_{56}},\quad \alpha_{65}=2\frac{i_{56}}{R_{65}},\quad \alpha_{78}=2\frac{i_{78}}{R_{78}},\quad \alpha_{87}=2\frac{i_{78}}{R_{87}} \tag{6-67}$$

$$\begin{aligned}B_{56}&=1+2\alpha_{56}+2\alpha_{65}+3\alpha_{56}\alpha_{65}\\B_{78}&=1+2\alpha_{78}+2\alpha_{87}+3\alpha_{78}\alpha_{87}\end{aligned} \tag{6-68}$$

式中 Σi_{BZ}——B 节点柱的线刚度之和，$\Sigma i_{BZ}=i_{BD}+i_{AB}$；

设 Σi_{AL}、Σi_{BL} 表示相交于节点 A 和 B 的横梁修正线刚度和，并且

$$\Sigma i_{AL}=\frac{2(1+\alpha_{21})}{2B_{12}-3\alpha_{12}(1+\alpha_{21})\beta_{12}}i_{12}+\frac{2(1+\alpha_{43})}{2B_{34}-3\alpha_{34}(1+\alpha_{43})\beta_{34}}i_{34} \tag{6-69}$$

$$\Sigma i_{BL}=\frac{2(1+\alpha_{65})}{2B_{56}-3\alpha_{56}(1+\alpha_{65})\beta_{56}}i_{56}+\frac{2(1+\alpha_{87})}{2B_{78}-3\alpha_{78}(1+\alpha_{87})\beta_{78}}i_{78} \tag{6-70}$$

式(6-63)、式(6-66)可以分别简化为：

$$(\Sigma i_{AZ}\cdot C+6\Sigma i_{AL})\theta_A+\Sigma i_{AZ}\cdot S\cdot\theta_B-\Sigma i_{AZ}(C+S)\rho=0 \tag{6-71}$$

$$(\Sigma i_{BZ}\cdot C+6\Sigma i_{BL})\theta_B+\Sigma i_{BZ}\cdot S\cdot\theta_A-\Sigma i_{BZ}(C+S)\rho=0 \tag{6-72}$$

同理定义 K_1 和 K_2 为相交于节点 A 和 B 的梁柱线刚度比，并且：

$$K_1=\Sigma i_{AL}/\Sigma i_{AZ} \tag{6-73}$$

$$K_2=\Sigma i_{BL}/\Sigma i_{BZ} \tag{6-74}$$

则式(6-71)、式(6-72)可以分别写为以下两式：

$$(C+6K_1)\theta_A+S\cdot\theta_B-(C+S)\rho=0 \tag{6-75}$$

$$(C+6K_2)\theta_B+S\cdot\theta_A-(C+S)\rho=0 \tag{6-76}$$

式(6-69)、式(6-70)可以表示为 $\Sigma i_{AL}=F_{12}i_{12}+F_{34}i_{34}$，$\Sigma i_{BL}=F_{56}i_{56}+F_{78}i_{78}$，代入式(6-73)、式(6-74)，那么梁柱线刚度比的计算公式可以写为：

$$K_1=\Sigma i_{AL}/\Sigma i_{AZ}=(F_{12}i_{12}+F_{34}i_{34})/\Sigma i_{AZ} \tag{6-77}$$

$$K_2=\Sigma i_{BL}/\Sigma i_{BZ}=(F_{56}i_{56}+F_{78}i_{78})/\Sigma i_{BZ} \tag{6-78}$$

式中：

$$\begin{aligned}F_{12}&=\frac{2(1+\alpha_{21})}{2B_{12}-3\beta_{12}\alpha_{12}(1+\alpha_{21})}\\F_{34}&=\frac{2(1+\alpha_{43})}{2B_{34}-3\beta_{34}\alpha_{34}(1+\alpha_{43})}\\F_{56}&=\frac{2(1+\alpha_{65})}{2B_{56}-3\beta_{56}\alpha_{56}(1+\alpha_{65})}\\F_{78}&=\frac{2(1+\alpha_{87})}{2B_{78}-3\beta_{78}\alpha_{78}(1+\alpha_{87})}\end{aligned} \tag{6-79}$$

当框架中横梁两端的弹簧刚度相同，即 $R_{12}=R_{21}$，$R_{34}=R_{43}$，$R_{56}=R_{65}$，$R_{78}=R_{87}$ 时，同理可以得到：

$$\begin{aligned}&\alpha_{12}=\alpha_{21},\quad \alpha_{34}=\alpha_{43},\quad \alpha_{56}=\alpha_{65},\quad \alpha_{78}=\alpha_{87}\\&B_{12}=1+4\alpha_{12}+3\alpha_{12}^2,\quad B_{34}=1+4\alpha_{34}+3\alpha_{34}^2\\&B_{56}=1+4\alpha_{56}+3\alpha_{56}^2,\quad B_{78}=1+4\alpha_{78}+3\alpha_{78}^2\end{aligned} \tag{6-80}$$

将式(6-80)分别代入式(6-79)中得：

$$
\begin{aligned}
F_{12}&=\frac{2(1+\alpha_{12})}{2(1+4\alpha_{12}+3\alpha_{12}^2)-3\beta_{12}\alpha_{12}(1+\alpha_{12})}=\frac{2}{2+3(2-\beta_{12})\alpha_{12}}\\
F_{34}&=\frac{2(1+\alpha_{34})}{2(1+4\alpha_{34}+3\alpha_{34}^2)-3\beta_{34}\alpha_{34}(1+\alpha_{34})}=\frac{2}{2+3(2-\beta_{34})\alpha_{34}}\\
F_{56}&=\frac{2(1+\alpha_{56})}{2(1+4\alpha_{56}+3\alpha_{56}^2)-3\beta_{56}\alpha_{56}(1+\alpha_{56})}=\frac{2}{2+3(2-\beta_{56})\alpha_{56}}\\
F_{78}&=\frac{2(1+\alpha_{78})}{2(1+4\alpha_{78}+3\alpha_{78}^2)-3\beta_{78}\alpha_{78}(1+\alpha_{78})}=\frac{2}{2+3(2-\beta_{78})\alpha_{78}}
\end{aligned}
\tag{6-81}
$$

将式(6-64)、式(6-67)中的 α 和式(6-55)、式(6-62)中的 β 代入式(6-81)中得：

$$
\begin{aligned}
F_{12}&=\frac{1}{1+3i_{12}\left(\frac{1}{R_{12}+R_{34}}+\frac{1}{R_{12}}\right)}\\
F_{34}&=\frac{1}{1+3i_{34}\left(\frac{1}{R_{12}+R_{34}}+\frac{1}{R_{34}}\right)}\\
F_{56}&=\frac{1}{1+3i_{56}\left(\frac{1}{R_{56}+R_{78}}+\frac{1}{R_{56}}\right)}\\
F_{78}&=\frac{1}{1+3i_{78}\left(\frac{1}{R_{56}+R_{78}}+\frac{1}{R_{78}}\right)}
\end{aligned}
\tag{6-82}
$$

式(6-82)即是有侧移框架梁柱线刚度比修正系数的表达式，体现了梁柱节点半刚性的影响，可以看出，梁柱线刚度比的修正系数与横梁线刚度、节点的转动刚度有关。将式(6-82)中的各项梁柱线刚度比修正系数表达式分别代入梁柱线刚度比的式(6-77)、式(6-78)得到修正的梁柱线刚度比计算公式：

$$
K_1=\frac{\dfrac{1}{1+3i_{12}\left(\frac{1}{R_{12}+R_{34}}+\frac{1}{R_{12}}\right)}i_{12}+\dfrac{1}{1+3i_{34}\left(\frac{1}{R_{12}+R_{34}}+\frac{1}{R_{34}}\right)}i_{34}}{\sum\limits_i AZ}
\tag{6-83}
$$

$$
K_2=\frac{\dfrac{1}{1+3i_{56}\left(\frac{1}{R_{56}+R_{78}}+\frac{1}{R_{56}}\right)}i_{56}+\dfrac{1}{1+3i_{78}\left(\frac{1}{R_{56}+R_{78}}+\frac{1}{R_{78}}\right)}i_{78}}{\sum\limits_i BZ}
\tag{6-84}
$$

式中：R_{12}、R_{34}、R_{56}、R_{78}——图 6-10 所示各节点的转动刚度，用下式表示：

$$
\begin{aligned}
R_{12}&=\frac{1}{[1+\lambda^{n_{12}}]^{1/n_{12}}}R_{k12},\quad R_{34}=\frac{1}{[1+\lambda^{n_{34}}]^{1/n_{34}}}R_{k34}\\
R_{56}&=\frac{1}{[1+\lambda^{n_{56}}]^{1/n_{56}}}R_{k56},\quad R_{78}=\frac{1}{[1+\lambda^{n_{78}}]^{1/n_{78}}}R_{k78}
\end{aligned}
\tag{6-85}
$$

式中 λ——节点转角发展系数；

R_{k12}、R_{k34}、R_{k56}、R_{k78}——图 6-10 所示各节点的初始刚度；

n_{12}、n_{34}、n_{56}、n_{78}——图 6-10 所示各节点的形状参数。

式(6-83)、式(6-84)即是有侧移钢框架考虑了梁柱节点的半刚性后修正的梁柱线刚度比的计算公式。由公式可以看出，确定了节点的连接形式和构造，求出初始刚度和形状参数后，利用式(6-85)得到各节点的转动刚度，就可以代入式(6-83)、式(6-84)得到修正后的梁柱线刚度比。

再建立柱的平衡方程：

$$M_{AB}+M_{BA}+P\Delta=0 \tag{6-86}$$

式中 P——柱端轴力，$P=\dfrac{\pi^2EI}{(\mu l_{AB})^2}$；

μ——柱的计算长度系数。

将式(6-56)中的 M_{AB} 和式 (6-60)中的 M_{BA} 代入式 (6-86)中得：

$$(C+S)(\theta_A+\theta_B)-\left[2(C+S)\rho-\left(\frac{\pi}{\mu}\right)^2\rho\right]=0 \tag{6-87}$$

将式(6-75)和式(6-76)相加得：

$$(C+S)(\theta_A+\theta_B)-2(C+S)\rho=-6(K_1\theta_A+K_2\theta_B) \tag{6-88}$$

把式(6-88)代入式(6-87)中得：

$$-6K_1\theta_A-6K_2\theta_B+\left(\frac{\pi}{\mu}\right)^2\rho=0 \tag{6-89}$$

图 6-10 所示结构体系达到稳定极限状态的条件是式(6-75)、式(6-76)和式(6-86)组成的方程组的系数行列式为零，即：

$$\begin{vmatrix} C+6K_1 & S & -(C+S) \\ S & C+6K_2 & -(C+S) \\ -6K_1 & -6K_2 & \left(\dfrac{\pi}{\mu}\right)^2 \end{vmatrix}=0 \tag{6-90}$$

将式(6-90)整理得：

$$\begin{aligned}&(C^2-S^2)\left(\frac{\pi}{\mu}\right)^2+6(K_1+K_2)\left[C\left(\frac{\pi}{\mu}\right)^2-(C^2-S^2)\right]\\&+36K_1K_2\left[\left(\frac{\pi}{\mu}\right)^2-2(C+S)\right]=0\end{aligned} \tag{6-91}$$

式中：

$$C^2-S^2=\frac{\left(\dfrac{\pi}{\mu}\right)^2\left[\left(\dfrac{\pi}{\mu}\right)^2-2\dfrac{\pi}{\mu}\sin\dfrac{\pi}{\mu}+\left(\sin\dfrac{\pi}{\mu}\right)^2\right]}{\left[2-2\cos\dfrac{\pi}{\mu}-\dfrac{\pi}{\mu}\sin\dfrac{\pi}{\mu}\right]^2}$$

$$C\left(\frac{\pi}{\mu}\right)^2-(C^2-S^2)=\frac{-\left(\dfrac{\pi}{\mu}\right)^4\cos\dfrac{\pi}{\mu}}{2-2\cos\dfrac{\pi}{\mu}-\dfrac{\pi}{\mu}\sin\dfrac{\pi}{\mu}} \tag{6-92}$$

$$\left(\frac{\pi}{\mu}\right)^2-2(C+S)=-\left(\frac{\pi}{\mu}\right)^3\frac{\sin\dfrac{\pi}{\mu}}{2-2\cos\dfrac{\pi}{\mu}-\dfrac{\pi}{\mu}\sin\dfrac{\pi}{\mu}}$$

将式(6-92)中代入式(6-91)解得：

$$\left[36K_1K_2-\left(\frac{\pi}{\mu}\right)^2\right]\sin\frac{\pi}{u}+6(K_1+K_2)\frac{\pi}{u}\cos\frac{\pi}{\mu}=0 \tag{6-93}$$

式(6-93)即是刚架横梁考虑有侧移半刚接柱的计算长度系数修正公式，其形式与《钢结构设计规范》(GB 50017—2003)中的公式相同[6.8]。由以上推导可知，只要确定了式(6-79)中的α，求出梁柱线刚度比修正系数F，然后求出修正后的梁柱线刚度比K_1和K_2，即可由“钢规”查得半刚接钢框架柱的计算长度系数μ值。

同理不难推导得到无侧移半刚接钢框架柱的计算长度系数修正公式：

$$\left[\left(\frac{\pi}{\mu}\right)^2+2(K_1+K_2)-4K_1K_2\right]\left(\frac{\pi}{\mu}\right)\sin\left(\frac{\pi}{\mu}\right)-2\left[(K_1+K_2)\left(\frac{\pi}{\mu}\right)^2+4K_1K_2\right]\cos\left(\frac{\pi}{\mu}\right)$$
$$+8K_1K_2=0 \tag{6-94}$$

6.2.4　有侧移框架考虑层间影响柱的计算长度系数修正公式

在6.2.3节的分析中忽略了层间位移的相互影响，按层间位移角相等考虑。实际上由于各层柱的抗弯刚度不同等因素的影响，层间位移是有差异的，即$\Delta_1/l_{AC}\neq\Delta_2/l_{AB}\neq\Delta_3/l_{BD}$(图6-12)。

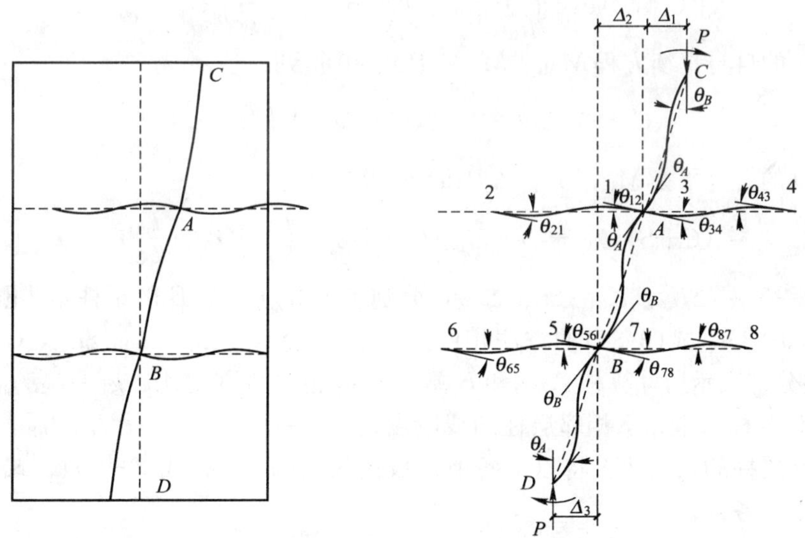

图6-12　层间位移不等时柱的计算简图

当不考虑层间位移的不同时，通过节点A和B的弯矩平衡和柱AB的自身平衡得到了式(6-93)。现在考虑这一影响因素，采用同样的分析方法，分别建立节点A和B的弯矩平衡方程和柱AB、AC、BD的自身平衡方程，得到一个五元一次方程组，利用图6-12所示体系失稳的条件是方程组的行列式为零可以得到柱计算长度系数的计算公式。

设ρ_1、ρ_2、ρ_3分别是Z_{AC}、Z_{AB}、Z_{BD}的侧移角，且$\rho_1=\Delta_1/l_{AC}$，$\rho_2=\Delta_2/l_{AB}$，$\rho_3=\Delta_3/l_{BD}$。梁端的弯矩方程与式(6-53)、式(6-54)、式(6-55)、式(6-59)相同，柱端的弯矩方程

分别为下列各式：

$$\begin{aligned}M_{AC}&=i_{AC}[C\theta_A+S\theta_B-(C+S)\rho_1]\\M_{CA}&=i_{AC}[S\theta_A+C\theta_B-(C+S)\rho_1]\end{aligned}\tag{6-95}$$

$$\begin{aligned}M_{AB}&=i_{AB}[C\theta_A+S\theta_B-(C+S)\rho_2]\\M_{BA}&=i_{AB}[S\theta_A+C\theta_B-(C+S)\rho_2]\end{aligned}\tag{6-96}$$

$$\begin{aligned}M_{AD}&=i_{AD}[C\theta_A+S\theta_B-(C+S)\rho_3]\\M_{DA}&=i_{AD}[S\theta_A+C\theta_B-(C+S)\rho_3]\end{aligned}\tag{6-97}$$

由节点 A 的弯矩平衡 $M_{12}+M_{34}+M_{AB}+M_{AC}=0$ 得到：

$$\begin{aligned}&(\Sigma i_{AZ}\cdot C+6\Sigma i_{AL})\theta_A+\Sigma i_{AZ}\cdot S\cdot\theta_B-i_{AC}(C+S)\rho_1\\&-i_{AB}(C+S)\rho_2=0\end{aligned}\tag{6-98}$$

由节点 B 的弯矩平衡 $M_{56}+M_{78}+M_{BA}+M_{BD}=0$ 得到：

$$\begin{aligned}&\Sigma i_{BZ}\cdot S\cdot\theta_A+(\Sigma i_{BZ}\cdot C+6\Sigma i_{BL})\theta_B-i_{AB}(C+S)\rho_2\\&-i_{AD}(C+S)\rho_3=0\end{aligned}\tag{6-99}$$

由柱 AC 的自身平衡方程 $M_{AC}+M_{CA}+P\Delta_1=0$ 得到：

$$i_{AC}(C+S)(\theta_A+\theta_B)-2i_{AC}(C+S)\rho_1+\left(\frac{\pi}{\mu}\right)^2 i_{AB}\frac{l_{AC}}{l_{AB}}\rho_1=0\tag{6-100}$$

由柱 AB 的自身平衡方程 $M_{AB}+M_{BA}+P\Delta_2=0$ 得到：

$$(C+S)(\theta_A+\theta_B)-2(C+S)\rho_2+\left(\frac{\pi}{\mu}\right)^2\rho_2=0\tag{6-101}$$

由柱 BD 的自身平衡 $M_{BD}+M_{DB}+P\Delta_3=0$ 得到：

$$i_{BD}(C+S)(\theta_A+\theta_B)-2i_{BD}(C+S)\rho_3+\left(\frac{\pi}{\mu}\right)^2 i_{AB}\cdot\frac{l_{BD}}{l_{AB}}\rho_3=0\tag{6-102}$$

定义 $K_1=\Sigma i_{AL}/\Sigma i_{AZ}$，$K_2=\Sigma i_{BL}/\Sigma i_{BZ}$，分别表示节点 A 和 B 的梁柱正线刚度比，其计算方法与式(6-83)、式(6-84)的方法相同；$G_1=i_{AC}/\Sigma i_{AZ}$，$G_2=i_{AB}/\Sigma i_{AZ}$，$G_3=i_{AB}/\Sigma i_{BZ}$，$G_4=i_{BD}/\Sigma i_{BZ}$分别表示所计算柱 A 端和 B 端各柱的相对线刚度比。$g_1=i_{AB}/i_{AC}$，$g_2=i_{AB}/i_{BD}$，表示所计算柱与上、下相邻层柱的线刚度比。$s_1=l_{AC}/l_{AB}$、$s_2=l_{BD}/l_{AB}$表示所计算柱与上、下相邻层柱的长度比。将以上各项系数代入式(6-98)、式(6-100)、式(6-102)中可以分别得到下列各式：

$$(C+6K_1)\theta_A+S\theta_B-G_1(C+S)\rho_1-G_2(C+S)\rho_2=0\tag{6-103}$$

$$S\theta_A+(C+6K_2)\theta_B-G_3(C+S)\rho_2-G_4(C+S)\rho_3=0\tag{6-104}$$

$$(C+S)(\theta_A+\theta_B)-2(C+S)\rho_1+\left(\frac{\pi}{\mu}\right)^2\cdot g_1 s_1\rho_1=0\tag{6-105}$$

$$(C+S)(\theta_A+\theta_B)-2(C+S)\rho_3+\left(\frac{\pi}{\mu}\right)^2 g_2 s_2\rho_3=0\tag{6-106}$$

那么如图 6-12 所示的体系达到屈曲极限失稳的条件是式(6-101)，式(6-103)，式(6-104)、式(6-105)和式(6-106)组成的方程组的系数行列式为零，即：

$$\begin{vmatrix} C+6K_1 & S & -G_1(C+S) & -G_2(C+S) & 0 \\ S & C+6K_2 & 0 & -G_3(C+S) & -G_4(C+S) \\ C+S & C+S & -2(C+S)+\left(\frac{\pi}{\mu}\right)^2 & 0 & 0 \\ C+S & C+S & 0 & -2(C+S)+\left(\frac{\pi}{\mu}\right)^2 g_1 s_1 & 0 \\ C+S & C+S & 0 & 0 & -2(C+S)+\left(\frac{\pi}{\mu}\right)^2 g_2 s_2 \end{vmatrix}=0 \tag{6-107}$$

将 C 和 S 代入上式可以得到考虑相邻层间的相互影响后的半刚接柱计算长度系数的修正公式：

$$\left\{\left[\left(\frac{\pi}{\mu}\right)^2+6(K_1+K_2)-36K_1K_2\right]\left(\frac{\pi}{\mu}\right)\sin\left(\frac{\pi}{\mu}\right)-2\left[(K_1+K_2)\left(\frac{\pi}{\mu}\right)^2+36K_1K_2\right]\cos\left(\frac{\pi}{\mu}\right)+72K_1K_2\right\}$$

$$\left[A\left(\frac{\pi}{\mu}\right)^3\tan\left(\frac{\pi}{2\mu}\right)+2B\left(\frac{\pi}{\mu}\right)^2+C\left(\frac{\pi}{\mu}\right)\tan\left(\frac{\pi}{2\mu}\right)+2D\right]=0 \tag{6-108}$$

式中：

$$A=G_1 g_2 s_2$$

$$B=g_1 s_1-G_1$$

$$C=g_1 s_1[1+G_3+g_2 s_2(G_1+G_4)]$$

$$D=(1-g_1 s_1)[1+G_3+g_2 s_2(G_2+G_4)]$$

K_1、K_2——修正后的半刚接梁柱线刚度比。

从式(6-108)可以看出，由于层间各柱的几何特性不同等因素，使得层间位移不同，考虑这一影响后，半刚接钢框架柱的计算长度系数不但与所计算的柱两端节点处的梁柱修正线刚度比 K_1、K_2 有关，还与所计算柱两端各柱的相对线刚度比 G_1、G_2、G_3、G_4，所计算柱与上、下相邻层柱的线刚度比 g_1、g_2，所计算柱与上、下相邻层柱的长度比 s_1、s_2 有关。

6.2.5 算例

算例一

结构计算简图如图 6-13 所示，横梁和柱为等截面，钢材为 Q235，弹性模量 $E=2.06\times 10^5$N·mm，节点连接采用 10.9 级 M20 的高强度螺栓。

框架横梁分别按有侧移和无侧移两种情况考虑，计算节点刚接和半刚接两种情况下各柱的计算长度系数，按照半刚接考虑时分别计算转角初始(转角发展系数 $\lambda=0$)和达到极限塑性转角(转角发展系数 $\lambda=1$)两种情况，同一横梁两端的节点构造尺寸相同，柱脚按刚接计算。各构件的截面几何特性见表 6-4。

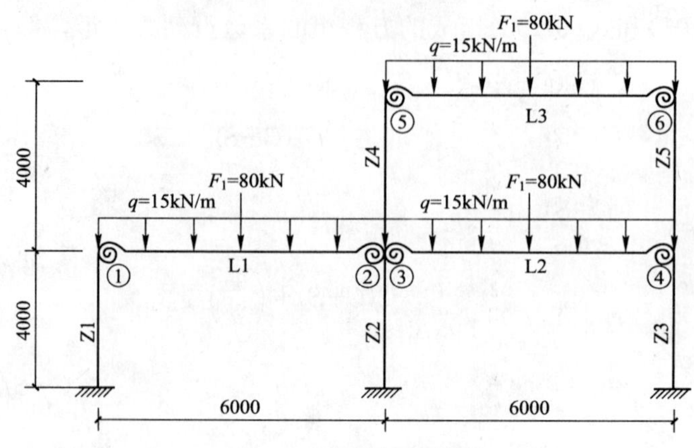

图 6-13 结构计算简图

框架梁、柱截面几何参数 **表 6-4**

构件	截面(mm)	L_x(mm)	I_x(mm^4)	A(mm^2)	i(N·mm)
Z1	450×200×6×8	4000	1.91×108	5804	0.98×1010
Z2，Z4	500×200×8×10	4000	3.14×108	7840	1.62×1010
Z3、Z5	500×200×6×8	4000	2.5×108	6104	1.29×1010
L1	550×180×8×10	6000	3.62×108	7840	1.24×1010
L2	450×180×6×10	6000	2.14×108	6180	0.73×1010
L3	450×200×6×8	6000	1.97×108	5804	0.68×1010

(1) 节点采用高强螺栓外伸端板连接

当采用高强螺栓外伸端板连接时，节点①、节点③和节点⑤的连接详图如图 6-14(a)、图 6-14(b)、图 6-14(c)所示。节点①、节点③和节点⑤的基本参数计算结果如表 6-5 所示。

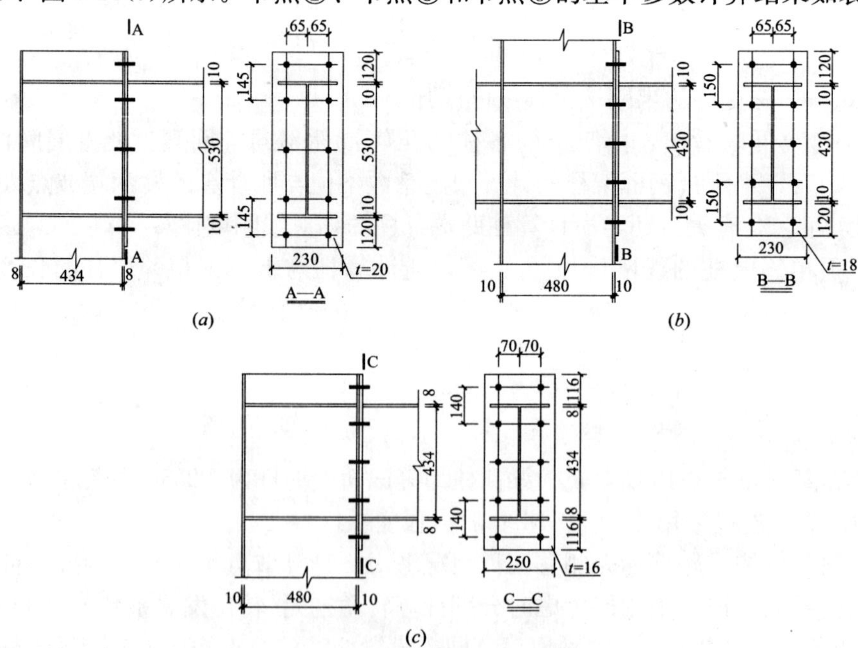

图 6-14 采用高强螺栓外伸端板连接的节点详图

(a)节点①的详图；(b)节点③的详图；(c)节点⑤的详图

外伸端板连接节点基本参数计算结果 **表 6-5**

节点号	V_p(kN)	M_u(N·mm)	n	$\lambda=0$ R_i($\times10^{11}$N·mm)	$\lambda=1$ R_i'($\times10^{11}$N·mm)
① ②	172.8	9.87×107	1.357	4.52	2.71
③ ④	137.89	650.5×107	1.357	2.25	1.35
⑤ ⑥	156.0	5.61×107	1.357	2.73	1.64

(2) 节点采用顶底翼缘角钢连接

当采用顶底翼缘角钢连接时，节点①、节点③和节点⑤的连接详图如图 6-15(a)、图 6-15(b)、图 6-15(c)所示。节点①、节点③和节点⑤的基本参数计算结果如表 6-6 所示。

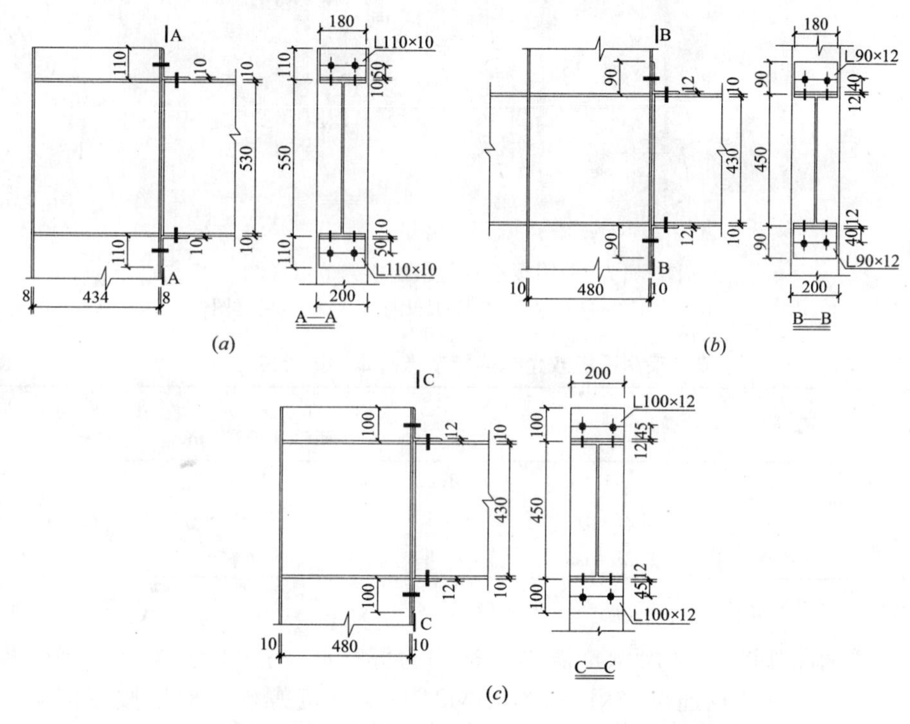

图 6-15 采用顶底翼缘角钢连接的节点详图

(a)点①的详图；(b)节点③的详图；(c)节点⑤的详图

顶底翼缘角钢连接节点基本参数计算结果 **表 6-6**

节点号	M_u(10^6N·mm)	θ_0(10^{-3})	n	$\lambda=0$ R_i($\times10^{10}$N·mm)	$\lambda=1$ R_i'($\times10^{10}$N·mm)
① ②	5.88	0.4	0.827	1.70	0.74
③ ④	6.97	0.2	0.827	3.36	1.45
⑤ ⑥	6.89	0.3	0.827	2.75	1.19

(3) 节点采用腹板双角钢连接

当采用腹板双角钢连接时，节点①、节点③和节点⑤的连接详图如图 6-16(a)、图 6-16(b)、图 6-16(c)所示。节点①、节点③和节点⑤的基本参数计算结果如表 6-7 所示。

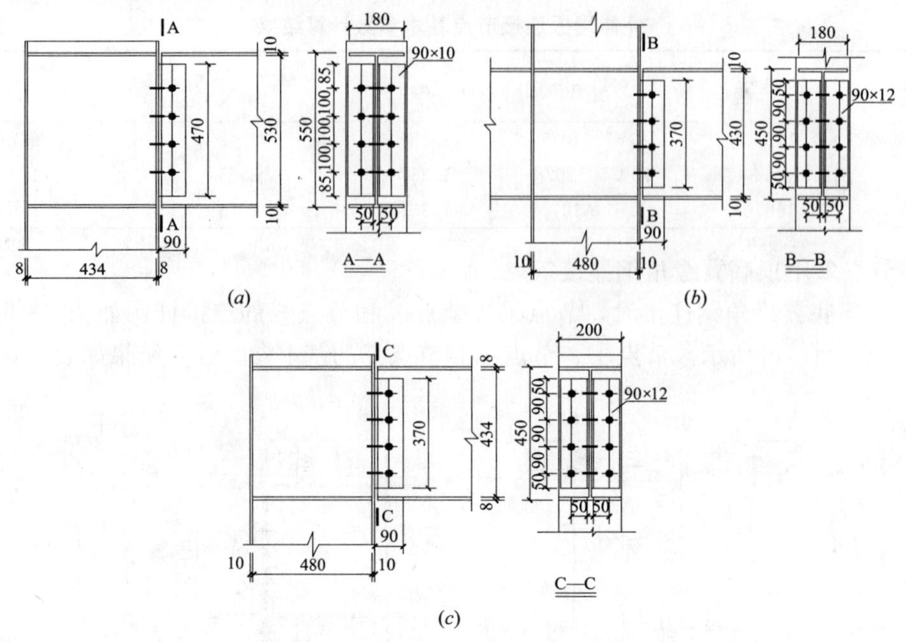

图 6-16　采用腹板双角钢连接的节点详图

(a)点①的详图；(b)节点③的详图；(c)节点⑤的详图

节点采用腹板双角钢连接节点基本参数计算结果　　**表 6-7**

节点号	V_p(kN)	M_u(N·mm)	n	$\lambda=0$ R_i($\times10^{10}$N·mm)	$\lambda=1$ R_i'($\times10^{10}$N·mm)
①　②	162.3	6.46×107	1.02	1.07	0.542
③　④	195.64	3.27×107	0.86	0.916	0.409
⑤　⑥	195.64	3.27×107	0.86	0.916	0.409

算例二

结构计算简图如图 6-17 所示，横梁和柱均为等截面，钢材为 Q235，弹性模量 $E=2.06\times10^5$N·mm，节点连接采用 10.9 级 M24 的高强度螺栓。框架按照横梁有侧移和无侧移两种情况考虑，分别计算节点刚接和半刚接两种情况下各柱的计算长度系数，按

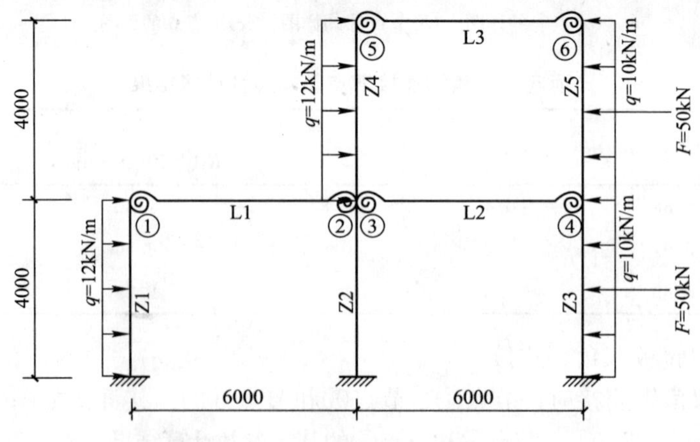

图 6-17　算例二的结构简图

照半刚接考虑时分别计算转角初始（转角发展系数 $\lambda=0$）和达到极限塑性转角（转角发展系数$\lambda=1$）两种情况，柱脚按照刚接计算。在水平荷载作用下框架梁柱截面的几何特性见表 6-8。

框架梁、柱截面的几何参数 **表 6-8**

构件	截面(mm)	L_x(mm)	I_x(mm^4)	A(mm^2)	i($\times10^{10}$N·mm)
Z1	450×200×8×10	4000	1.89×108	7040	0.97
Z2，Z4	500×250×6×8	4000	2.99×108	6904	1.62
Z3、Z5	550×250×8×10	4000	4.64×108	9240	2.39
L1	350×200×6×8	6000	1.12×108	5204	0.38
L2	450×220×8×10	6000	2.66×108	7840	0.91
L3	450×200×6×8	6000	1.97×108	5804	0.68

（1）节点采用高强螺栓外伸端板连接

当节点采用高强螺栓外伸端板连接时，各节点连接详图如图 6-18 所示：

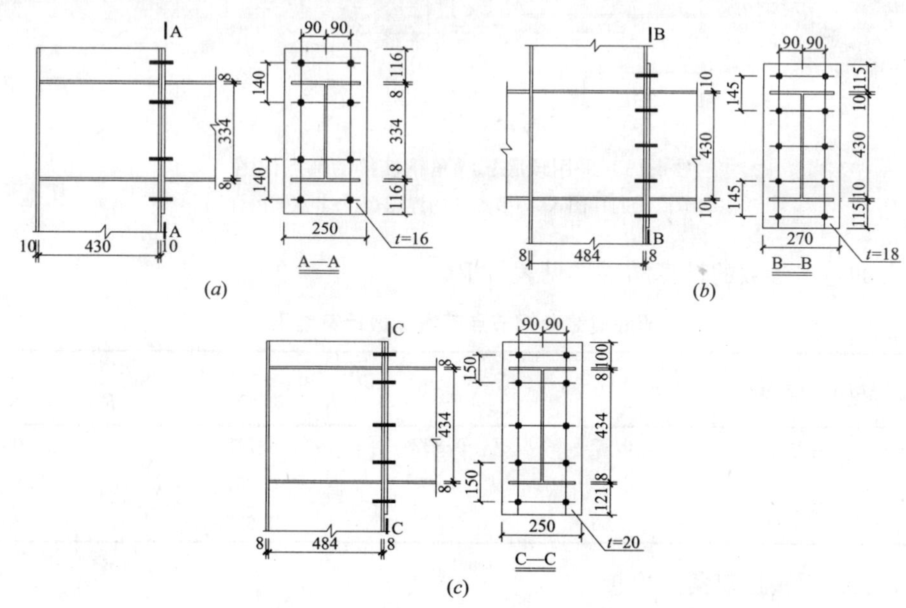

图 6-18 采用高强螺栓外伸端板连接的节点详图

(a)节点①的详图；(b)节点③的详图；(c)节点⑤的详图

各节点的参数结果详见表 6-9。

外伸端板连接节点基本参数计算结果 **表 6-9**

节点号	V_p(kN)	M_u(N·mm)	n	$\lambda=0$ R_i($\times10^{11}$N·mm)	$\lambda=1$ R_i'($\times10^{11}$N·mm)
① ②	119.8	4.47×107	1.357	1.18	0.7
③ ④	161.56	7.62×107	1.357	2.64	1.58
⑤ ⑥	180.39	8.56×107	1.357	3.01	1.8

(2) 节点采用顶底翼缘角钢连接

节点采用顶底翼缘角钢连接时的连接时的连接详图见图 6-19。

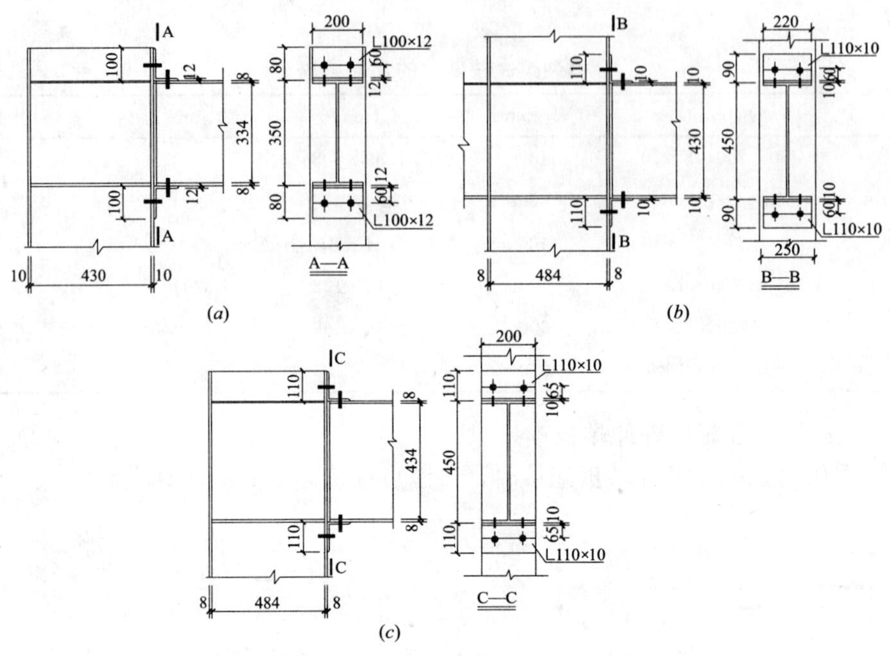

图 6-19 采用顶底翼缘角钢连接的节点详图

(a)节点①的详图；(b)节点③的详图；(c)节点⑤的详图

各节点的基本参数的计算结果详见表 6-10。

顶底翼缘角钢节点基本参数计算结果 **表 6-10**

节点号	M_u ($\times10^6$N·mm)	θ_0 ($\times10^{-3}$)	n	$\lambda=0$ R_i ($\times10^{10}$N·mm)	$\lambda=1$ R_i' ($\times10^{10}$N·mm)
① ②	5.45	0.77	0.827	0.712	0.308
③ ④	4.94	0.58	0.827	0.857	0.370
⑤ ⑥	4.99	0.80	0.827	0.625	0.270

(3) 节点采用腹板双角钢连接

节点采用腹板双角钢连接时的连接详图见图 6-20。

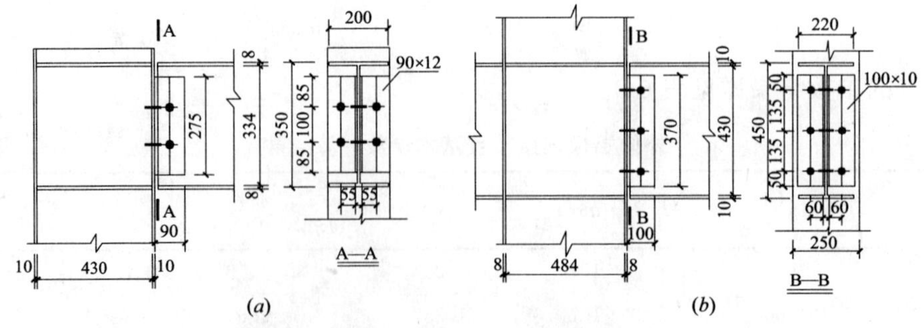

图 6-20 采用腹板双角钢连接的节点详图(一)

(a)节点①的详图；(b)节点③的详图

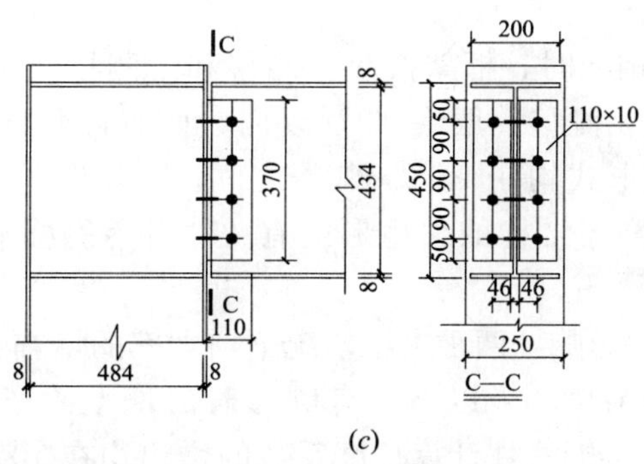

图 6-20　采用腹板双角钢连接的节点详图(二)
(c)节点⑤的详图

各节点的基本参数的计算结果详见表 6-11。

腹板双角钢节点基本参数计算结果　　表 6-11

节点号	V_p(kN)	M_u(N·mm)	n	$\lambda=0$ R_i(×10^{10}N·mm)	$\lambda=1$ R_i'(×10^{10}N·mm)
①　②	125.6	1.61×107	2.24	0.320	0.235
③　④	103.5	2.93×107	1.21	0.345	0.195
⑤　⑥	135.6	3.62×107	1.15	0.475	0.260

算例一、算例二中的节点刚接和半刚接柱的计算长度系数的变化汇总结果见表 6-12。

柱的计算长度系数计算结果汇总表　　表 6-12

项目			竖向荷载作用			水平荷载作用		
			$\lambda=0$ 时 增大率	$\lambda=1$ 时 增大率	增幅	$\lambda=0$ 时 增大率	$\lambda=1$ 时 增大率	增幅
高强螺栓	无侧移	上柱	0.5%~0.9%	0.9%~1.1%	0.4%	0.5%~0.6%	0.7%~1.0%	0.3%
		下柱	0.3%~0.5%	0.6%~1%	0.5%	0.3%~2.3%	0.6%~2.6%	0.3%
	有侧移	上柱	3%	4.5%	1.5%	3%~3.6%	5%~6%	2%
		下柱	1%~2%	1.5%~2.5%	1%	2%~8%	2.5%~12%	3%
顶底翼缘	无侧移	上柱	1%~4%	4%~7%	3%	2%~6%	4%~7%	2%
		下柱	2%~7%	4%~10%	3%	4%~7%	9%	2%
	有侧移	上柱	20%~30%	54%~63%	30%	29%~45	58%~76%	30%
		下柱	8%~19%	16%~35%	10%	16%~33%	27%~44%	10%
腹板角钢	无侧移	上柱	5.5%~7.6%	8.6%~11%	2%	3%~7%	4%~8%	1%
		下柱	3%~8%	4%~10%	2%	9%	10%	1%
	有侧移	上柱	37%~70%	78%~91%	20%	72%~75%	75%~96%	20%
		下柱	20%~30%	30%~40%	10%	26%~45%	30%~54	10%

从以上计算结果可以看出：

(1) 节点的连接形式相同时，框架按照有侧移和无侧移两种情况考虑，柱的计算长度系数的变化规律不同，无侧移一般在10%以内，而有侧移时除了高强螺栓连接时在10%以内，另外两种连接形式均在15%～90%之间。这说明了半刚性对计算长度系数有显著的影响，并且影响程度与结构的失稳形式有关，对有侧移框架的影响较无侧移情况明显。

(2) 考虑节点非线性的影响，两种失稳情况下增大率的增幅也表现出明显的差异，无侧移时增大率的增幅一般在3.0%以下，有侧移时的增幅除了高强螺栓连接的情况在3.0%左右外，另外两种连接形式柱计算长度系数的增幅均在10%～30%之间。这说明了节点的非线性特性对柱的计算长度的影响与结构的失稳形式有关，对有侧移框架的影响较明显。

(3) 高强螺栓外伸端板连接、顶底翼缘角钢连接、腹板双角钢连接三种连接形式柱的计算长度系数增大率不同，呈现增大的趋势，说明半刚性对柱的计算长度系数的影响程度与节点的连接形式有关。采用高强螺栓外伸端板连接时，按照无侧移考虑时，柱的计算长度系数的增大率很小，几乎可以忽略。

(4) 节点半刚性对柱的计算长度系数有明显的影响，影响程度与节点的形式、节点的构造以及梁柱特性有关。因此在半刚接钢框架的设计和计算中，应考虑节点半刚性的影响，对框架柱的计算长度系数进行修正。

6.3 考虑剪切变形的半刚接钢框架柱计算长度系数取值研究

梁柱节点连接在钢框架结构中占有重要地位，其工作性能直接影响整个结构的受力分析状态。传统钢框架稳定分析中，将梁柱节点假定为完全刚接或铰接，但由于受构造和施工安装等因素制约，实际梁、柱节点很难达到理想的刚接或铰接，一般是介于两者之间，即半刚性连接。研究结果表明[6.9][6.10]，将梁视为理想铰接时，梁的受力性能简化为一个简支杆件，梁的弯矩不向柱子传递；假定为刚接时，却低估了框架侧移而高估了梁端弯矩，导致内力分析的计算结果出现较大误差。在目前的钢框架的稳定分析研究中，对于半刚性节点连接的影响着重考虑以下两方面因素[6.11]~[6.14]：一是通过引入柔性连接刚度修正系数考虑节点连接的柔性，推导计算长度系数稳定方程；另一方面是对柱子提供约束梁的线刚度进行修正，考虑半刚性影响。实际工程中，钢框架采用H形、箱形及圆管柱截面，在稳定分析中一般忽略剪切变形影响，然而由于连接节点的柔性当柱的长细比较小时，忽略剪切变形影响将对柱子稳定分析产生一定的误差。本节从节点的半刚性和梁柱剪切变形两个方面考虑，通过引入梁柱线刚度比修正系数，对我国《钢结构设计规范》(GB 50017—2003)中刚接钢框架柱的计算长度系数计算公式进行了修正[6.15][6.16]，以获得考虑梁柱剪切变形无侧移(图 6-21)和有侧移(图 6-22)半刚接框架柱计算长度系数取值公式的研究是十分有必要的。

6.3.1 计算假定

为与我国规范确定的刚性连接钢框架柱计算长度系数的有关假定相协调，结合图 6-21

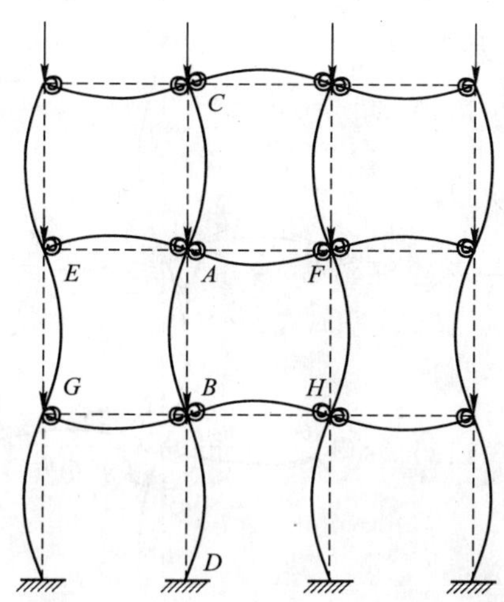

图 6-21 无侧移失稳半刚接钢框架

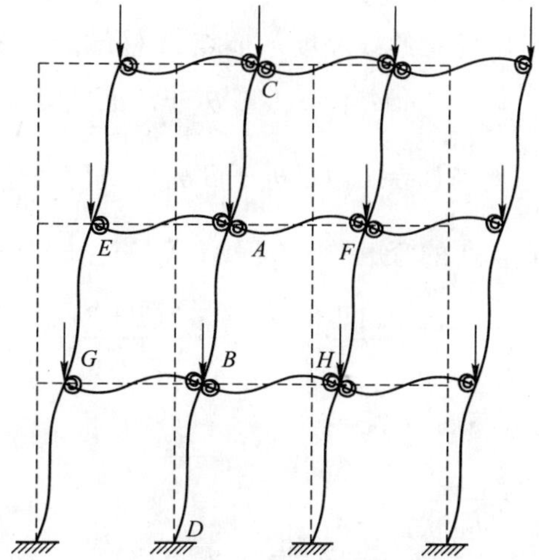

图 6-22 有侧移失稳半刚接钢框架

和图 6-22 所示的两种失稳形态，采用了下列基本假定：

1）梁柱节点的半刚性采用具有一定转动刚度的螺旋弹簧模拟；

2）材料是完全弹性的；

3）框架只承受竖向荷载，并都作用在节点上；

4）所研究的刚架柱与其连接的上下两根柱同时屈曲；

5）各层层间的位移相同，即不考虑相邻层间的影响；

6）当柱子开始失稳时，相交于同一节点的横梁对柱子提供的约束弯矩，按柱子的线刚度之比分配给柱子；

7）刚架无侧移屈曲时同一层各横梁两端的转角大小相等、方向相反，上下柱远端的转角与该柱远端的转角大小相等且方向相同；刚架有侧移屈曲时同一层各横梁两端的转角大小相等、方向相同，上下柱远端的转角与该柱远端的转角大小相等且方向相同；

8）梁、柱采用等截面形式。

6.3.2 无侧移半刚接钢框架柱考虑剪切变形影响计算长度系数

如图 6-23 所示，取出要确定其计算长度柱子 AB 和与之相连的四根梁和上下两根柱作为研究对象。θ_A、θ_B表示节点 A、B 的柱端转角；θ_{ki}表示考虑半刚性影响的梁柱相对转角；节点 A 的梁端转角 $\theta_{12}=\theta_A+\theta_{k1}$，$\theta_{34}=\theta_A+\theta_{k3}$；节点 B 的梁端转角 $\theta_{56}=\theta_B+\theta_{k5}$，$\theta_{78}=\theta_B+\theta_{k7}$，即梁端转角和柱端转角不相等，节点处存在相对转角。节点 A 梁端的弯矩方程为：

$$M_{12}=\frac{i'_{12}}{B_{12}}[(4+6\alpha_{21})-2]\theta_A=\frac{2i'_{12}}{B_{12}}(1+3\alpha_{21})\theta_A \tag{6-109}$$

$$M_{34}=\frac{i'_{34}}{B_{34}}[-2+(4+6\alpha_{43})]\theta_A=\frac{2i'_{34}}{B_{34}}(1+3\alpha_{43})\theta_A \tag{6-110}$$

式中 $i'_{12}=i_{12}/(1+r_{12})$、$i'_{34}=i_{34}/(1+r_{34})$分别为考虑剪切变形后横梁的线刚度。节点 A 柱端的弯矩方程为：

$$M_{AB}=i_{AB}(C'\theta_A+S'\theta_B) \tag{6-111}$$

$$M_{AC}=i_{AC}(C'\theta_A+S'\theta_B)=M_{AB}\frac{i_{AC}}{i_{AB}} \tag{6-112}$$

由节点 A 的弯矩平衡方程 $M_{AC}+M_{AB}+M_{12}+M_{34}=0$ 得：

$$\left(\Sigma i_{AZ}\cdot C'+\frac{2(1+3\alpha_{21})}{B_{12}}i'_{12}+\frac{2(1+3\alpha_{43})}{B_{34}}i'_{34}\right)\theta_A$$

$$+\Sigma i_{AZ}\cdot S'\cdot\theta_B=0 \tag{6-113}$$

式中：

$$\alpha_{12}=2\frac{i'_{12}}{R_{12}},\quad \alpha_{21}=2\frac{i'_{12}}{R_{21}},\quad \alpha_{34}=2\frac{i'_{34}}{R_{34}},\quad \alpha_{43}=2\frac{i'_{34}}{R_{43}} \tag{6-114}$$

$$B_{12}=1+2\alpha_{12}+2\alpha_{21}+3\alpha_{12}\alpha_{21},\quad B_{34}=1+2\alpha_{34}+2\alpha_{43}+3\alpha_{43}\alpha_{34} \tag{6-115}$$

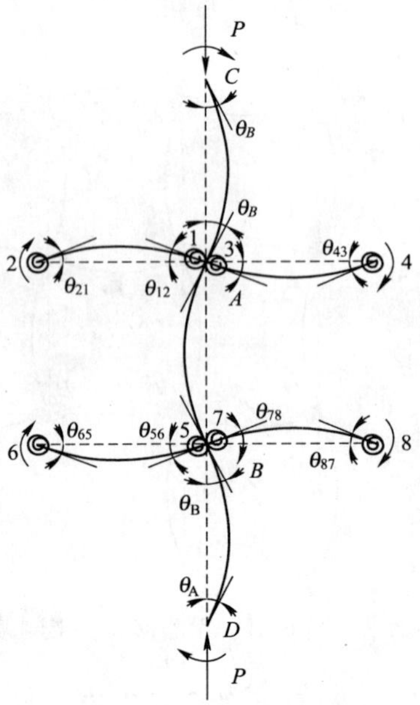

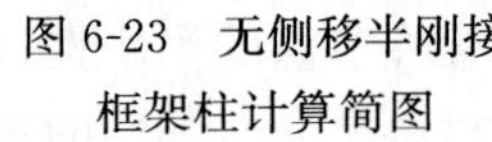

图 6-23 无侧移半刚接框架柱计算简图

Σi_{AZ}——A 节点柱的线刚度之和，$\Sigma i_{AZ}=i_{AC}+i_{AB}$。

同理，节点 B 的弯矩平衡方程为：

$$\left(\Sigma i_{BZ}\cdot C'+\frac{2(1+3\alpha_{65})}{B_{56}}i'_{56}+\frac{2(1+3\alpha_{87})}{B_{78}}i'_{78}\right)\theta_B+\Sigma i_{BZ}\cdot S'\cdot\theta_A=0 \tag{6-116}$$

式中：

$$\alpha_{56}=2\frac{i'_{56}}{R_{56}},\quad \alpha_{65}=2\frac{i'_{56}}{R_{65}},\quad \alpha_{78}=2\frac{i'_{78}}{R_{78}},\quad \alpha_{87}=2\frac{i'_{78}}{R_{87}} \tag{6-117}$$

$$B_{56}=1+2\alpha_{56}+2\alpha_{65}+3\alpha_{56}\alpha_{65},\quad B_{78}=1+2\alpha_{78}+2\alpha_{87}+3\alpha_{78}\alpha_{87} \tag{6-118}$$

Σi_{BZ}——B 节点柱的线刚度之和，$\Sigma i_{BZ}=i_{BD}+i_{AB}$。

令 Σi_{AL}、Σi_{BL} 表示相交于节点 A 和 B 的横梁修正线刚度之和：

$$\Sigma i_{AL}=\frac{1+3\alpha_{21}}{B_{12}}i'_{12}+\frac{1+3\alpha_{43}}{B_{34}}i'_{34} \tag{6-119}$$

$$\Sigma i_{BL}=\frac{1+3\alpha_{65}}{B_{56}}i'_{56}+\frac{1+3\alpha_{87}}{B_{78}}i'_{78} \tag{6-120}$$

式(6-113)、式(6-116)可以分别简化为：

$$(\Sigma i_{AZ}\cdot C'+2\Sigma i_{AL})\theta_A+\Sigma i_{AZ}\cdot S'\cdot\theta_B=0 \tag{6-121}$$

$$(\Sigma i_{BZ}\cdot C'+2\Sigma i_{BL})\theta_B+\Sigma i_{BZ}\cdot S'\cdot\theta_A=0 \tag{6-122}$$

定义 K'_1 和 K'_2 为相交于节点 A 和 B 的梁柱线刚度修正比，则：

$$K'_1=\Sigma i_{AL}/\Sigma i_{AZ} \tag{6-123}$$

$$K'_2=\Sigma i_{BL}/\Sigma i_{BZ} \tag{6-124}$$

式(6-121)、式(6-122)可以分别写为以下两式：

$$(C'+2K'_1)\theta_A+S'\cdot\theta_B=0 \tag{6-125}$$

$$S'\theta_A+(C'+2K'_2)\theta_B=0 \tag{6-126}$$

式(6-119)、式(6-120)可以表示为：

$$\Sigma i_{AL}=F_{12}i'_{12}+F_{34}i'_{34},\quad \Sigma i_{BL}=F_{56}i'_{56}+F_{78}i'_{78}$$

梁柱线刚度修正比的计算式(6-123)、式(6-124)可以写作：

$$K'_1=\Sigma i_{AL}/\Sigma i_{AZ}=(F_{12}i'_{12}+F_{34}i'_{34})/\Sigma i_{AZ} \tag{6-127}$$

$$K'_2=\Sigma i_{BL}/\Sigma i_{BZ}=(F_{56}i'_{56}+F_{78}i'_{78})/\Sigma i_{BZ} \tag{6-128}$$

式中：F_{12}、F_{34}、F_{56}、F_{78}用式(6-129)表示：

$$\begin{aligned} F_{12}&=\frac{1+3\alpha_{21}}{1+2\alpha_{12}+2\alpha_{21}+3\alpha_{12}\alpha_{21}}\\ F_{34}&=\frac{1+3\alpha_{43}}{1+2\alpha_{34}+2\alpha_{43}+3\alpha_{34}\alpha_{43}}\\ F_{56}&=\frac{1+3\alpha_{65}}{1+2\alpha_{56}+2\alpha_{65}+3\alpha_{56}\alpha_{65}}\\ F_{78}&=\frac{1+3\alpha_{87}}{1+2\alpha_{78}+2\alpha_{87}+3\alpha_{78}\alpha_{87}} \end{aligned} \tag{6-129}$$

框架设计时，横梁两端 $\alpha_{ij}=\alpha_{ji}$，则式(6-129)可以表示为：

$$\begin{aligned} F_{12}&=\frac{1+3\alpha_{12}}{1+4\alpha_{12}+3\alpha_{12}^2}=\frac{1}{1+\alpha_{12}}\\ F_{34}&=\frac{1+3\alpha_{34}}{1+4\alpha_{34}+3\alpha_{34}^2}=\frac{1}{1+\alpha_{34}}\\ F_{56}&=\frac{1+3\alpha_{56}}{1+4\alpha_{56}+3\alpha_{56}^2}=\frac{1}{1+\alpha_{56}}\\ F_{78}&=\frac{1+3\alpha_{78}}{1+4\alpha_{78}+3\alpha_{78}^2}=\frac{1}{1+\alpha_{78}} \end{aligned} \tag{6-130}$$

结构达到稳定极限状态的条件是：方程组(6-125)、(6-126)的系数行列式为零，即：

$$\begin{vmatrix} C'+2K'_1 & S' \\ S' & C'+2K'_2 \end{vmatrix}=0 \tag{6-131}$$

整理得：

$$C'^2-S'^2+2C'(K'_1+K'_2)+4K'_1K'_2=0 \tag{6-132}$$

式中：

$$C'^2-S'^2=\frac{\eta(\beta l)^3\sin\beta l}{2-2\cos\beta l-\eta\beta l\sin\beta l} \tag{6-133}$$

$$2C'=\frac{2\beta l(\sin\beta l-\eta\beta l\cos\beta l)}{2-2\cos\beta l-\eta\beta l\sin\beta l} \tag{6-134}$$

将式(6-134)代入式(6-132)，并令 $\beta l=\varphi$ 得：

$$[\eta\varphi^2+2(K'_1+K'_2)-4\eta K'_1K'_2]\varphi\sin\varphi-2[(K'_1+K'_2)\eta\varphi^2+4K'_1K'_2]\cos\varphi+8K'_1K'_2=0 \tag{6-135}$$

式中：

$$\beta^2 l^2 = \frac{Pl^2}{EI\eta} = \varphi^2; \quad \eta = \frac{1}{1+b\varphi^2}; \quad b = \frac{k_c EI_c}{GA_c l_c^2} \tag{6-136}$$

k_c为柱截面形状系数；A_c、I_c为柱截面面积和惯性矩；l_c为柱几何长度；则：

$$\eta\varphi^2 = \frac{\varphi^2}{1+b\varphi^2} \tag{6-137}$$

将式(6-137)代入式(6-135)得：

$$\begin{aligned}&[(1+2bK_1'+2bK_2')\varphi^2+2(K_1'+K_2')-4K_1'K_2']\varphi\sin\varphi\\&-2[\varphi^2(K_1'+K_2'+4bK_1'K_2')+4K_1'K_2']\cos\varphi+8bK_1'K_2'\varphi^2+8K_1'K_2'=0\end{aligned} \tag{6-138}$$

式(6-138)为非线性超越方程，K_1'、K_2'为考虑节点半刚性修正后的梁柱线刚度比；表 6-13～表 6-14 列出了 H 形钢、圆钢管截面特性及对应的 b 值。

H 形钢的截面特性和 b 值 **表 6-13**

尺寸(mm)	k_c	A_c(cm²)	I_c(cm⁴)	$I_c/A_c l_c^2$	b
150×150×7×10	4.30	40.55	1660	0.000256	0.002831
175×175×7.5×11	4.35	51.43	2900	0.000352	0.003592
200×200×8×12	4.41	64.28	4770	0.000464	0.005266
250×250×9×14	4.50	92.18	10800	0.000732	0.008492
300×300×10×15	4.33	120.4	20500	0.001064	0.011874
350×350×12×19	4.55	173.9	40300	0.001448	0.016978
400×400×13×21	4.61	219.5	66900	0.001905	0.022612

圆钢管截面特性和 b 值 **表 6-14**

尺寸(mm)	k_c	A_c(cm²)	I_c(cm⁴)	$I_c/A_c l_c^2$	b
140×6.0	2.0	25.26	568.06	0.000141	0.000724
152×6.0	2.0	27.52	734.52	0.000167	0.000859
194×6.0	2.0	35.44	1567.21	0.000276	0.001423
219×8.0	2.0	53.03	2955.43	0.000348	0.001794
245×8.0	2.0	59.56	4186.87	0.000440	0.002263
299×8.0	2.0	73.14	7747.42	0.000662	0.003409
351×10.0	2.0	107.13	15584.62	0.000909	0.004682

表 6-13～表 6-14 中 b 值分布在 0.00072～0.022 范围内，近似将式(6-138)简化为：

$$[\varphi^2+2(K_1'+K_2')-4K_1'K_2']\varphi\sin\varphi-2[(K_1'+K_2')\varphi^2+4K_1'K_2']\cos\varphi+8K_1'K_2'=0 \tag{6-139}$$

该公式与《钢结构设计规范》(GB 50017—2003)中无侧移失稳钢框架柱计算长度系数表达式相似，求解得到(推导过程从略)：

$$\varphi = \frac{\pi[1.28K_1'K_2'+2(K_1'+K_2')+3]}{0.64K_1'K_2'+1.4(K_1'+K_2')+3} \tag{6-140}$$

$$\mu' = \frac{0.64K_1'K_2'+1.4(K_1'+K_2')+3}{1.28K_1'K_2'+2(K_1'+K_2')+3} \tag{6-141}$$

则式(6-140)可以写作 $\varphi=\pi/\mu'$；令：

$$P=\frac{\pi^2 EI}{(\mu'' l)^2} \tag{6-142}$$

式(6-141)、式(6-142)中的 μ'、μ''分别为不考虑剪切变形影响和考虑剪切变形影响的半刚接钢框架柱计算长度系数；由式(6-136)、式(6-137)得：

$$\left(\frac{\pi}{\mu''}\right)^2=\frac{\varphi^2}{1+b\varphi^2} \tag{6-143}$$

则：

$$\mu''=\sqrt{\mu'^2+b\pi^2}=\mu'\sqrt{1+\frac{\pi^2 k_c EI_c}{GA_c(\mu' l_c)^2}} \tag{6-144}$$

式(6-144)即为无侧移半刚接钢框架柱考虑剪切变形影响计算长度系数表达式。式中：$I_c/(A_c l_c^2)$为柱的长细比平方的倒数，当考虑剪切变形影响时，柱的长细比越小，对柱的计算长度系数影响越大。

6.3.3 有侧移半刚接钢框架柱考虑剪切变形影响计算长度系数研究

对图 6-22 所示有侧移半刚接钢框架，取 AB 柱为研究对象，如图 6-24 所示。图中 θ_A、θ_B表示节点 A、B 的柱端转角，设 θ_{ki}表示考虑半刚性影响的梁柱相对转角，那么节点 A 的梁端转角 $\theta_{12}=\theta_A+\theta_{k1}$，$\theta_{34}=\theta_A+\theta_{k3}$，节点 B 的梁端转角 $\theta_{56}=\theta_B+\theta_{k5}$，$\theta_{78}=\theta_B+\theta_{k7}$，即梁端转角和柱端转角不相等，节点处存在相对转角。

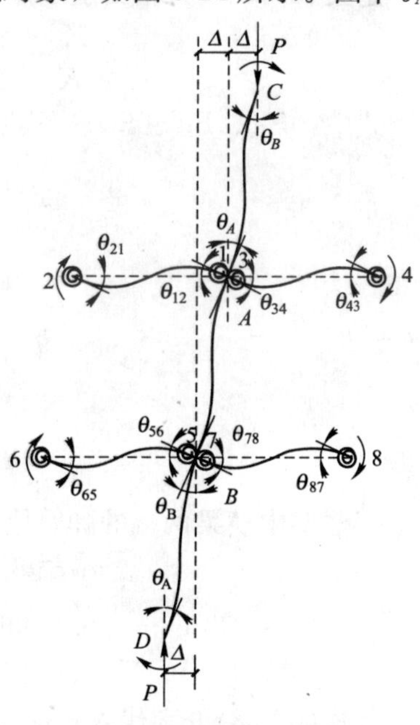

图 6-24 有侧移半刚接钢框架柱计算简图

节点 A 的梁端的弯矩方程：

$$M_{12}=\frac{i'_{12}}{B_{12}}[(4+6\alpha_{21})+2]\theta_A=\frac{6i'_{12}}{B_{12}}(1+\alpha_{21})\theta_A \tag{6-145}$$

$$M_{34}=\frac{i'_{34}}{B_{34}}[2+(4+6\alpha_{43})]\theta_A=\frac{6i'_{34}}{B_{34}}(1+\alpha_{43})\theta_A \tag{6-146}$$

式(6-145)、式(6-146)中 $i'_{12}=\frac{1}{1+r_{12}}i_{12}$、$i'_{34}=\frac{1}{1+r_{34}}i_{34}$为考虑剪切变形后梁的线刚度。节点 A 的柱端的弯矩方程：

$$M_{AB}=i_{AB}[C'\theta_A+S'\theta_B-(C'+S')\rho] \tag{6-147}$$

$$M_{AC}=i_{AC}[C'\theta_A+S'\theta_B-(C'+S')\rho] \tag{6-148}$$

由节点 A 的弯矩平衡方程 $M_{AC}+M_{AB}+M_{12}+M_{34}=0$ 得：

$$\left(\Sigma i_{AZ}\cdot C'+\frac{6(1+\alpha_{21})}{B_{12}}i'_{12}+\frac{6(1+\alpha_{43})}{B_{34}}i'_{34}\right)\theta_A+\Sigma i_{AZ}\cdot S'\cdot\theta_B-\Sigma i_{AZ}(C'+S')\rho=0 \tag{6-149}$$

式中：ρ——柱的侧移角，$\rho=\Delta\times l_{AB}$；

Δ——柱的侧移值。

其他各个参数的意义及表达式同式(6-114)、式(6-115)。

同理，节点 B 的弯矩平衡方程为：

$$\left(\Sigma i_{BZ}\cdot C'+\frac{6(1+\alpha_{65})}{B_{56}}i'_{56}+\frac{6(1+\alpha_{87})}{B_{78}}i'_{78}\right)\theta_B+\Sigma i_{BZ}\cdot S'\cdot\theta_A-\Sigma i_{BZ}(C'+S')\rho=0 \tag{6-150}$$

其他各个参数的意义及表达式同式(6-117)、式(6-118)。

令 Σi_{AL}、Σi_{BL} 表示相交于节点 A 和 B 的横梁修正线刚度和，并且：

$$\Sigma i_{AL}=\frac{1+\alpha_{21}}{B_{12}}i'_{12}+\frac{1+\alpha_{43}}{B_{34}}i'_{34} \tag{6-151}$$

$$\Sigma i_{BL}=\frac{1+\alpha_{65}}{B_{56}}i'_{56}+\frac{1+\alpha_{87}}{B_{78}}i'_{78} \tag{6-152}$$

式(6-149)、式(6-150)可以分别简化为：

$$(\Sigma i_{AZ}\cdot C'+6\Sigma i_{AL})\theta_A+\Sigma i_{AZ}\cdot S'\cdot\theta_B-\Sigma i_{AZ}(C'+S')\rho=0 \tag{6-153}$$

$$(\Sigma i_{BZ}\cdot C'+2\Sigma i_{BL})\theta_B+\Sigma i_{BZ}\cdot S'\cdot\theta_A-\Sigma i_{BZ}(C'+S')\rho=0 \tag{6-154}$$

定义 K'_1 和 K'_2 为相交于节点 A 和 B 的梁柱修正线刚度比，并且：

$$K'_1=\Sigma i_{AL}/\Sigma i_{AZ}=(F_{12}i'_{12}+F_{34}i'_{34})/\Sigma i_{AZ} \tag{6-155}$$

$$K'_2=\Sigma i_{BL}/\Sigma i_{BZ}=(F_{56}i'_{56}+F_{78}i'_{78})/\Sigma i_{BZ} \tag{6-156}$$

式中：F_{12}、F_{34}、F_{56}、F_{78} 用式(6-157)表示：

$$\left.\begin{aligned}F_{12}&=\frac{1+\alpha_{21}}{1+2\alpha_{12}+2\alpha_{21}+3\alpha_{12}\alpha_{21}}\\F_{34}&=\frac{1+\alpha_{43}}{1+2\alpha_{34}+2\alpha_{43}+3\alpha_{34}\alpha_{43}}\\F_{56}&=\frac{1+\alpha_{65}}{1+2\alpha_{56}+2\alpha_{65}+3\alpha_{56}\alpha_{65}}\\F_{78}&=\frac{1+\alpha_{87}}{1+2\alpha_{78}+2\alpha_{87}+3\alpha_{78}\alpha_{87}}\end{aligned}\right\} \tag{6-157}$$

当框架中横梁两端的弹簧刚度相同，即 $R_{12}=R_{21}$，$R_{34}=R_{43}$，$R_{56}=R_{65}$，$R_{78}=R_{87}$ 时，

$$\left.\begin{aligned}&\alpha_{12}=\alpha_{21},\quad \alpha_{34}=\alpha_{43},\quad \alpha_{56}=\alpha_{65},\quad \alpha_{78}=\alpha_{87}\\&\alpha_{12}=1+4\alpha_{12}+3\alpha_{12}^2,\quad \alpha_{34}=1+4\alpha_{34}+3\alpha_{34}^2\\&\alpha_{56}=1+4\alpha_{56}+3\alpha_{56}^2,\quad \alpha_{78}=1+4\alpha_{78}+3\alpha_{78}^2\end{aligned}\right\} \tag{6-158}$$

将式(6-158)分别代入式(6-157)中得：

$$\left.\begin{aligned}F_{12}&=\frac{1+\alpha_{12}}{1+4\alpha_{12}+3\alpha_{12}^2}=\frac{1}{1+3\alpha_{12}}\\F_{34}&=\frac{1+\alpha_{34}}{1+4\alpha_{34}+3\alpha_{34}^2}=\frac{1}{1+3\alpha_{34}}\\F_{56}&=\frac{1+\alpha_{56}}{1+4\alpha_{56}+3\alpha_{56}^2}=\frac{1}{1+3\alpha_{56}}\\F_{78}&=\frac{1+\alpha_{78}}{1+4\alpha_{78}+3\alpha_{78}^2}=\frac{1}{1+3\alpha_{78}}\end{aligned}\right\} \tag{6-159}$$

则式(6-153)、式(6-154)可以分别写为以下两式：

$$(C'+6K_1')\theta_A+S'\cdot\theta_B-(C'+S')\rho=0 \tag{6-160}$$

$$S'\theta_A+(C'+6K_2')\theta_B-(C'+S')\rho=0 \tag{6-161}$$

$$M_{AB}+M_{BA}+P\Delta=0 \tag{6-162}$$

式中：P——柱端轴力，$P=\beta^2 EI\eta=\dfrac{\varphi^2 EI\eta}{l^2}$。

将 M_{AB} 和 M_{BA} 代入式(6-162)中得：

$$(C'+S')(\theta_A+\theta_B)-\left[2(C'+S')\rho-\varphi^2\eta\rho\right]=0 \tag{6-163}$$

将式(6-160)、式(6-161)相加得：

$$(C'+S')(\theta_A+\theta_B)-2(C'+S')\rho=-6(K_1'\theta_A+K_2'\theta_B) \tag{6-164}$$

把式(6-164)代入式(6-164)式中得：

$$-6K_1'\theta_A-6K_2'\theta_B+\varphi^2\eta\rho=0 \tag{6-165}$$

图 6-24 所示结构体系达到稳定极限状态的条件是式(6-160)、式(6-161)、式(6-162)组成的方程组的系数行列式为零，即：

$$\begin{vmatrix} C'+6K_1' & S' & -(C'+S') \\ S' & C'+6K_2' & -(C'+S') \\ -6K_1' & -6K_2' & \varphi^2\eta \end{vmatrix}=0 \tag{6-166}$$

将式(6-166)整理得：

$$(C'^2-S'^2)\varphi^2\eta+6(K_1'+K_2')[C\varphi^2\eta-(C^2-S^2)]+36K_1'K_2'[\varphi^2\eta-2(C'+S')]=0 \tag{6-167}$$

式中：

$$C'^2-S'^2=\frac{\eta\varphi^3\sin\varphi}{2-2\cos\varphi-\eta\varphi\sin\varphi} \tag{6-168}$$

$$C'\varphi^2\eta-(C'^2-S'^2)=\frac{-\eta^2\varphi^4\cos\varphi}{2-2\cos\varphi-\eta\varphi\sin\varphi}$$

$$\eta\varphi^2-2(C'+S')=-\eta^2\varphi^3\frac{\sin\varphi}{2-2\cos\varphi-\eta\varphi\sin\varphi}$$

将式(6-168)中代入式(6-167)解得：

$$[36K_1'K_2'-\varphi^2]\sin\varphi+6(K_1'+K_2')\varphi\cos\varphi=0 \tag{6-169}$$

方程(6-169)为非线性超越方程，与我国钢结构设计规范中有侧移失稳钢框架柱的计算长度系数公式在形式上非常相似，因此求解可以得到：

$$\varphi=\pi\sqrt{\frac{7.5K_1'K_2'+(K_1'+K_2')}{7.5K_1'K_2'+4(K_1'+K_2')+1.52}} \tag{6-170}$$

若令：

$$\mu'=\sqrt{\frac{7.5K_1'K_2'+4(K_1'+K_2')+1.52}{7.5K_1'K_2'+(K_1'+K_2')}} \tag{6-171}$$

则式(6-170)可以表示为 $\varphi=\dfrac{\pi}{\mu}$，又有：$P=\dfrac{\pi^2 EI}{(\mu''l)^2}$，则可以得到：

$$\left(\frac{\pi}{\mu''}\right)^2=\frac{\varphi^2}{1+b\varphi^2} \tag{6-172}$$

所以综合以上公式可得：

$$\mu''=\sqrt{\mu'^2+b\pi^2}=\mu'\sqrt{1+\frac{\pi^2 k_c EI_c}{GA_c(\mu' l_c)^2}} \tag{6-173}$$

其中，μ''为考虑柱的剪切变形影响的有侧移半刚接钢框架柱的计算长度系数；μ'为不考虑柱的剪切变形影响的有侧移半刚接钢框架柱的计算长度系数，由考虑梁的剪切变形和节点半刚性修正后的梁柱线刚度比求得。值得注意的是，式(6-173)中的$\frac{I_c}{A_c(\mu' l_c)^2}$为柱的长细比平方的倒数，可见，框架梁和柱的长细比越小，对柱计算长度系数的影响越大。一般框架结构中，k_c取到2～5左右，考虑工程允许误差，当框架柱的长细比大于35时，可以忽略柱的剪切变形的影响。

6.3.4 算例

钢框架几何尺寸及荷载布置如图6-25所示，节点连接按半刚接考虑，梁柱截面尺寸如表6-15所示，钢材Q235。分别计算如图6-26～图6-28所示的三种半刚性节点连接钢框架在考虑梁柱剪切变形和不考虑梁柱剪切变形的条件下，按照无侧移和有侧移两种情况下各柱的计算长度系数。

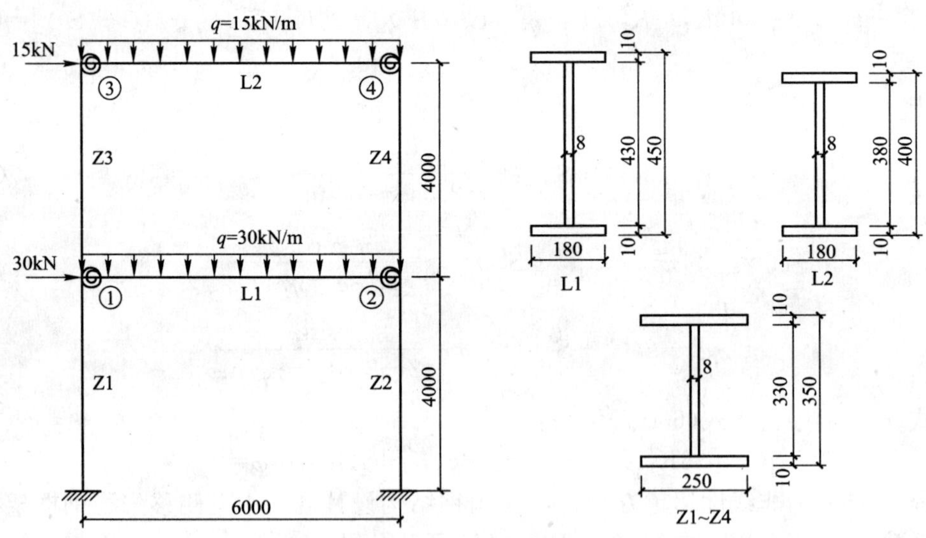

图6-25 计算简图

梁柱截面几何参数 **表6-15**

构件	截面(mm)	A(mm²)	I_x(mm⁴)	l_x(mm)	EI/l(N·mm)
Z1～Z4	350×250×8×10	76.4	16849.96	4000	0.87×10^{10}
L1	450×180×8×10	70.4	22727.46	6000	0.78×10^{10}
L2	400×180×8×10	66.4	17350.13	6000	0.6×10^{10}

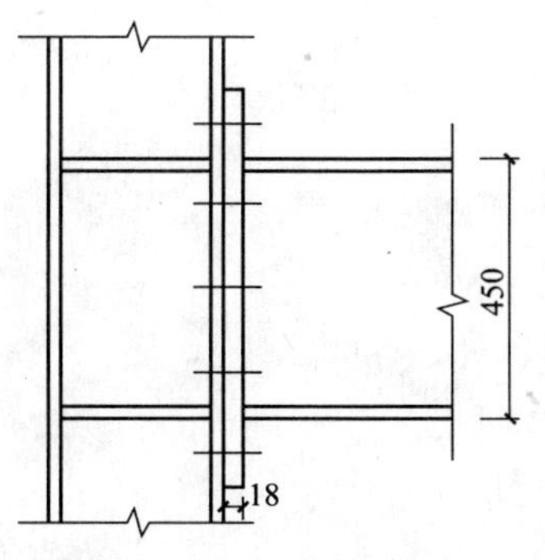

图 6-26 外伸端板连接图

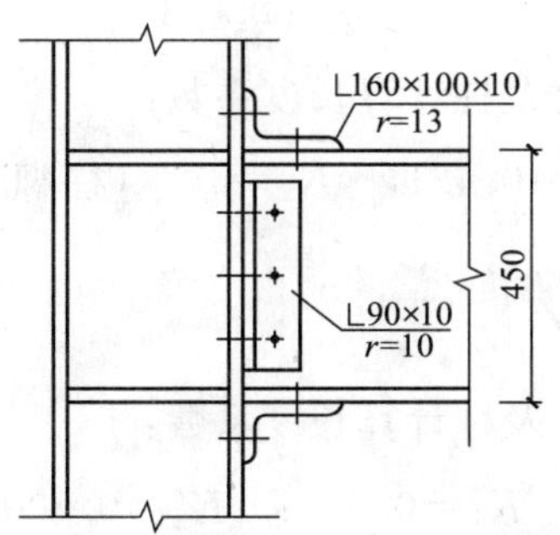

图 6-27 翼缘腹板双角钢连接图

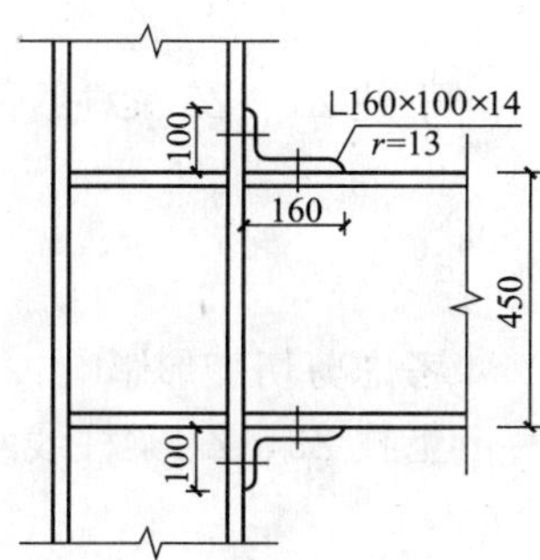

图 6-28 顶底翼缘角钢连接

(1) 初始转动刚度与极限转动刚度[6.3][6.17]~[6.19]

图 6-25 所示外伸端板连接节点①、②的初始转动刚度：

$$R_{ki}=\frac{192EI_p}{1+\dfrac{12.48t_p^2}{e^2}}\cdot\frac{h_0^2}{e^3}=4.01\times10^{11}\,\text{N}\cdot\text{mm}$$

式中：R_{ki}为节点初始转动刚度；e 为螺栓间距；t_p 为端板厚度；I_P为端板惯性矩；h_0为梁腹板高度。

当 $\theta=1$ 时节点达到极限承载力，此时节点的最终转动刚度为：

$$R_{1(2)}=\frac{1}{2^{1/1.357}}\times R_k=2.41\times10^{11}\,\text{N}\cdot\text{mm/rad}$$

同理节点③、④初始转动刚度：

$$R_k=\frac{192EI_p}{1+\dfrac{12.48t_p^2}{e^2}}\cdot\frac{h_0^2}{e^3}=3.14\times10^{11}\,\text{N}\cdot\text{mm}$$

表 6-16 列出了各节点的初始转动刚度和极限转动刚度。

外伸端板连接　　表 6-16

节点	形状参数 n	节点初始转动刚度 $R_i(\phi=0)$(N·mm/rad)	节点极限转动刚度 $R_i(\phi=1)$(N·mm/rad)
①、②	1.357	4.01×10^{11}	2.41×10^{11}
③、④	1.357	3.14×10^{11}	1.89×10^{11}

(2) 柱子计算长度系数

不考虑剪切变形影响：

上柱 Z3、Z4 梁柱线刚度比及柱计算长度系数：

$$K_1=\frac{\dfrac{1}{1+2i_{L2}\times\dfrac{1}{R_3}}\times i_{L2}}{i_{Z3}}=0.649$$

$$K_2=\frac{\dfrac{1}{1+2i_{L1}\times\dfrac{1}{R_1}}\times i_{L1}}{i_{Z1}+i_{Z3}}=0.421$$

$$\mu_1=0.851$$

下柱 Z1、Z2 梁柱线刚度比及柱计算长度系数：

$$K_1=0.421,\quad K_2=10\quad (柱脚刚接)$$

$$\mu_1=0.694$$

考虑剪切变形影响：

上柱 Z3、Z 4梁柱线刚度比及柱计算长度系数：

$$K_1'=0.620;\quad K_2'=0.400$$

$$\mu_1'=0.856$$

$$\mu_1''=\sqrt{\mu_1'^2+b\pi^2}=\mu_1'\sqrt{1+\frac{\pi^2 k_c EI_c}{GA_c(\mu_1' l_c)^2}}=0.914$$

根据以上计算，表 6-17～表 6-19 分别列出了外伸端板半刚性连接(图 6-26)、翼缘腹板双角钢半刚性连接(图 6-27)、顶底翼缘角钢半刚性连接(图 6-28)三种半刚性框架节点，考虑剪切变形与不考虑剪切变形以及有侧移和无侧移影响柱子计算长度系数的计算结果。

外伸端板半刚性连接柱计算长度系数 **表 6-17**

框架柱		不考虑剪切变形的半刚接			考虑剪切变形的半刚接			μ 值增大率
		K_1	K_2	μ	K_1'	K_2'	μ''	
无侧移	上柱	0.649	0.421	0.851	0.620	0.400	0.914	7.4%
	下柱	0.421	10	0.694	0.400	10	0.766	10.4%
有侧移	上柱	0.579	0.375	1.642	0.556	0.358	1.696	3.3%
	下柱	0.375	10	1.359	0.358	10	1.407	3.5%

顶底翼缘腹板双角钢半刚性连接柱计算长度系数 **表 6-18**

框架柱		不考虑剪切变形的半刚接			考虑剪切变形的半刚接			μ 值增大率
		K_1	K_2	μ	K_1'	K_2'	μ''	
无侧移	上柱	0.461	0.292	0.885	0.446	0.282	0.944	6.7%
	下柱	0.292	10	0.706	0.282	10	0.776	9.9%
有侧移	上柱	0.277	0.172	2.134	0.272	0.169	2.173	1.8%
	下柱	0.172	10	1.545	0.169	10	1.583	2.5%

顶底翼缘角钢半刚性连接柱计算长度系数 **表 6-19**

刚架柱		不考虑剪切变形的半刚接			考虑剪切变形的半刚接			μ 值增大率
		K_1	K_2	μ	K_1'	K_2'	μ''	
无侧移	上柱	0.188	0.118	0.946	0.186	0.117	0.999	5.6%
	下柱	0.118	10	0.724	0.117	10	0.792	9.4%
有侧移	上柱	0.077	0.048	3.662	0.076	0.048	3.688	0.7%
	下柱	0.048	10	1.822	0.048	10	1.850	1.5%

从以上分析可以看出：

(1) 节点采用刚性连接或半刚性连接，在柱的剪切刚度和长细比都比较小时，应该考虑剪切变形的影响，当柱的长细比大于 35 时，剪切变形的影响可以忽略。

(2) 算例中的三种半刚性连接形式的连接刚度逐渐减弱，柱子的计算长度系数值逐渐增大，但梁柱剪切变形对这三种半刚性连接计算长度系数的影响的幅度不大；

(3) 剪切变形对无侧移半刚接刚架的影响大于对有侧移半刚接刚架的影响，在无侧移情况下，考虑剪切变形的半刚接刚架柱的计算长度系数比不考虑剪切变形的半刚接刚架柱的计算长度系数增大的幅度都超过了工程上 5%的允许误差，因此需要考虑剪切变形的影响。在有侧移情况下，计算长度系数增大的幅度都在 5%的允许误差以内，所以可以忽略剪切变形的影响。

(4) 剪切变形对半刚接刚架柱下柱的影响大于对上柱的影响，特别是在无侧移情况下比较明显。

6.4 参考文献

[6.1] Kishi N, Chen W F. Moment-rotation of Semi-rigid Connection [R]. Structural Engineering Report No. CE-STR-87-29, School of Civil Engineering, Purdue University, West-Lafayette, Indiana, USA, 1987.

[6.2] 王燕，李华军，厉见芬. 半刚性梁柱节点连接的初始刚度和结构内力分析 [J]. 工程力学，2003，20(6)：65-69.

[6.3] 栾焕强. 考虑二阶效应的半刚性钢框架内力分析 [D]. 青岛：青岛理工大学，2005.

[6.4] 王燕，杨文惠. 半刚接钢框架稳定分析中柱的计算长度取值研究 [J]. 青岛建筑工程学院学报，2004，25(4)：5-10.

[6.5] 杨文惠，半刚接钢框架柱的计算长度系数取值研究 [D]. 青岛：青岛理工大学，2005.

[6.6] 杨文惠，王燕. 半刚接钢框架柱的稳定分析 [J]. 钢结构. 2005(3)：21-24.

[6.7] Kishi N. Effective Length Factor of Columns in Semi-rigid and Unbraced Frames [J]. Journal Structure Engineering, ASCE, 1997, 123(3): 313-320.

[6.8] GB 50017—2003 钢结构设计规范 [S].

[6.9] 施刚，石永久，王元清，等. 多层钢框架半刚性端板连接的试验研究 [J]. 清华大学学报，2004，44(3)：391-394.

[6.10] Wang Yan, Zhang H Y, Li H J. Experiment research on semi-rigid steel beam-to-column joints under cyclic loading [C]//Proceeding of Sixth Pacific Structural Steel Conference, Beijing, 2001, 2: 800-807.

[6.11] 徐伟良，潘立本. 柔性连接钢框架稳定分析的计算长度 [J]. 建筑结构，1998，28(12)：43-46.

[6.12] 陈惠发. 钢框架稳定设计 [M]. 周绥平，译. 上海：世界图书出版公司，2001.

[6.13] 崔晓强，童根树. 柔性连接的弱支撑框架结构的稳定性 [J]. 建筑结构学报，2001，22(1)：58-61.

[6.14] Aristizabal-Ochoa J D. Large deflection stability of slender beam-columns with semirigid connections: elastica approach [J]. ASCE, 2004, 130(3): 274-282.

[6.15] 刘慧. 考虑剪切变形的半刚接钢框架柱计算长度系数取值研究 [D]. 青岛：青岛理工大学，2006.

[6.16] 王燕，刘慧，郁有升. 半刚接钢框架柱考虑剪切变形影响计算长度系数研究 [J]. 工程力学，

2008，25(11)：123-127.

[6.17] N. Kishi，Wai-fah Chen. Moment-rotation Relations of semirigid Connections with Angles [J]. ASCE，1990，116(7)：1813-1833.

[6.18] Seung-Eock Kim，Wai-Fah Chen. Practical advanced analysis for semi-rigid frame design [J]. Engineering Journal，Fourth Quarter，1996，129-140.

[6.19] 施刚，石永久，王元清. 钢结构梁柱半刚性端板连接弯矩-转角全曲线计算方法 [J]. 工程力学，2006，23(5)：67-73.

第 7 章　半刚性钢框架动力和抗震性能研究

目前对于半刚接钢框架的动力特性分析还处在研究探讨阶段。国外近些年在这方面的理论研究开始逐渐深入，主要针对节点刚度对结构自振频率和动力性能的影响研究[7.1]~[7.11]。国内目前在半刚接框架动力分析方面的研究尚不是很多，研究工作主要针对半刚性框架建立非线性分析模型，进行弹塑性静力和动力分析[7.12][7.13]，但针对多高层半刚接框架动力性能进行全面分析的研究工作较少。针对多高层半刚接框架研究的必要性以及目前国内在这方面的研究现状，将半刚接钢框架整体动力特性作为研究对象，以通用有限元分析软件 ANSYS 作为研究工具，采用适当的单元有效地模拟了多高层半刚接钢框架，对多高层半刚接钢框架的动力和抗震性能进行了多方面的分析[7.14][7.15]。

7.1　多高层半刚接钢框架的稳态谐响应分析

半刚性钢框架在外荷载作用下的动力响应是比较复杂的，它跟结构的自振频率、结构阻尼、外荷载的大小及荷载振动频率都有关系。ANSYS 的谐响应分析模块用于确定结构在承受随时间按正弦变化荷载时的稳态响应。谐振分析能预测结构的持续性动力性能，验证设计是否能克服共振的有害效果；同时可以得到不同节点柔度的半刚接框架动力响应和外荷载频率关系，分析结构顶点位移、柱底剪力随荷载自振频率、半刚性节点刚度之间的规律性变化。本研究应用这一模块，对多个半刚接框架模型进行了谐振分析。

7.1.1　有限元分析

(1) 梁柱单元

半刚接钢框架模型的梁、柱单元采用 ANSYS 单元库中的 Beam3 单元。Beam3 单元是一种可承受拉、压、弯作用的单轴单元。单元的每个节点有三个自由度，即沿 x、y 方向的线位移及绕 Z 轴的角位移。Beam3 单元几何图形如图 7-1 所示。

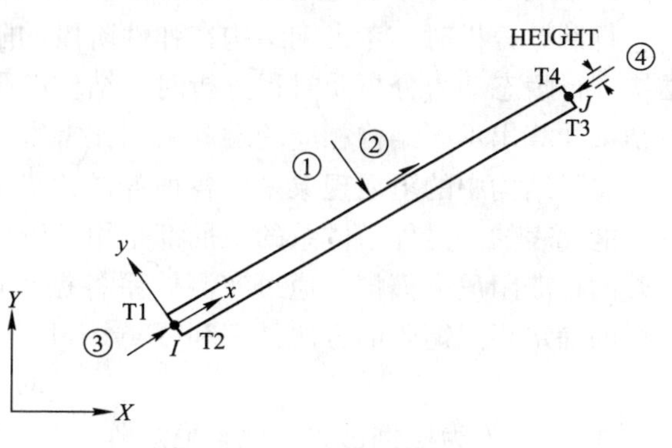

图 7-1　Beam3 单元几何图形

上图中给出了单元的几何图形、节点位置及坐标系统。单元由两个节点、横截面面积、横截面惯性矩、截面高度及材料属性定义。初始应变通过 Δ/L 给定，Δ 为单元长度 L(由 I，J 节点坐标算得)与 0 应变单元长度之差。剪切变形量(SHERAR)是可选的，如给 SHERAR 赋值为 0 则表示忽略剪切变形，剪切模量(GXY)只有在考虑剪切变形时才起作用。单元还可在实常数 AD-

DMAS 中输入单位长度的附加质量。

(2) 半刚性节点单元

选取 Combin14 单元来模拟梁单元两端的半刚性节点。Combin14 为弹簧-阻尼单元，也可作为弹簧或阻尼单独使用，承受一维、二维或三维的拉伸或转动。如图 7-2 所示，Combin14 单元由两个节点，一个弹簧刚度常数(K)和阻尼系数$(C_v)1$和$(C_v)2$确定其特性。阻尼特性不能用于静力分析和不考虑阻尼的模态分析中。Combin14 单元可以通过适当的单元开关来进行单元设计，使之具有相应的属性。例如 KEYOPT(3)=0 时，拉伸选项是可以使之具有三维的拉压变形，每个节点的具有三个自由度，即沿 x、y 和 z 轴方向的线位移。单元此时不考虑弯曲和扭转变形，没有质量，质量可以用合适的其他单元附加(如 Mass21)。当 KEYOPT(2)=6 时，就使单元具有绕 z 轴的转动特性，可视为具有转动刚度的弹簧，从而可以用以模拟在 x-y 平面内的具有初始刚度的半刚性节点。

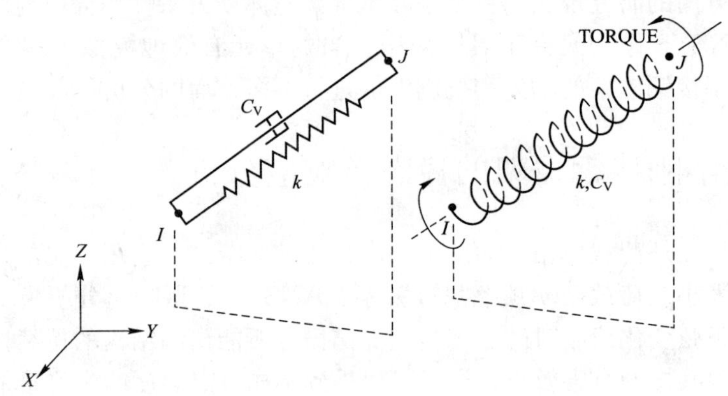

图 7-2　Combin14 单元示意图

(3) 结构质量和阻尼

由于采用平面框架模型，在进行结构动力分析时，应该考虑楼板质量的动力效应。在定义梁单元属性时，通过定义实常数把楼板的质量以线质量的方式附加给梁单元。在对结构进行谐振分析时，考虑钢结构在弹性阶段的阻尼性质，将分析模型的阻尼值取 0.02。对结构进行瞬态动力分析及时程分析时，结构的阻尼采用瑞利阻尼形式，按不同结构模态分析结果计算出不同结构相应的瑞利阻尼比常数。

实际结构中的阻尼现象是由各种各样的能量散逸所引起的，并不是简单假设的粘滞阻尼所能代表的。另外，体系的阻尼都是用实测而不是靠计算确定的，复杂的阻尼现象可用等效的粘滞阻尼来模拟。通过实测体系各振型的阻尼比，按一定的办法换算出阻尼矩阵。常用的确定阻尼矩阵的方法是瑞利(Rayleigh)阻尼，如式(7-1)所示：

$$[C]=a[M]+b[K] \tag{7-1}$$

式中 a、b 为比例常数，取阻尼矩阵 $[C]$ 为刚度矩阵 $[K]$ 和质量矩阵 $[M]$ 的线性组合，瑞利阻尼 $[C]$ 满足正交条件，即：

$$\{X_j\}^{\mathrm{T}}[C]\{X_i\}=0(j\neq i) \tag{7-2}$$

这个关系式可从式(7-3)和式(7-4) $[M]$、$[K]$ 正交条件得出：

$$\{X_j\}^{\mathrm{T}}[M]\{X_i\}=0 \tag{7-3}$$

$$\{X_j\}^{\mathrm{T}}[K]\{X_i\}=0 \tag{7-4}$$

式(7-1)中瑞利阻尼的比例常数 a、b 是与振型阻尼比 ξ_j、结构圆频率 ω_j 有关的常数，可按下式计算[7.16][7.17]：

$$a=\frac{2(\xi_i\omega_j-\xi_j\omega_i)}{\omega_j^2-\omega_i^2}\omega_i\omega_j \tag{7-5}$$

$$b=\frac{2(\xi_i\omega_j-\xi_j\omega_i)}{\omega_j^2-\omega_i^2} \tag{7-6}$$

式中 ω_i、ω_j 分别为第 i、j 振型的圆频率；ξ_i、ξ_j 分别为第 i、j 振型的阻尼比。对于低层结构，i 可取为 1，j 可取为 2；高层建筑结构，通常 i 可取为 1，j 可取为 3。

（4）分析模型

半刚接钢框架由于节点具有一定的转动刚度，所以不能像刚接框架一样简化为层间剪切模型，应采用较为精确的杆系计算模型，适合于强柱弱梁的框架结构。这种模型中以杆系作为基本计算单元，将质量集中于框架的各个结点。框架模型的几何特性列于表 7-1，框架模型计算简图如 7-3 所示。

框架模型的几何特性 **表 7-1**

框架类别	模型的几何特性						
	层高(m)		跨度(m)		柱截面(mm)		梁截面(mm)
(*a*)单层单跨	6		12		600×200×10×14		800×200×10×14
(*b*)三层单跨	4		6		300×250×8×12		500×200×8×12
(*c*)五层双跨	一层	6	6		400×250×10×16		500×200×8×12
	其他层	4.5					
(*d*)七层双跨	底层	6	9		三层以下	400×350×10×16	600×250×10×20
	其他层	4			四层以上	400×250×10×16	
(*e*)十层双跨	底层	6	9		五层以下	450×350×10×20	600×250×10×20
	其他层	4			六层以上	400×250×10×16	
(*f*)十四层三跨	底层	6	边跨	9	六层以下	500×400×12×20	600×250×10×20
	其他层	4	中跨	6	七层以上	450×300×10×20	

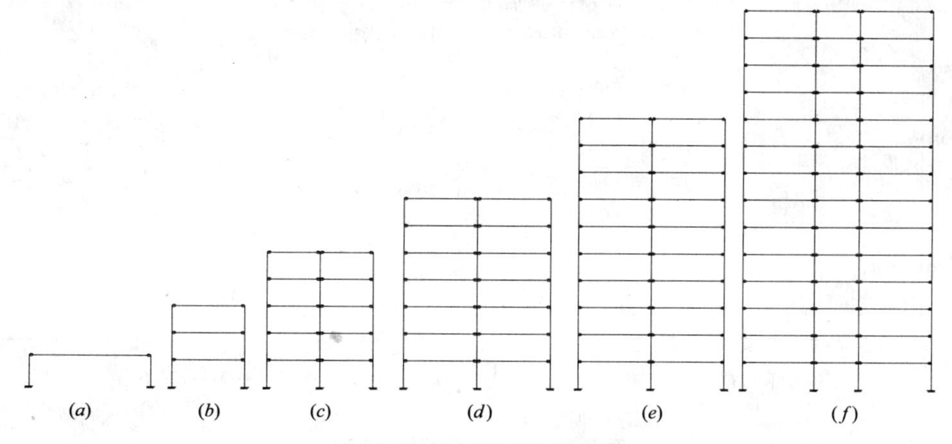

图 7-3 框架模型计算简图

(*a*)单层；(*b*)三层；(*c*)五层；(*d*)七层；(*e*)十层；(*f*)十四层

7.1.2　稳态谐响应分析

结构体系的振动由两个具有不同频率(ω_r和 θ)的振动系组成。频率为 ω_r的第一部分含有因子 $e^{-\xi\omega t}$，由于阻尼的作用，此部分将逐渐衰弱而最后消失。频率为 θ 的第二部分由于受到荷载周期的影响而不衰减，这部分振动成为平稳振动或稳态响应。

为考虑不同节点柔性连接的框架对动力荷载的适应能力，分析中考虑节点初始连接刚度 K_0对结构动力性能的影响[7.16]：

$$K_0=\frac{3EI}{L}\left(\frac{\gamma_i}{1-\gamma_i}\right) \tag{7-7}$$

式中，γ_i为节点刚度变化系数。当 $K_0=0$ 时，$\gamma_i=0$，结构为理想铰节点连接的框架；当 $K_0\rightarrow\infty$时，$\gamma_i=1$，结构即为刚性连接的框架。

每种框架节点刚度变化系数 γ_i分别取 0.2、0.4、0.6、0.8、1.0 五种情况，即框架梁柱节点刚度变化由弱到强时结构的动力响应。

对图 7-3 所示钢框架结构模型的顶点施加谐振荷载 $F(t)=2000\sin\theta t(N)$，θ 为谐振荷载的圆频率。分析时主要考虑结构前三个阶型的自振频率和外荷载的共振响应，不同结构的谐振荷载频率变化范围不同。结构的阻尼比取 0.02，共分 2000 步进行计算。框架顶点位移及柱底剪力(底层边柱)的谐振响应曲线分别见图 7-4～图 7-9。

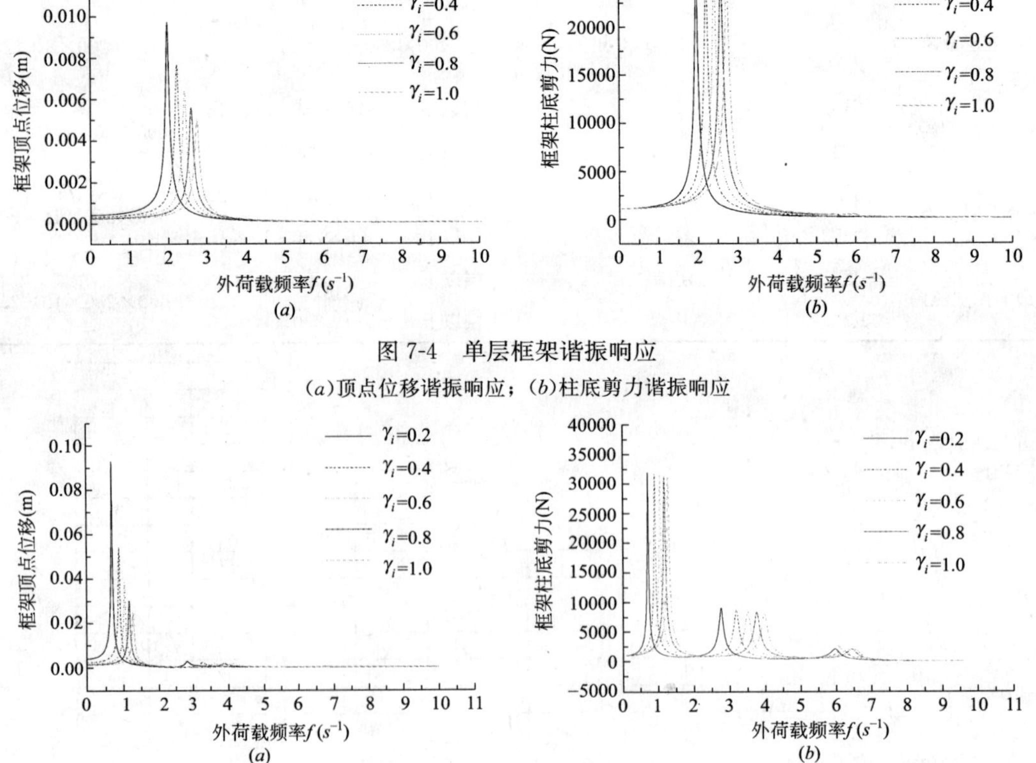

图 7-4　单层框架谐振响应

(a)顶点位移谐振响应；(b)柱底剪力谐振响应

图 7-5　三层框架谐振响应

(a)顶点位移谐振响应；(b)柱底剪力谐振响应

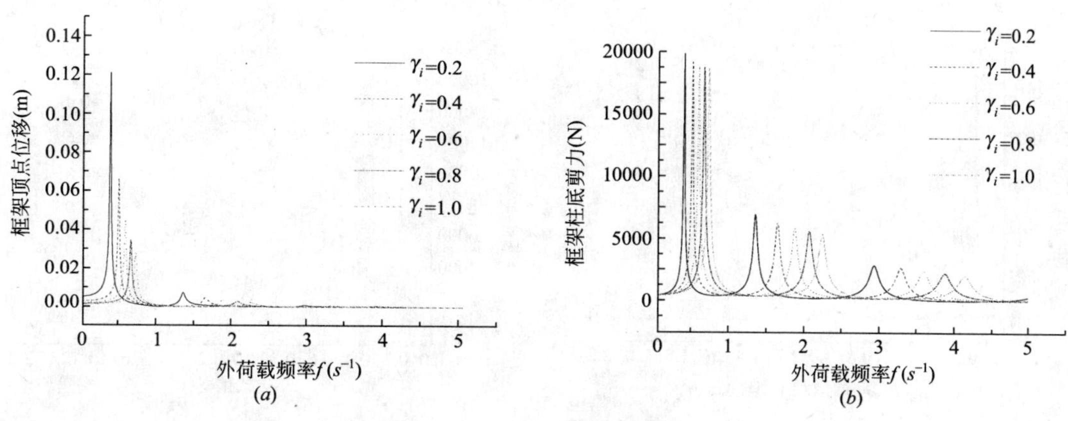

图 7-6 五层框架谐振响应

(a)顶点位移谐振响应；(b)柱底剪力谐振响应

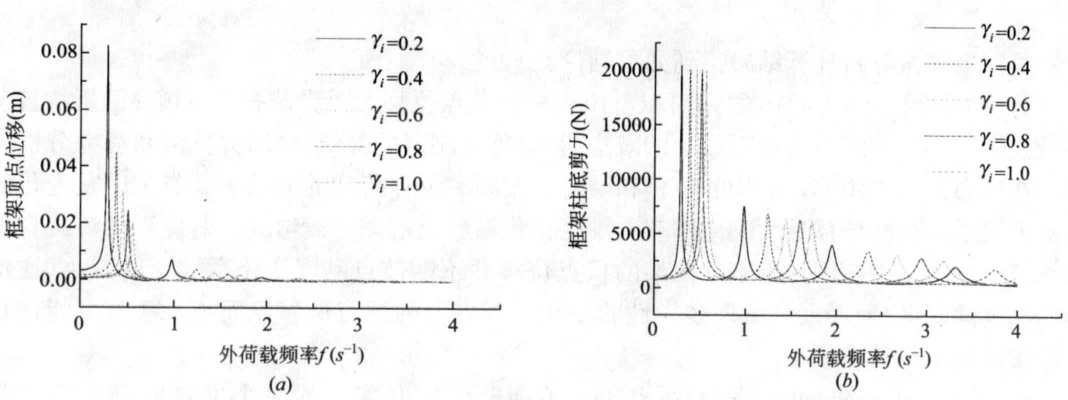

图 7-7 七层框架谐振响应

(a)顶点位移谐振响应；(b)柱底剪力谐振响应

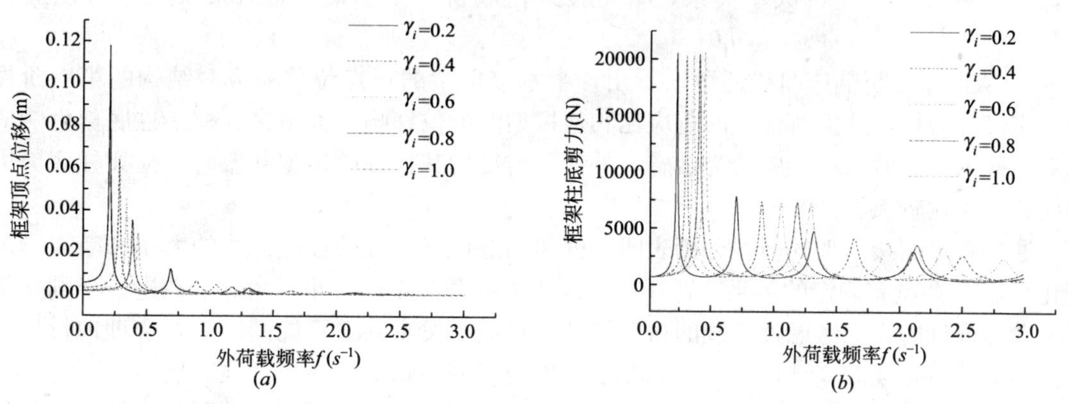

图 7-8 十层框架谐振响应

(a)顶点位移谐振响应；(b)柱底剪力谐振响应

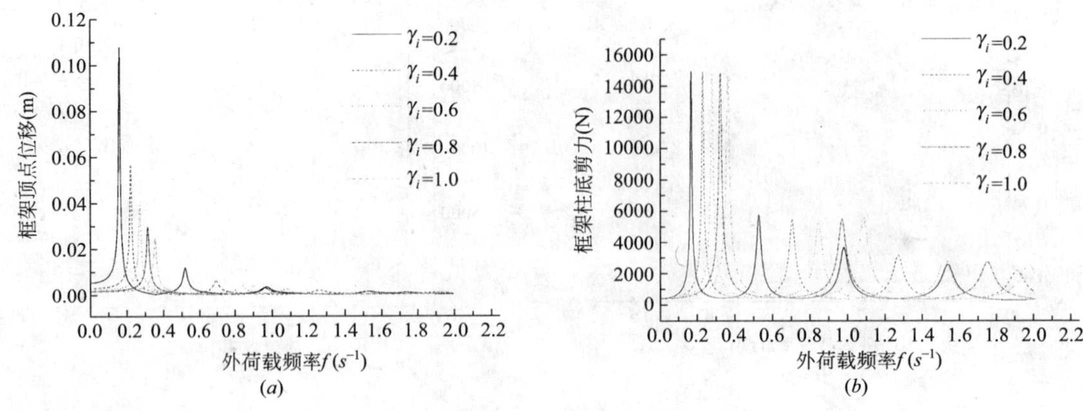

图 7-9　十四层框架谐振响应

(a)顶点位移谐振响应；(b)柱底剪力谐振响应

由以上谐振分析计算结果得到如下结论：

1）从图 7-4～图 7-9 中图(a)可以看出，框架顶点位移主要受谐振荷载频率的影响且位移最大响应随节点刚度变化系数 γ_i 的减小(初始连接刚度的降低)而增大。但和静力分析不同，在动力荷载作用下，结构的位移和结构自振频率及外荷载的振动频率有关，是变化的不确定关系。虽然位移最大响应随节点刚度变化系数 γ_i 的减小而增大，对应于外荷载自振频率某一点或某一范围，半刚性框架的顶点位移并不随节点刚度变化系数 γ_i 的减小(连接初始刚度的降低)而增大，出现多样性的变化，节点弱的顶点位移反而小，甚至可能比相应刚接框架的位移还要小。

2）从图 7-4～图 7-9 中图(b)可看出，不同框架柱底剪力的大小主要取决于外荷载振动频率的大小，和框架顶点位移响应不同，不同节点刚度各框架柱底剪力的最大响应却相差不大。同时也可以看出，不同节点柔度连接的半刚接框架和刚接框架其柱底剪力响应并没有确定的大小关系，只是在外荷载自振频率某一点或某一范围可以进行比较。

3）从谐振分析响应曲线还可以看出，半刚接框架的顶点位移响应对结构的第一阶振型反应最为敏感，共振时最大的响应比其他振型时的位移响应大得多。框架柱底剪力响应也对结构的第一阶振型反应最为敏感，外荷载与结构其他高阶振型共振时，框架柱底剪力响应相对也比较大。

通过对半刚接框架的谐振分析表明，框架顶点位移和框架柱底剪力的大小和节点刚度变化系数 f_i 并没有确定的关系，这还要取决于外荷载频率的大小。由此，在进行半刚接钢框架动力设计时，应考虑外荷载的振动周期，在避开发生共振可能的同时，合理地设计半刚性梁柱节点，以改变结构的自振周期，可以使半刚接钢框架在降低柱底剪力的同时，也可使结构的顶点位移和刚接框架相差不大，甚至比刚接框架的顶点位移要低，从而获得较好的动力性能。

7.2 多高层半刚接钢框架地震响应分析

实录震害分析表明，许多钢结构整体破坏均由节点的首先破坏而引起。国内外的研究者为提高多高层钢结构框架的抗震性能，不断对钢框架梁柱节点进行抗震优化设计，发展新的梁柱节点类型，并致力于研究半刚性连接钢框架的动力性能，在抗震区采用半刚性梁柱节点替代刚性节点，以避免地震时由于焊接节点的破坏造成钢结构过早地整体失效。

以半刚接钢框架结构整体动力特性作为研究对象，采用通用有限元分析软件 ANSYS 作为工具，采用适当单元有效模拟多高层半刚接钢框架，研究了结构在实际记录的地震波作用下的响应，分析了半刚性节点在地震荷载作用时刚度变化对框架顶点位移及柱底剪力的影响，并和刚性连接框架结构进行了对比分析。

7.2.1 半刚接钢框架地震响应分析

框架模型的几何特性列于表 7-1，具体的形式见图 7-3。

(1) 地震加速度波谱

对图 7-3 所示框架进行地震波激励下的时程分析，采用如下两种地震记录波：

(*a*) El Centro 南北方向波(1940 年)，适用于坚硬场地。记录持续时间为 30s，时间间隔为 0.02s，原峰值加速度为 341.7cm/s^2，将地震波加速度峰值调整为 30cm/s^2，调整后的地震波谱如图 7-10 所示。

(*b*) 宁河天津波地震记录-南北向(1976 年)，适用于软弱场地。时间间隔 0.01s，记录持续时间 19.19s，原峰值加速度为 145.80cm/s^2，输入时将地震波加速度峰值调整为 30cm/s^2，调整后的地震波谱如图 7-11 所示。

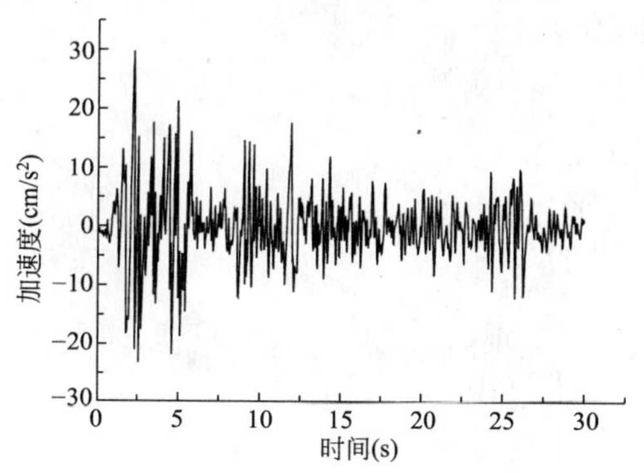

图7-10 调整后的 El Centro 地震波(南北方向)

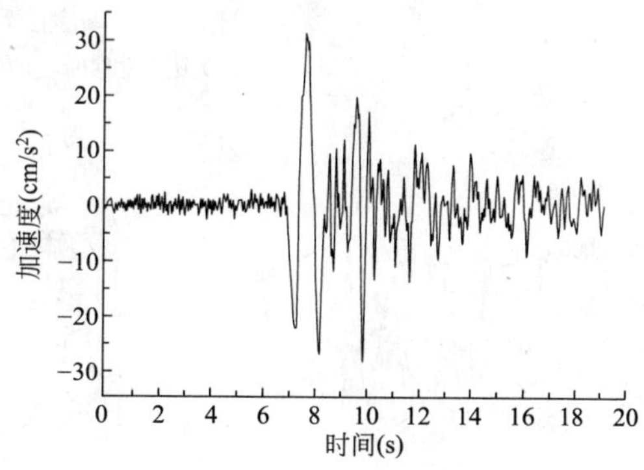

图 7-11 调整后的宁河天津地震波(南北方向)

(2) 时程分析

通过时程分析可以得到 El Centro 波和宁河天津地震波作用下各框架顶点位移及柱底剪力时程曲线，如图 7-12～图 7-23 所示。将各框架顶点位移时程曲线和柱底剪力时程曲线的峰值列于表 7-2，表中同时给出了铰接框架、半刚接框架和刚接框架的峰值比，以进行对比分析。

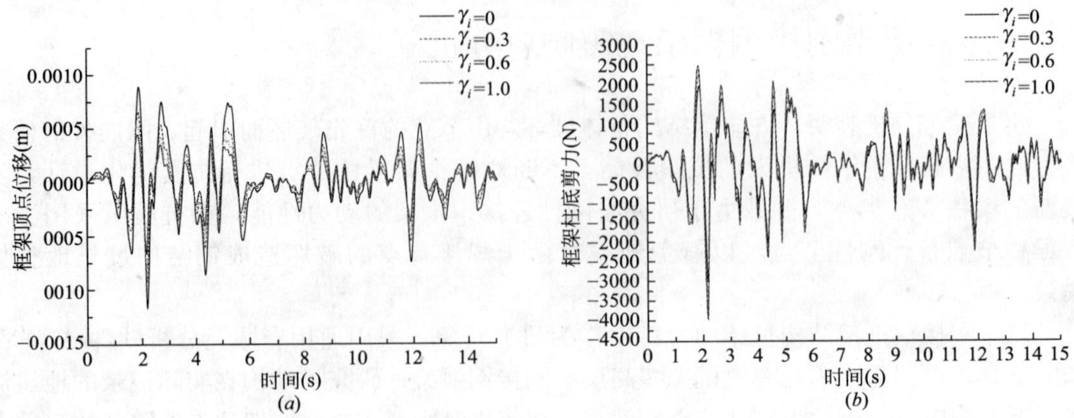

图 7-12　单层框架时程曲线(El Centro 波)

(a)顶点位移时程曲线；(b)柱底剪力时程曲线

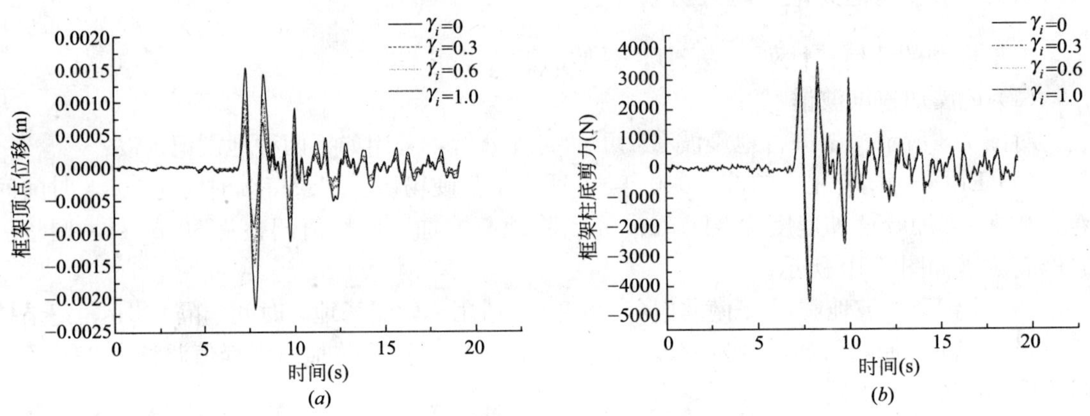

图 7-13　单层框架时程曲线(宁河天津波)

(a)顶点位移时程曲线；(b)柱底剪力时程曲线

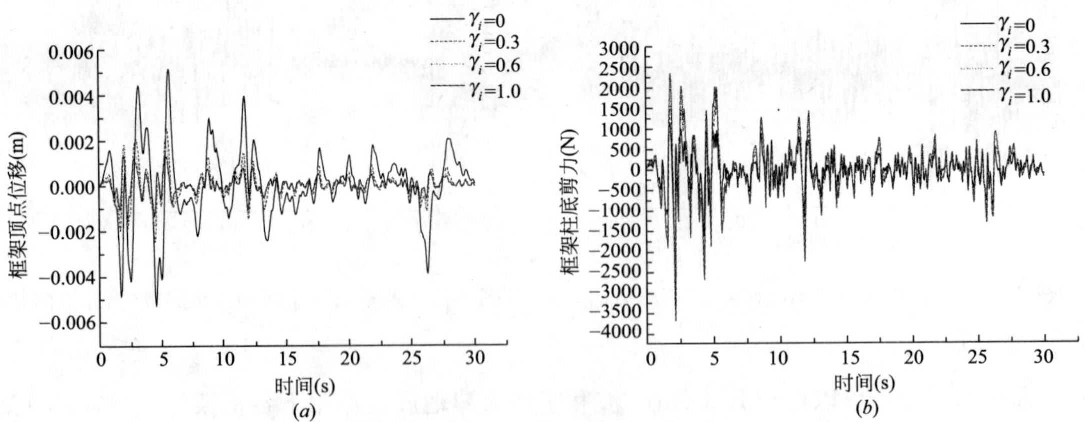

图 7-14　三层框架时程曲线(El Centro 波)

(a)顶点位移时程曲线；(b)柱底剪力时程曲线

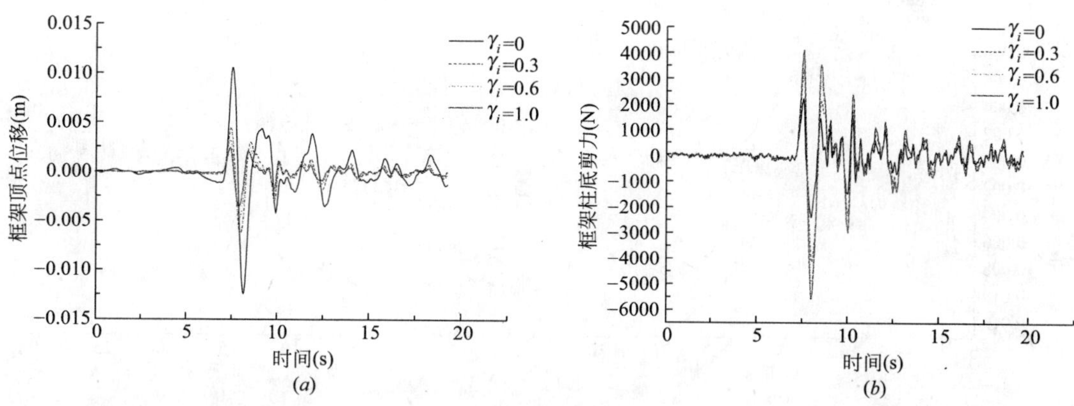

图 7-15 三层框架时程曲线(宁河天津波)

(a)顶点位移时程曲线;(b)柱底剪力时程曲线

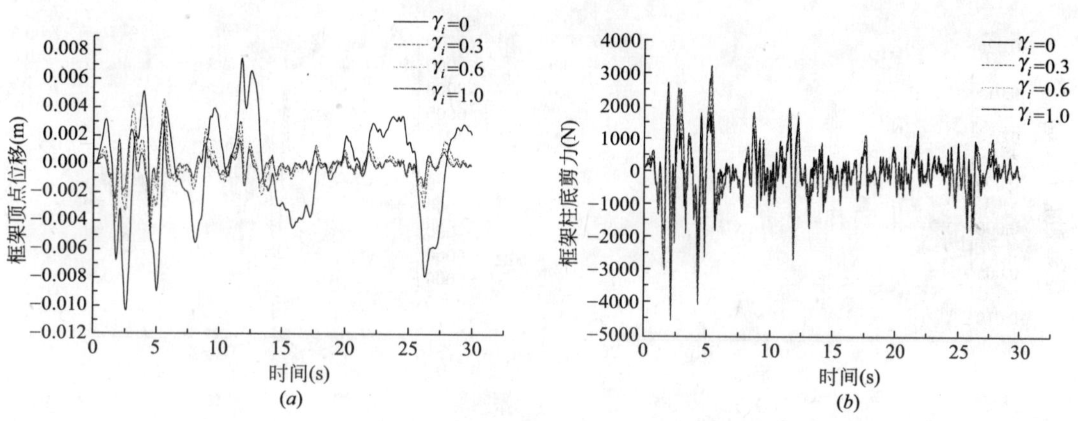

图 7-16 五层框架时程曲线(El Centro 波)

(a)顶点位移时程曲线;(b)柱底剪力时程曲线

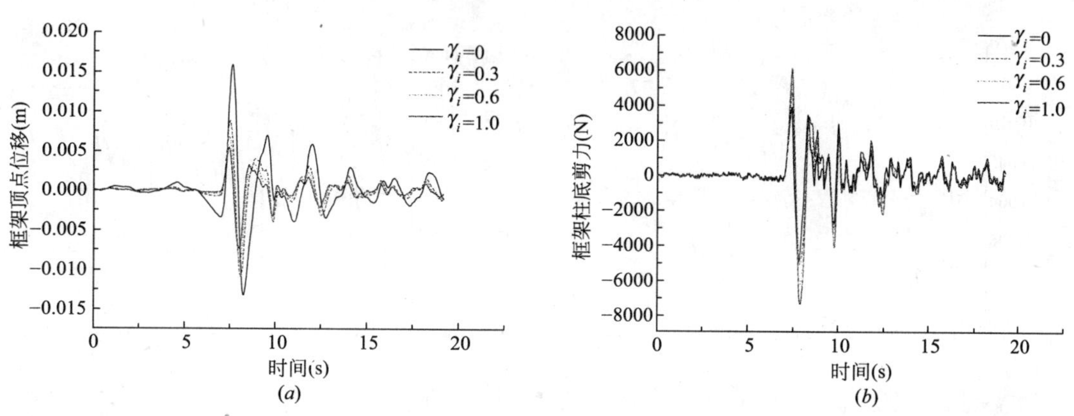

图 7-17 五层框架时程曲线(宁河天津波)

(a)顶点位移时程曲线;(b)柱底剪力时程曲线

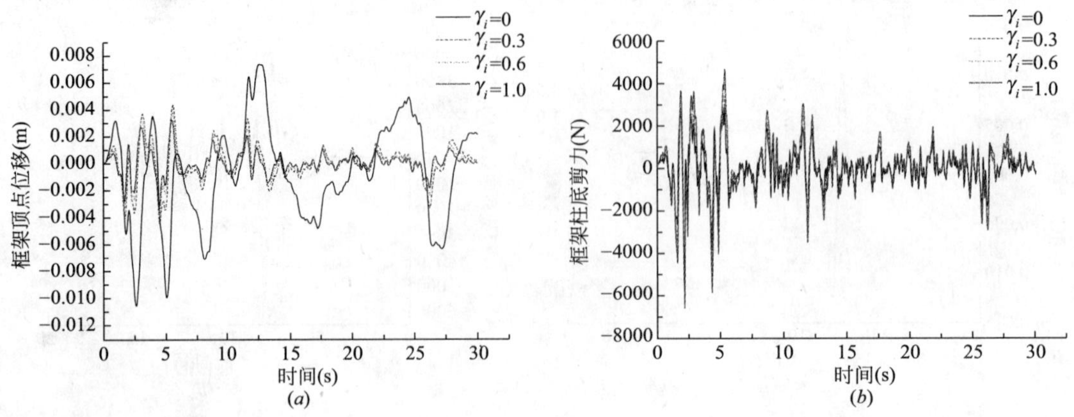

图 7-18 七层框架时程曲线(El Centro 波)

(a)顶点位移时程曲线；(b)柱底剪力时程曲线

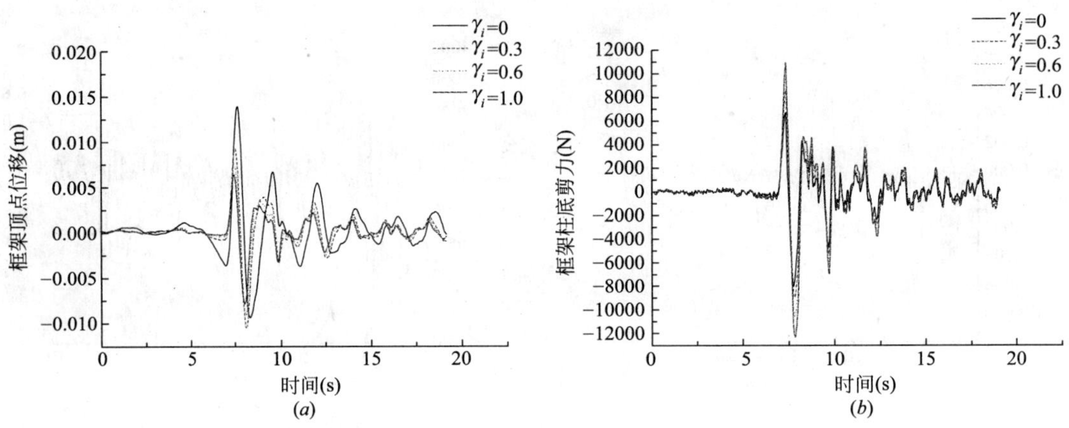

图 7-19 七层框架时程曲线(宁河天津波)

(a)顶点位移时程曲线；(b)柱底剪力时程曲线

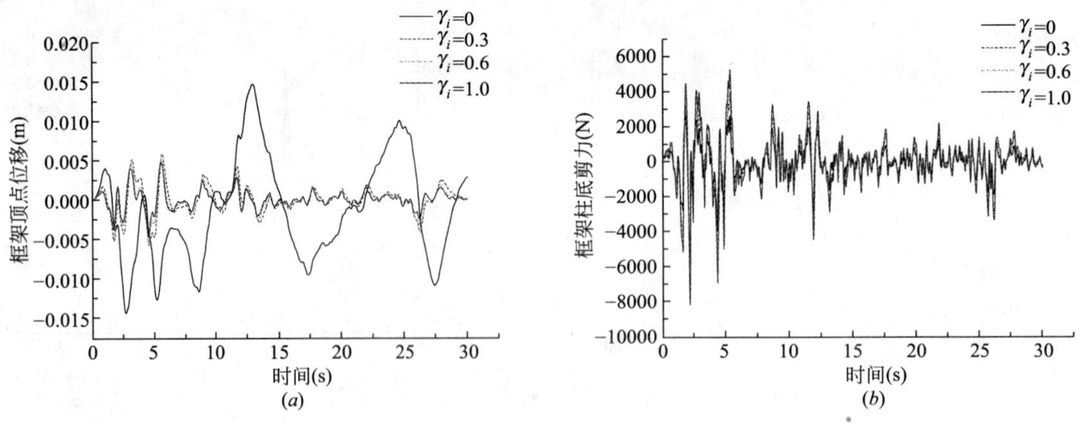

图 7-20 十层框架时程曲线(El Centro 波)

(a)顶点位移时程曲线；(b)柱底剪力时程曲线

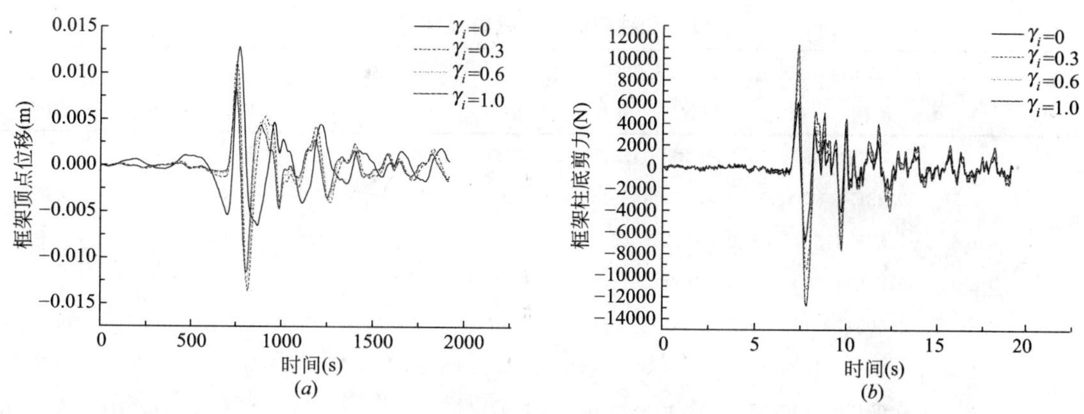

图 7-21 十层框架时程曲线(宁河天津波)

(a)顶点位移时程曲线；(b)柱底剪力时程曲线

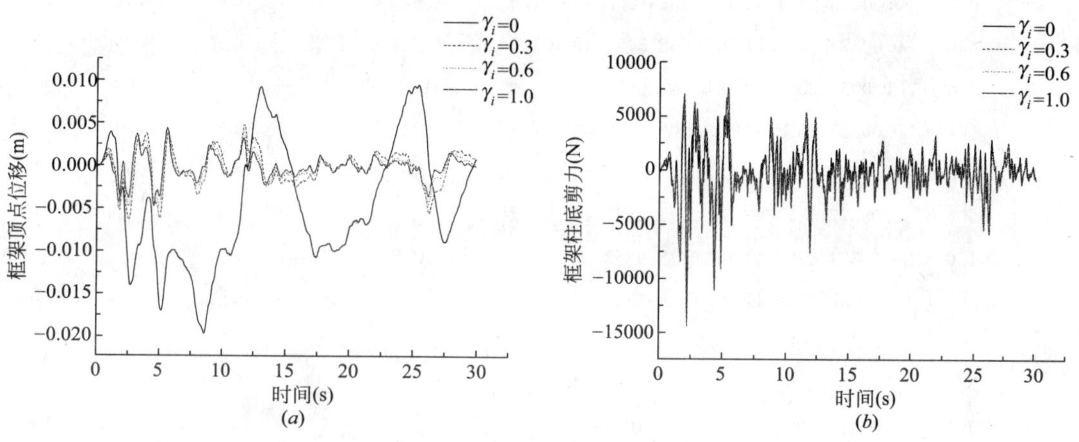

图 7-22 十四层框架时程曲线(El Centro 波)

(a)顶点位移时程曲线；(b)柱底剪力时程曲线

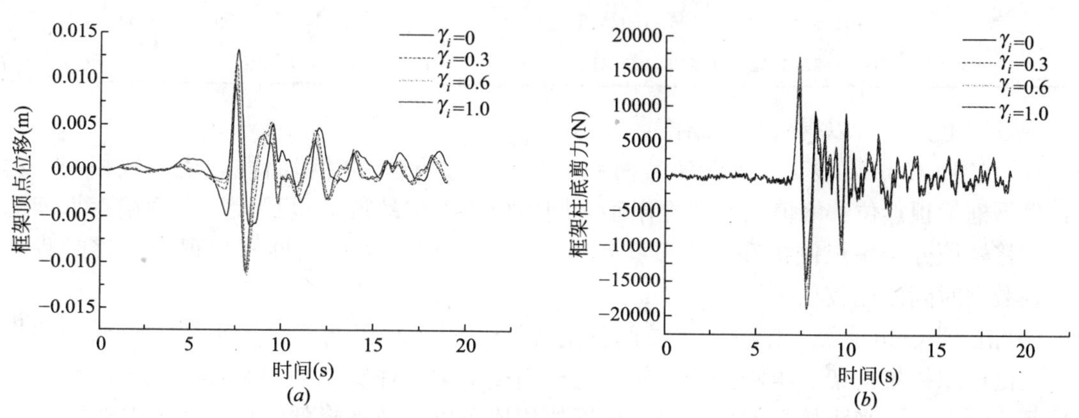

图 7-23 十四层框架时程曲线(宁河天津波)

(a)顶点位移时程曲线；(b)柱底剪力时程曲线

位移和柱底剪力时程曲线峰值 表 7-2

框架类型	γ_i	El Centro 波		宁河天津波		顶点位移比值			柱底剪力比值		
		位移	剪力	位移	剪力	El 波	宁河	均值	El 波	宁河	均值
单层	0	0.00116	2841.63	0.0021	4129.08	1.76	2.37	2.065	0.76	0.89	0.825
	0.3	9.23E-4	3342.5	0.00142	4429.19	1.40	1.60	1.5	0.89	0.96	0.925
	0.6	7.82E-4	3578.06	0.00111	4545.41	1.19	1.25	1.22	0.96	0.98	0.97
	1.0	6.59E-4	3741.86	8.86E-4	4618.05	1.00	1.00	1	1.00	1.00	1
三层	0	0.00512	1138.35	0.0107	2256.93	3.85	4.28	4.065	0.49	0.54	0.515
	0.3	0.00248	1686.43	0.00458	3382.41	1.86	1.83	1.845	0.73	0.81	0.77
	0.6	0.00173	1946.07	0.0033	3822.04	1.30	1.32	1.31	0.84	0.92	0.88
	1.0	0.00133	2304.21	0.0025	4159.31	1	1	1	1	1	1
五层	0	0.00744	2254.59	0.016	3939.45	2.48	2.93	2.71	0.73	0.64	0.69
	0.3	0.00456	2234.54	0.00885	4805.99	1.52	1.62	1.57	0.72	0.78	0.75
	0.6	0.00372	2689.71	0.00688	5484.47	1.24	1.26	1.25	0.87	0.89	0.88
	1.0	0.003	3087.57	0.00547	6163.42	1	1.	1	1	1	1
七层	0	0.00735	2888.91	0.0137	6036.68	2.27	2.22	2.245	0.61	0.61	0.61
	0.3	0.00435	3448.79	0.00905	7718.63	1.34	1.46	1.4	0.73	0.78	0.755
	0.6	0.00377	4147.92	0.00741	8867.15	1.16	1.20	1.18	0.87	0.90	0.885
	1.0	0.00324	4752.41	0.00618	9863.41	1	1	1	1	1	1
十层	0	0.0145	2758.17	0.0129	5810.57	3.07	1.52	2.30	0.52	0.53	0.53
	0.3	0.00579	3970.2	0.0113	8727.86	1.23	1.34	1.29	0.75	0.80	0.78
	0.6	0.00532	4792.03	0.00965	10037.8	1.13	1.14	1.14	0.91	0.92	0.92
	1.0	0.00472	5273.37	0.00846	10946.4	1	1	1	1	1	1
十四层	0	0.0098	6530.84	0.0133	12176.6	2.16	1.42	1.79	0.85	0.71	0.78
	0.3	0.00501	5766.58	0.0119	13234.7	1.11	1.27	1.19	0.75	0.77	0.76
	0.6	0.00464	6647.22	0.0106	15074.3	1.02	1.13	1.08	0.86	0.88	0.87
	1.0	0.00453	7716.42	0.00937	17104.1	1	1	1	1	1	1

通过以上分析可以得到如下结论：

(*a*) 在 El Centro 波、宁河天津波两种情况下，顶点位移时程曲线表现大致相同。理想铰接钢框架顶点位移峰值最大，在激励时间内位移振幅的波动也最大，半刚接钢框架的顶点位移峰值介于理想铰接和完全刚接钢框架之间，但更接近刚性框架顶点位移时程曲线，在激励时间内比较稳定。

(*b*) 在 El Centro 波、宁河天津波两种情况下，柱底时程曲线也表现出大致相同的性质。无论理想铰接框架、半刚接钢框架及完全刚接框架，柱底剪力时程曲线在激励时间内表现都比较稳定，半刚接框架与完全刚接框架相比可以有效地降低结构柱底剪力峰值。

(*c*) 随着节点构造连接系数的增大，即框架刚度的减弱，在地震作用下，理想铰接框架顶点位移峰值比完全刚接框架顶点位移峰值显著增大，例如单层均值比值达到 4.07，十四层为 1.79。对于半刚接框架顶底顶点位移峰值虽然也有一定增大，但随着层数的增高峰值比降低。$\gamma_i > 0.6$ 时的半刚性节点应用于十层以上钢框架结构时，在地震时结构顶点位移并没有显著增大，一般在15%以内。

(*d*) 多高层半刚接钢框架时程分析结果表明：理想铰接框架由于在地震时顶点位移及层间侧移比较大，不宜用于抗震设计。而半刚接框架和刚接框架相比在地震时能降低结构的柱底剪力，虽然结构顶点位移及层间侧移比刚接框架要大，但相差并不显著。

(*e*) 完全刚接框架并不是最好的抗震体系，对半刚性节点进行适当的设计，可以降低结构受到的地震力，简化节点构造，节省钢材，从而获得较好的经济效益，同时还可以避免在地震时由于刚性节点焊接的破坏造成结构过早的整体破坏。

(3) 层间侧移包络图分析

根据各框架的时程分析结果，计算出各框架层间侧移包络图。El Centro 波情况下层间侧移包络图见图 7-24，宁河天津波情况下见图 7-25。

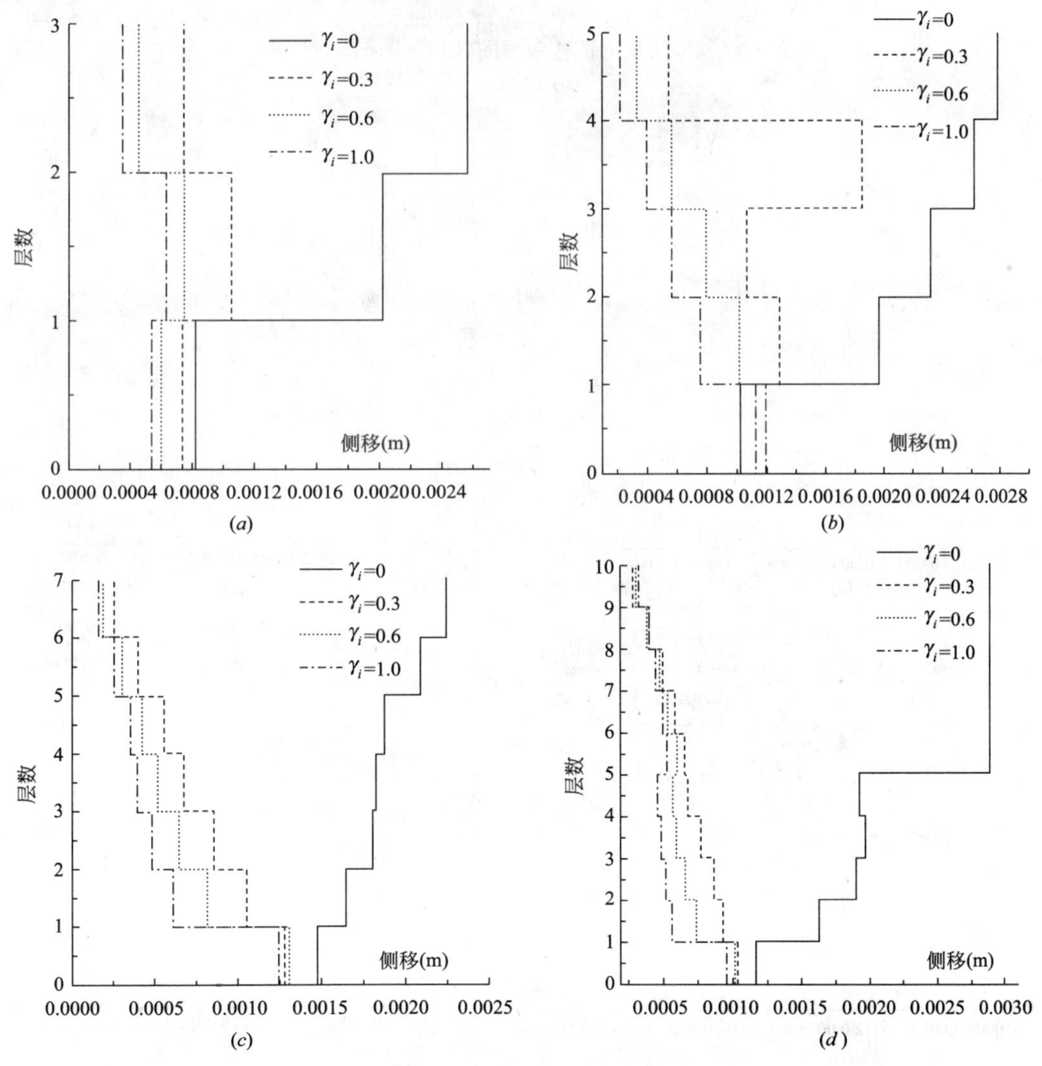

图 7-24　框架层间侧移包罗图(El Centro 波)(一)

(*a*)三层；(*b*)五层；(*c*)七层；(*d*)十层

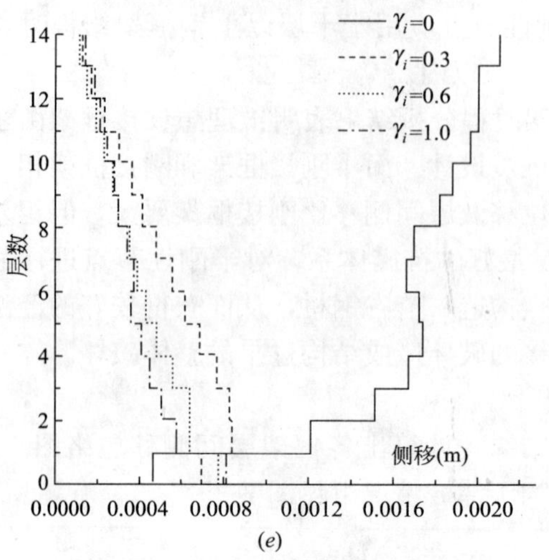

图 7-24　框架层间侧移包罗图(El Centro 波)(二)

(e)十四层

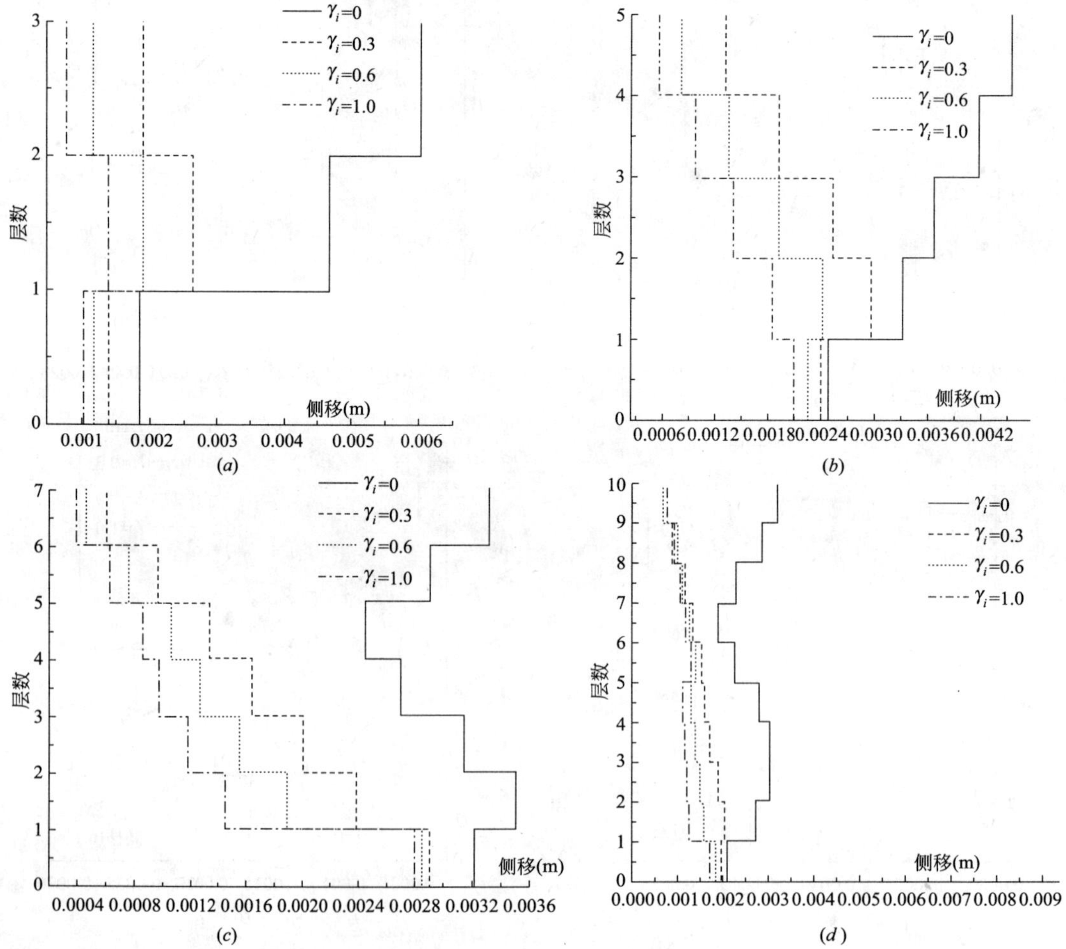

(a)

(b)

(c)

(d)

图 7-25　框架层间侧移包络图(宁河天津波)(一)

(a)三层；(b)五层；(c)七层；(d)十层

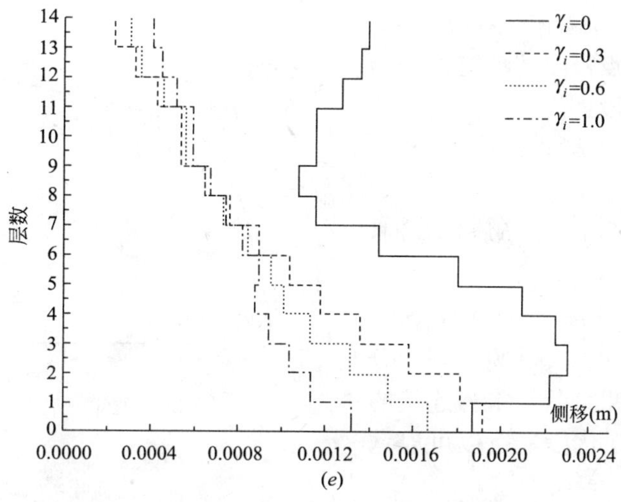

图 7-25 框架层间侧移包络图(宁河天津波)(二)

(e)十四层

通过以上分析可以看出，理想铰接框架柱的各层间侧移比完全刚接框架、半刚接框架的各层间侧移要大，且随着层高的增大，层间侧移的增大更为显著。半刚接框架跟完全刚接框架各层间侧移相比，虽然随着节点构造连接系数的增大而增大，但是总体差距并不明显，且随着层高的增大，层间侧移相差更小。

由于半刚性节点的连接刚度影响了结构的自振周期，也必将影响结构的内力效应。完全刚接框架并不是最好的抗震体系，对半刚性节点进行适当的设计，在满足结构位移要求的同时，由于降低了地震力可以使结构的尺寸减小，从而获得比较好的经济效益，更为重要的是半刚性节点可以避免在地震时由于刚性节点焊接的破坏造成结构过早地整体失效。

目前对半刚接框架的动力性能分析还处在研究深入阶段，特别是国内在半刚接框架动力分析方面的研究不是很多，但有限的研究成果表明，良好的节点设计能够使半刚接框架获得优良的抗震性能及经济效益，半刚性节点可以替代刚性节点以避免地震时由于焊接的破坏造成结构过早地整体失效。当然，由于动力问题的复杂性及半刚性节点多样性，对半刚接钢框架做出成熟的抗震设计还需要更多的理论和试验的研究，还有大量的工作要做。

7.3 半刚性端板节点对多层钢框架抗震设计的影响分析

7.3.1 半刚性端板连接受力特性

端板连接节点转角主要包括两部分：节点域剪切变形引起的转角 θ_s 和由端板与柱翼缘之间的相对变形引起的转角 θ_{ep}，分别计算其全过程受力特性，得到 $M-\theta$ 简化曲线如图 7-26 所示。图中，M_{Rd} 是节点抗弯承载力设计值，θ_{Rd} 是对应于 M_{Rd} 时的节点转角，$S_{j,ini}$ 是节点初始转动刚度；M_j 是节点承受的弯矩，S_j 是对应于节点弯矩 M_j 的节点割线转动刚度；M_y 是节点屈服抗弯承载力，θ_y 是对应于 M_y 时的节点转角(屈服转角)；M_u 是节点极限抗弯承载力，θ_{cd}是节点对应于M_u时的节点转角，即节点极限转动能力。

整个曲线分为三段：

第一段为直线，当$M_j \leqslant M_{Rd}$时，$S_j = S_{j,ini}$，则$\theta_{Rd} = M_{Rd}/S_{j,ini}$；

第二段为曲线，当$M_{Rd} \leqslant M_j \leqslant M_y$时，$\theta_y = (M_y/S_{j,ini}) \times (M_y/M_{Rd})^{2.7}$；

第三段为直线，当$M_j \geqslant M_y$时，$S_j = (E_h/E)S_{j,ini}$。从国内外相关试验和理论分析以及有限元计算结果来看，端板连接的$M-\theta$曲线通常具有强化段，所以可以认为此曲线一直延伸。

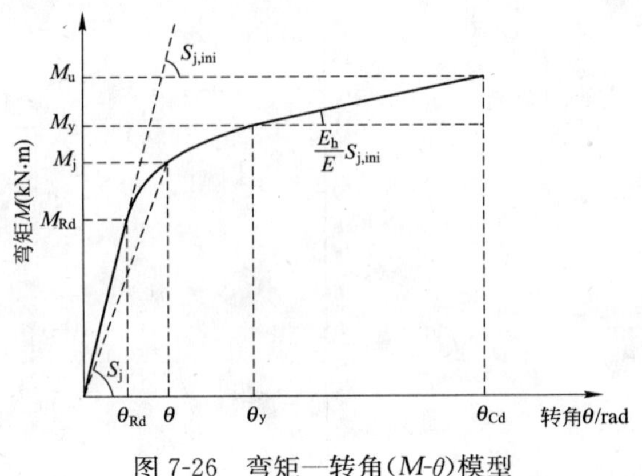

图 7-26　弯矩—转角(M-θ)模型

7.3.2　工程背景及计算模型

(1) 工程背景

本工程为北京东三环东侧某小区行政办公楼，其标准层结构平面布置如图 7-27 所示，立面结构布置图见图 7-28。采用普通钢框架结构体系，主梁和柱均采用焊接工形截面。现场采用摩擦型高强螺栓和焊接连接，次梁为工字形截面单跨简支梁。基础采用柱下独立基础。所有梁柱均采用 Q345 钢。结构上作用活荷载包括楼面活荷、风荷和地震作用，横荷载包括楼板和墙体自重，均按《建筑结构荷载规范》(GB 50011—2001)取用[7.16]，梁柱自重按实际重量取用；北京地区的基本风压为 0.35kN/m²；设计地震烈度为 8 度，Ⅱ类场地，按第一组进行设计计算。构件截面如表 7-3 所示。

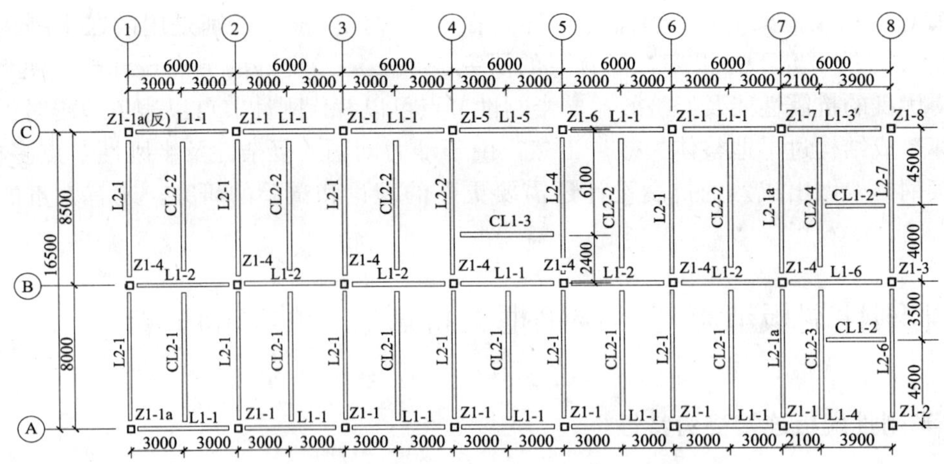

图 7-27　标准层结构平面图

根据按完全刚性连接的设计结果，端板连接形式可采用两种形式，如图 7-29 所示。其弯矩-转角曲线如图 7-30 所示，其中连接 1 的节点初始转动刚度为 6.97×10^4kN·m，连接 2 的节点初始转动刚度为 5.49×10^4kN·m。

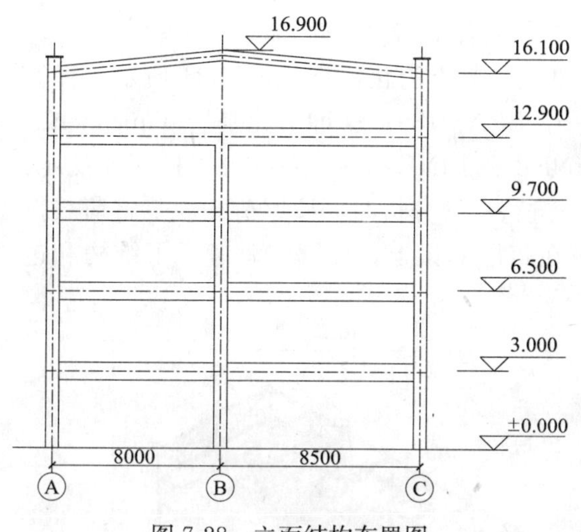

图 7-28　立面结构布置图

构　件　截　面　　　　表 7-3

构件名称	截面(mm)
主梁	H450×250×10×12
柱	H400×400×10×14

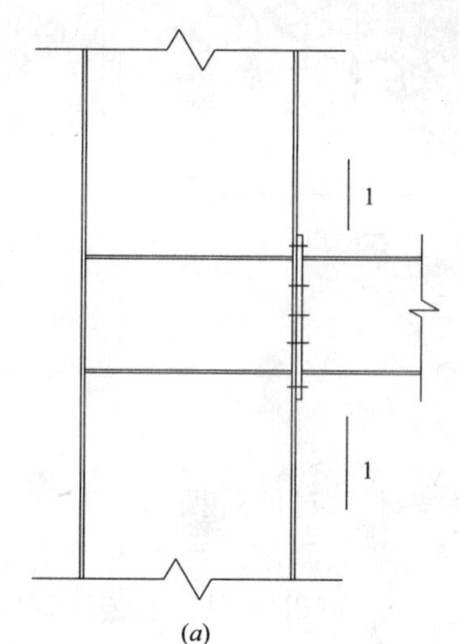

(*a*)

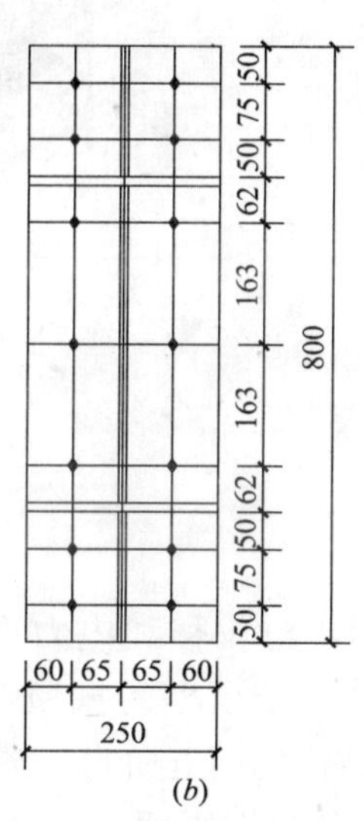

(*b*)

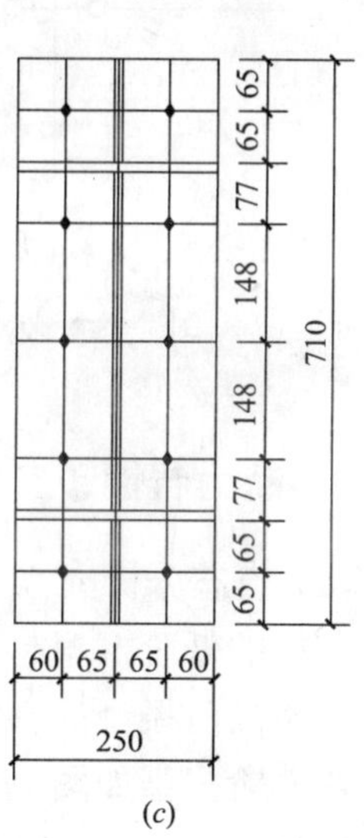

(*c*)

图 7-29　端板连接形式

(*a*)端板连接示意图；(*b*)端板连接 1；(*c*)端板连接 2

在以下设计计算中，刚性框架是指将端板连接视为完全刚性节点；半刚性框架 1 是指采用端板连接 1，半刚性框架 2 是指采用端板连接 2，分别采用相应的弯矩-转角曲线按照半刚性框架进行计算。

(2) 计算模型

通过有限元软件 ANSYS9.0，对模型按照完全刚性框架和半刚性框架进行了动力分析和静力计算。对于半刚性端

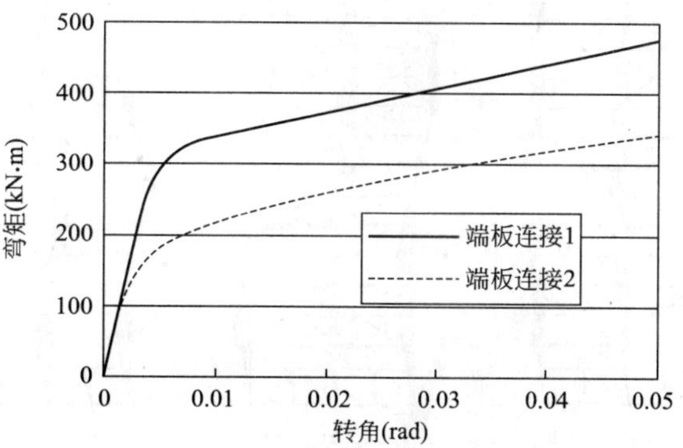

图 7-30　端板连接弯矩-转角曲线

板连接，计算采用了前文所述的通过理论分析和试验得到的弯矩-转角($M—\theta$)曲线，计算模型把节点从梁和柱独立出来，单独作为一个单元，节点简化模型如图 7-31 所示。弹簧单元采用非线性弹簧单元 COMBIN39，梁柱采用 BEAM189，这种单元基于 Timoshenko 梁理论，考虑了剪切变形的影响；支撑采用 LINK8 和 LINK10，前者既可受拉又能受压，模拟刚性支撑，后者只能受拉，模拟柔性支撑。进行动力分析时，按照荷载规范将荷载折算成重力荷载标准值，用 MASS21 质量块分布在每层的梁上。计算同时考虑了结构和连接的非线性。计算模型如图 7-32 所示。

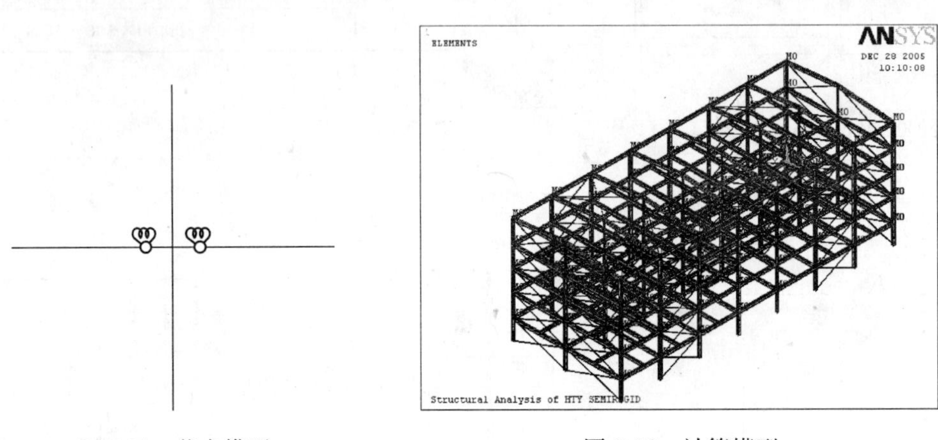

图 7-31　节点模型　　　　图 7-32　计算模型

7.3.3　动力特性和反应谱分析

(1) 模态分析

结构的低阶振型起到控制作用，对位移和内力贡献较大，本章对低阶振型进行了分析，忽略高阶振型的影响。经计算三个模型的振型形状相同，节点刚度对振型的影响很小，前五阶振型如图 7-33 所示。结构的前五阶自振周期见表 7-4。可以看到，端板连接降低了结构的刚度，明显增大了结构的自振周期。对以 Y 向振动为主的振型影响较大，随着阶数的增加，影响越来越小；对以 X 向振动为主的振型影响较小，可以忽略。

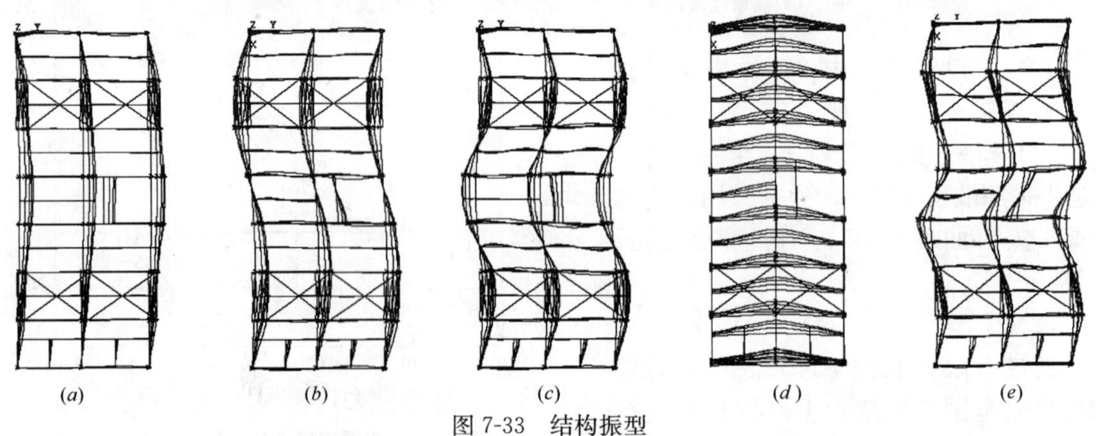

(*a*)　(*b*)　(*c*)　(*d*)　(*e*)

图 7-33　结构振型

(*a*)第一阶振型；(*b*)第二阶振型；(*c*)第三阶振型；(*d*)第四阶振型；(*e*)第五阶振型

结构周期 T(s) 表 7-4

模　型	第1阶周期	第2阶周期	第3阶周期	第4阶周期	第5阶周期
刚性框架	1.1757	1.0231	0.8437	0.7148	0.6629
半刚性框架1	1.2909	1.0960	0.8830	0.7151	0.6828
半刚性框架1/刚性框架	1.098	1.071	1.047	1.000	1.030
半刚性框架2	1.3154	1.1109	0.8906	0.7152	0.6867
半刚性框架2/刚性框架	1.119	1.086	1.056	1.001	1.036

（2）反应谱分析

本章采用的振型分解反应谱法为“平方和开平方”（SRSS），计算取前20阶振型组合。底部剪力法和振型分解反应谱法计算得到的Y向底层剪力如表7-5所示，振型分解反应谱法得到的各层最大位移如图7-34所示。

地震计算结果 表 7-5

模　型	底部剪力法底层剪力(kN)	振型分解反应谱法底层剪力(kN)
刚性框架	1149.2	1537.0
半刚性框架1	1055.2	1460.6
半刚性框架2	1037.1	1446.2

从反应谱分析的结果可以看到，由于端板连接降低了结构的刚度，使结构的周期增大，从而减小了地震作用。底部剪力法为简化方法，忽略了高阶振型的影响，低估了结构所受的地震作用。

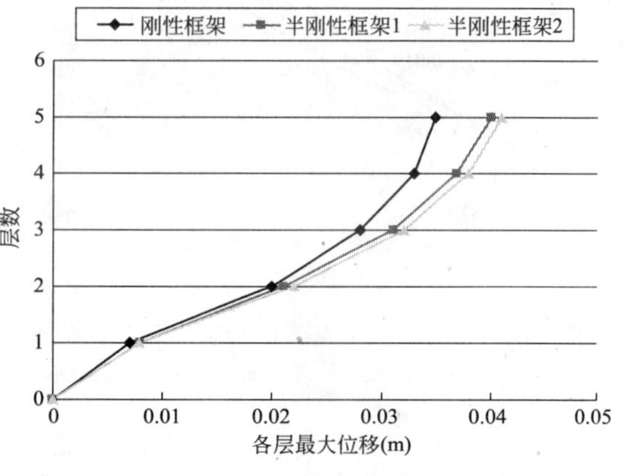

图 7-34 结构各层最大位移

（3）弹性时程分析

弹性时程分析适用于多遇地震下结构的变形和内力。

进行时程分析的加速度时程曲线可以是实际强震记录或人工模拟的加速度时程曲线。有两种情况可以直接应用已有的地震记录：①用实际场址处获得的地震记录；②选用与场地的地震地质条件相同的地震记录，即要求：震级、震中距、震源深度、震源机制和场地条件近似相同。满足直接应用已有地震记录的条件是相当困难的，实际上均需对选择的地震记录进行某种修正，以满足研究工作或工程设计的要求。按照建筑场地类别和设计地震分组选用二组实际强震记录 El Centro 波和 TAR-TARZANA 波，并按照建筑抗震设计规范规定的8度地震时程分析所用地震加速度时程曲线的最大值对两组记录进行修正，得到两条修正后的加速度时程曲线，以进行时程分析。

弹性时程计算结果如下，图7-36(a)为 El Centro 波时程分析水平各层位移，图7-36(b)为 TAR-TARZANA 波时程分析水平各层位移。刘歌青等人在2002年《工业建筑》中《多层钢结构工业厂房的轻型化设计与应用》给出了底部剪力法和振型分解反应谱法的计算结果，弹性时程分析计算得到的Y向底层剪力计算结果如表7-6所示。

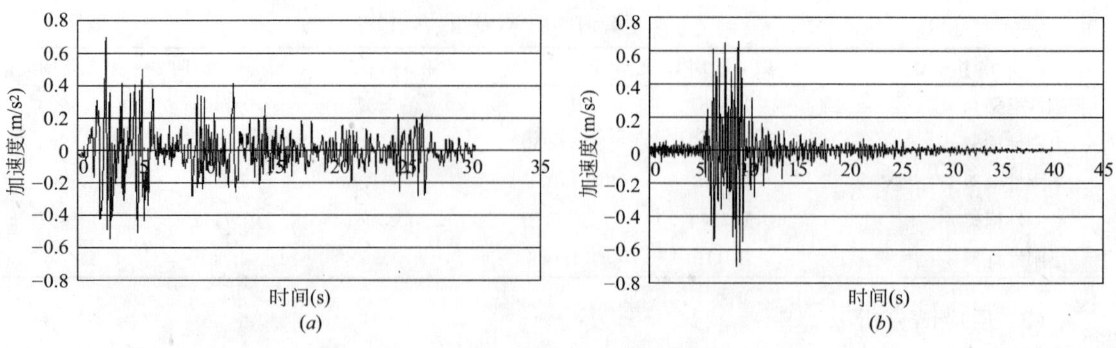

图 7-35　计算采用的修正地震加速度时程曲线

(a)El Centro 波加速度时程曲线；(b)TAR-TARZANA 波加速度时程曲线

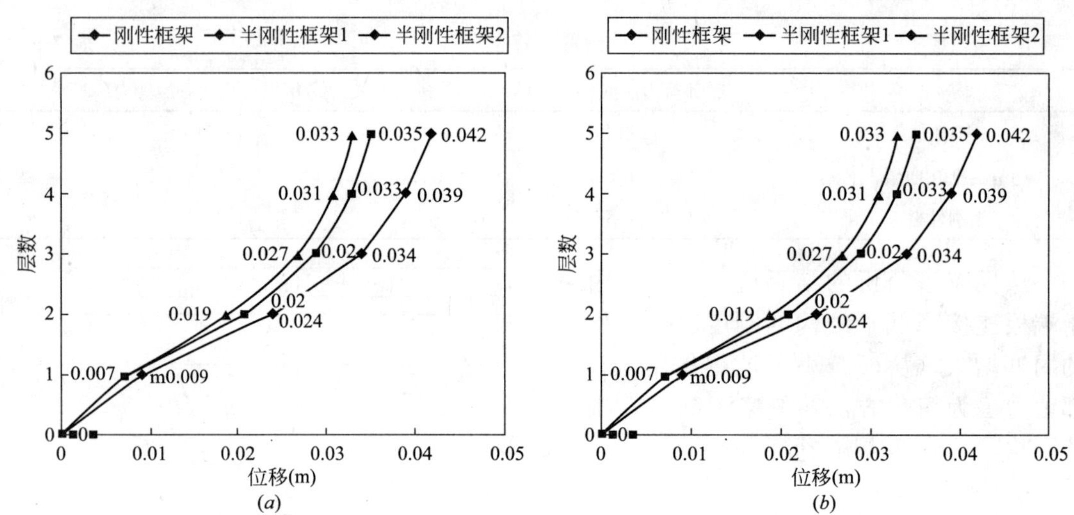

图 7-36　弹性时程分析得到的模型各层位移

(a) El Centro 波时程分析水平各层位移；(b)TAR-TARZANA 波时程分析水平位移

多遇地震底层剪力计算结果　　**表 7-6**

模　　型	刚性框架	半刚性框架 1	半刚性框架 2
El Centro 波弹性时程分析底层剪力(kN)	1320.9	942.2	886.6
TAR-TARZANA 波弹性时程分析底层剪力(kN)	2466.6	2501.3	2719.5

可以看到：

刚性框架和半刚性框架的顶层最大位移相差较大，随着节点刚度的减小，结构在地震作用下的顶点位移减小，这与反应谱分析的结果不同。

弹性时程分析结果表明，节点刚度对多层钢框架的底层剪力影响不能确定，按照 El Centro 波进行分析，随着节点刚度的减小，结构的底层剪力减小很多，半刚性框架 1 和半刚性框架 2 的 Y 向底层剪力分别为刚性框架的 Y 向底层剪力的 71.3%和 67.1%；按照兰州波进行分析，随着节点刚度的减小，结构的底层剪力变化不大，半刚性框架 1 和半刚性框架 2 的 Y 向底层剪力分别为刚性框架的 Y 向底层剪力的 101.4%和 110.3%。而对于底部剪力法，这一结果为 91.8%和 90.2%，对于振型分解反应谱法，这一结果为 95.0%和 94.1%。

El Centro 波弹性时程分析底层剪力均小于振型分解反应谱法得到的底层剪力，TAR-TARZANA 波弹性时程分析底层剪力均大于振型分解反应谱法得到的底层剪力。按照建筑抗震设计规范的规定，取多条时程曲线计算结果的平均值与振型分解反应谱法计算结果的较大值对结构进行抗震验算(表 7-7)。

地震作用 **表 7-7**

	刚性框架	半刚性框架 1	半刚性框架 2
地震作用(kN)	1893.8	1721.8	1803.1

7.3.4 荷载效应组合和承载力验算

按照规范，本文计算了以下三种工况：

工况 1：1.2×恒载效应+1.4×活载效应

工况 2：1.2×恒载效应+1.4×活载效应+1.4×0.6×风载效应

工况 3：1.2×重力荷载效应+1.3×水平地震作用效应

按照各工况计算得到结构梁柱的应力大小和结构的变形情况如表 7-8 所示。

静力计算结果 **表 7-8**

工况	应力和变形	刚性框架	半刚性框架 1	半刚性框架 2
工况 1	梁应力(MPa)	114.56	112.54	111.39
	柱应力(MPa)	206.64	211.65	211.74
	梁挠度(mm)	15.39(1/552)	20.85(1/408)	23.31(1/365)
工况 2	梁应力(MPa)	114.70	112.10	111.62
	柱应力(MPa)	208.96	212.35	213.40
	梁挠度(mm)	15.15(1/701)	19.10(1/556)	20.18(1/421)
工况 3	梁应力(MPa)	223.23	216.75	219.03
	柱应力(MPa)	255.68	252.82	260.80
	层间位移$(\Delta u/h)_{max}$	1/305	1/346	1/326

可以看到：

对于工况 1 和工况 2，由于端板连接的柔性，使得框架梁应力减小，框架柱的应力变化不能确定；结构的变形增大，其中半刚性框架Ⅱ在工况 1 时的梁的挠度超过了规范的限值 1/400。

对于工况 3，由于端板连接降低了结构的刚度，使得框架的地震作用减小，从而使框架梁柱的应力变化未知，但是均满足设计要求；半刚性框架的侧向位移明显增大。

通过以上分析可以看出：

(1) 动力分析和地震作用计算结果表明，端板连接的柔性降低了结构的刚度，可能减小了结构所受的地震作用。在实际工程的荷载计算中，需注意这一点。

(2) 随着节点刚度的减小，结构在地震作用下的顶点位移减小，这与反应谱分析的结果不同，实际工程设计中验算正常使用极限状态时应考虑节点刚度的影响。

(3) 半刚性多层钢框架在地震作用下的内力和变形较为复杂，传统的底部剪力法和振型分解反应谱法的计算结果可能与实际情况相差很大，应该采用弹性时程分析法进行补充计算。

(4) 承载力验算结果表明，端板连接减小了主梁的应力，但对柱的应力的影响不能确定，在实际工程设计中必须考虑端板连接对柱应力的影响。

(5) 组合工况为无地震作用时的效应组合时，端板连接的柔性增大了钢框架的变形和侧移，实际工程设计中必须考虑增大后变形和侧移是否满足正常使用的要求。组合工况为有地震作用时的效应组合时，由于地震作用的减小，钢框架的变形和位移反而减小。

7.4 参考文献

[7.1] Powell G H, Kanna A E. "DRAINT-2D" Computer program distributed by NISSEE/Computer Applications [R]. Reports No. EERC 73-6 and EERC 73-22, Univ. of California at Berkeley, Berkeley, Calif.. Apr. 1975.

[7.2] Youssef-Agha W, Aktan H M, Olowokere O D. Seismic response of low-rise steel frames [J]. Journal of Structure Engineering, 1989, 115(3): 594-607.

[7.3] Sophinopoulos D S. The effect of joint flexibility on the free elastic vibration characteristics of steel plane frames [J]. Journal of Constructional Steel Research, 2003, 59(8): 995-1008.

[7.4] Zhu K, Al-Bermani F G A, Kitipornchai S et al. Dynamic response of flexibly jointed frames [J]. Engineering Structure, 1995, 17(8): 575-580.

[7.5] Lui E M, Lopes A. Dynamic analysis and response of semi-rigid frames [J]. Engineering Structure, 1995, l19(8): 644-654.

[7.6] Awkar J C, Lui E M. Seismic analysis and response of multistory semirigid frames [J]. Engineering Structure, 1999, 21(8): 425-441.

[7.7] Miodarg Sckukvic, Ratko Salatic. Nonlinear analysis of frames with flexible connections [J]. Computers & Structures, 2001(79): 1097-1107.

[7.8] Miodarg Sckukvic, Ratko Salatic, Marija Nefovaka. Dynamic analysis of steel frames with flexible connections [J]. 2002(80): 935-955.

[7.9] Kawashima S, Fujmoto T, Vibration analysis of frames with semi-rigid connections [J]. Computers & Structures, 1984. 191(2): 85-92.

[7.10] Miodrag S SEKULOVIC, Zhang W S, Rastislav S MANDIC. Seismic analysis of frames with semi-rigid eccentric connections [C]//12th World Conference on Earthquake Engineering, New Zealand, 2000.

[7.11] 李国强，沈祖炎．钢框架弹塑性静动力反应的非线性分析模型 [J]. 建筑工程学报，1990，11(2)：51-59.

[7.12] 李国强，沈祖炎. 半刚接钢框架弹塑性动力分析 [J]. 同济大学学报，1992，20(2)：123-128.

[7.13] 王燕，苏波. 半刚接钢框架的动力分析 [J]. 力学与实践，2005(4)：51-55.

[7.14] 苏波. 半刚接钢框架动力性能研究 [D]. 青岛：青岛理工大学，2005.

[7.15] Miodrag Sekulovic, Ratko Salactic. Nonlinear analysis of frames with flexible connections [J]. Computer & Structures, 2001(79): 1097-1106.

[7.16] GB 50011—2001 建筑结构荷载规范 [S]. 北京：中国建筑工业出版社，2001.